소중한 _____ 에게

이 책을 드립니다.

오현호

행동력 수업

Ideas are nothing,
Execution is everything.

생각을 행동으로,
행동을 습관으로 만드는 힘

행동력 수업

오현호 지음

skymind

먼저 행동했던 사람들의 이야기

"행동은 생각을 현실로 바꾸는 강력한 힘이다. 우리가 마음속에서 수없이 떠올리는 아이디어와 계획들이 실제로 이루어지기 위해서는 단 하나, 바로 행동이 필요하다. 이러한 맥락에서, 이 책은 단순한 자기계발서 이상의 의미를 지니고 있다.

특히 끊임없이 계획만 세우고 실천에 옮기지 못하는 사람들, 그리고 자신의 삶을 더욱 의미 있게 변화시키고자 하는 모든 사람들에게 강력히 추천한다. 이 책은 독자들이 행동을 통해 꿈을 실현할 수 있도록 하는 훌륭한 길잡이가 될 것이다."

이진형 뇌과학자, 스탠포드 대학 종신 교수

"젊은 시절의 도전이 일상이었던 그가 이제는 타인과 함께하는 소소한 일상의 중요성을 말하는 점이 특히 놀라웠다. 행동의 중요성을 역설하면서도, 일상의 작은 기쁨들이 얼마나 큰 의미를 지니는지를 설득력 있게 풀어낸 그의 글은 특별했다. 이 책을 읽자마자 나는 지금 당장 하고 싶은 일들이 쏟아져 나왔다.

그의 이야기는 단순한 성공의 경험담이 아니다. 그 안에는 우리가 일상에서 간과하는 중요한 가치들이 녹아 있다. 행동하기가 망설여진다면, 지금 당장 이 책을 읽기를 권한다. 이 책은 분명 여러분의 삶을 변화시킬 것이다."

강윤선 준오헤어 대표이사

"행동을 반복하여 습관이 되면 그것이 인품이다. 행동력 수업, 자기 훈련이다. 행동해야 그런 사람이 된다. 당연한 생각이나 우리는 생각만 하는 때가 너무 많지 않은가? 해봐야 좋은 줄도 알고 잘못한 것도 안다. 그러면서 '나'의 원(한계)이 넓어진다."

노익상 한국리서치 회장

"이 책은 발상의 전환을 통해 우리의 생각을 끊임없이 확장하는 방법을 제시한다. 익숙한 상황에서 벗어나 새로운 관점을 발견함으로써 문제 해결 능력을 향상할 기회를 제공한다.

이 과정은 내가 브랜드나 새로운 상품을 기획할 때 반드시 거쳐야 하는 과정이다. 비교 불가한 경쟁력을 키워야만 하는 이 시대에, 이 책은 모든 이에게 강력히 추천할 만한 가치가 있다."

노희영 식음연구소 대표이사

"나는 이 책을 읽으며 많은 영감을 받았다. 『행동력 수업』은 물질만능주의 시대에서 삶의 의미와 성찰을 강조하는 책이다. 이 책은 대한민국의 모든 청소년이 반드시 읽어야 할 필독서다.

누구나 가보지 않은 길에서 느끼는 두려움을 어떻게 극복하고, 그 과정에서 원하는 것을 이룰 수 있는지를 명확하고 실질적인 조언을 통해 보여준다.

이 책을 통해 많은 이들이 자신만의 길을 개척하고, 원하는 목표를 이루길 기대한다."

손주은 메가스터디 회장

수강생들의 추천사

"오현호 작가가 아침마다 보내주는 레터를 읽다 보면 글의 힘을 다시 깨닫게 된다. 그리 길지도 않은 글 속에서 주옥같은 몇 마디가 비수같이 꽂힐 때가 있다. 머리를 거치지 않고 가슴으로 직행한다. 가슴으로 직행한 그의 글은 행동력으로 탈바꿈한다. 사람들에게 도전의 힘을 불어 넣는다. 그러니 그의 동기부여는 행동력이 되고, 우리로 하여금 변화를 끌어낸다. 휘발되지 않는 것이다. 글에 담긴 메시지는 강력하다. 그의 메시지는 그의 행동력에서 나오기 때문이다."

"오현호 작가님의 미션은 하루 하고 끝내는 미션이라기보다는 매일 쌓여가는 미션이다. 나는 굳이 프로젝트에 참여한 다른 분들처럼 열정적으로 미션을 완료하지는 못했다. 하지만 예전과 다른 것이 있다면, 포기하지 않았다는 것이다."

"하루하루가 설렌다. 오늘은 어떤 뉴스레터가 올지, 미션은 몸으로 하는 건지, 글로 적는 건지 궁금해서 잠을 설치기도 했다. 굳이 프로젝트를 하면서 나는 많이 변했고 성장했다. 거짓말을 조금 보태자면 세상 어떤 것도 다 할 수 있을 것 같고, 실제로 다 하고 싶기도 하다."

"한 달 동안의 오현호 작가의 굳이 프로젝트는 우리가 얼마나 안전지대에만 머물고자 하는지 바라볼 수 있게 해주었다. 살아가는 데 도전정신의 중요성을 다시 깨닫게 된다. 생각하는 대로 사는 것이 아니라 사는 대로 생각한다고 했다. 공간을 바꾸고, 습관을 바꾸고 생각을 바꾸자. 도전은 큰 곳에 있지 않다."

"내 삶은 드라마틱하게 변하지 않았다. 이전처럼 출근하고, 운동하고, 밥 먹고,

자고 주말에는 쉰다. 그래도 내 마음에 작은 싹이 튼 듯한 느낌이 든다. 일주일에 세 번은 달리기를 시작했고, 직장에서는 사람들과 함께 웃는 시간이 더 많아졌다. 지금 아니면 하기 어려운 것에 계속 도전하고 있다. 4월에는 서핑 캠프에 등록했고, 브런치에 서핑에 대한 글을 써보고 싶어졌다. 계속해서 즐겁게 도전하고, 성장할 나의 삶을 기대해 본다."

"사람들과 굳이 시도해 보면서 일상 속의 즐거움을 찾았고, 나와 주변 사람들의 소중함을 깨달았다. 그러면서 실패해도 괜찮다는 말을 스스로 할 수 있게 되었다. 실패가 두려웠던 나에게 이젠 '오늘도 나는 실패에 성공한 거야'라고 말한다."

"내게 굳이 프로젝트란 자유로움과 즐거움이다. 나 자신이 아닌 남들의 시선에 머물러, 사회적 자아에 탈을 쓰고 내가 진짜 하고 싶은 말, 행동, 의지를 표현하지 않고 살았다. 언제나 자기표현, 자기 신뢰, 용기가 항상 내 삶의 숙제처럼 느껴졌다. 굳이 프로젝트를 하며 내가 의지를 낸다면 못 할 것이 없다는 마음에 자유로움을 느낀다. 가장 큰 벽은 나였음을 깨달았다. 변화할 힘도 나에게 있다."

"누군가에겐 시답잖을 미션이 내 하루의 중심이 될 줄 몰랐다. 아침이면 뉴스레터를 받고, 미션을 수행한 후에야 잠자리에 눕는 것이 일상이 되어 버렸다. 한 달, 일 년, 앞으로의 인생을 변화시킬 만한 환경을 만들어가고 싶다. 보통의 통찰력과 보통의 판단력을 조금 더 키우기 위해서 책도 몇 권 사서 읽었다. 요즘 행동하고 생각하는 건 굳이 프로젝트로부터 파생된 것임이 틀림없다."

내일의 삶이 바뀌는 오늘 하루의 습관

어느 날, 한 학부모로부터 강연 의뢰서를 받았습니다.

"저는 지방의 한 학부모입니다. 오현호 작가님 강연을 아이들에게 듣게 하고 싶은데 이곳 선생님들은 관심이 없습니다. 가난한 농부라 드릴 것은 약간의 교통비, 감말랭이입니다. 누추하지만 이곳에 와주실 수 있으십니까?"

300킬로미터를 운전해서 그 작은 마을로 바로 달려갔습니다.

"여기 선생님들은 이런 강연 같은 거 별로 관심이 없어요. 그래도 작가님이 여기까지 와주셔서 얼마나 감사한 줄 모르겠습니다."

"이곳 아이들은 좀 힘들어요. 학생 중에는 경계선 지능 장애 학생이 한 명 있었는데 친구들로부터 괴롭힘을 당하고 있는 것 같아요. 할머니랑 사는 아이인데 너무 딱합니다."

제 역량이 부족할 정도로 많은 손이 필요한 곳이었습니다. 학교 폭력에 시달리는 아이를 청소년 상담 센터에 소개하고, 집으로 돌아오는 발걸음이 떨어지지 않았습니다.

몇 년째 수백 곳을 다니다 보니 이런 일이 종종 일어납니다. 아직도 우리 사회에는 손이 닿지 않는 사각지대가 생각보다 많이 존재합니다. 언제쯤이면 그곳에도 우리가 편히 누리는 것들이 손에 닿을 수 있을지 잘 모르겠습니다. 그럼에도 굳이 그곳을 찾아가려는 이유는 사실 저를 위해서입니다. 제가 도움을 보태고자 하는 모든 일이 실은, 제가 전 세계에서 받아왔던 호의에서 시작합니다. 또 이것이 앞으로 저에게 천운으로 돌아올 것을 믿기 때문입니다.

돌아올 것이 없는 이들에게 손을 내밀어야 그 행위에 욕심이 사라집니다. 감말랭이를 보면 지금도 그 작은 마을이, 그 학생들이 생각납니다.

어느 날, 한 고등학교에서 강연을 마치고 문자 한 통을 받았습니다.

'선생님, 저는 지금 고3이고, 대학에 진학하고 싶은데 아버지가 안 계십니다. 오빠에게 대학에 진학하고 싶다고 말하니, 우리 형편에 무슨 대학이냐고 합니다. 이럴 때 어떻게 하면 좋을까요?'

저는 그 학생에게 바로 한국장학재단을 소개했습니다. 학생은 장학금을 받고 대학에 입학했고, 1년 뒤 전공과 관련된 대회에서 은상을 수상하기도 하였습니다.

비단 아이들만의 이야기는 아닙니다. 성장에 대한 꿈만 꾸고 어떻게 행동해야 하는지 모르는 어른도 많습니다. 제가 그 모든 곳을 다니며 도움의 손길을 보태드리면 얼마나 좋을까요? 그러나 그럴 수 없고, 실제 역량의 한계를 경험했습니다. 그리하여 누구나 쉽게 체험할 수 있는 과정을 만들어 보고자 합니다. 아무리 뛰어난 인재도 결국 행동하지 않으면 아무 일도 일어나지 않기 때문입니다.

대체로 우리가 쉽게 포기하는 이유는 '혼자' 해서 벌어집니다. 같은 목표를 가지고 타인과 '함께'하다 보면 서로의 체화를 눈으로 경험하며 동기부여를 얻게 됩니다.

『행동력 수업』에서 소개하는 〈굳이 프로젝트〉 과정은 248개 미션을 재해석한 '몸으로 읽는 책'입니다. 이미 전 세계에서 수많은 사람들이 굳이 프로젝트로 실행하고 변화를 이루었습니다. 9년째 많은 사람들을 코칭하며 느낀 점은 하나입니다. 대부분 역량 차이는 크지 않다는 점입니다. 다만 실력의 차이는 '습관을 만드는 노력'에서 판가름 납니다.

우리는 모두 잠재력이 있습니다. 그렇지만 그것을 꺼낼 기회를 모두가 맞닥뜨리지 못합니다. 누군가는 죽을 때까지 단 한 번도 시도하지 못하기도 합니다.

잠재력을 끌어내는 가장 쉬운 방법은 해보지 않은 무언가에 끊임없이 도전하는 '습관'입니다. 세상에 존재하는 모든 동기부여는 휘발성입니다. 열정이 꾸준히 타오를 수 없습니다. 다만 지치지 않는 방법은 하나 있습니다.

세상을 낯설게 보며, 일상 속 다름을 발견하는 것입니다. 365일 매일 새로운 도전으로 일상을 낯설게 보면 발상의 전환을 통해 생각이 확장됩니다. 〈세바시〉에서 런칭한 굳이 프로젝트는 캐나다, 영국, 싱가포르 등 전 세계에서 수백 명이 참가하며 화제를 이루었습니다.

오늘 하루의 습관을 바꾸면 내일이 바뀌게 됩니다.

끝으로 『행동력 수업』을 완성할 수 있도록 도와준 사랑하는 아내와 두 아이들, 필아트 그리고 지금의 저를 있게 한 부모님께 무한한 사랑과 감사를 보냅니다.

Bush pilot
오현호

차례

Chapter 1
행동, 세상을 바꾸는 건 아이디어가 아니라 행동이다

Chapter 2
도전, 남이 하지 않는 걸 굳이 해보는 일

Chapter 3
성찰, 살면서 꼭 깨달아야 할 것들

Chapter 4
습관, 유혹에도 흔들리지 않는 이유

Chapter 5

체화, 체화되지 않은 지식은 그저 생각에 불과하다

Chapter 6

긍정, 행동하고 나아가게 하는 힘

Chapter 1

행동

세상을
바꾸는 건
아이디어가
아니라
행동이다

/
삶에서 행동력이 중요한 이유

사람들은 생각보다 무언가 시작하기를 많이 주저한다. 우리가 시작하기를 주저하는 결정적 이유는 무엇일까? 무엇을 이뤄야 할 시기, 방법을 알면서 실행하지 못하는 이유는 대체 무엇일까?

대부분의 사람들은 그저 빠른 결과만을 원한다. 건강이 중요하다는 사실은 누구나 알지만 오늘 당장 운동화를 신고 나가는 사람은 극히 드물다. 많은 이들은 빠르게 결과가 나오길 바란다. 절대적인 시간을 투자해야 하는 일을 두려워한다. 만약 늘어진 뱃살을 오늘 바로 제거할 수만 있다면 당장 운동화를 신을 사람은 많을 것이다. 그러나 몸의 변화는 하루아침에 일어나지 않는다. 그래서 사람들은 운동을 금방 포기하고 빠르게 나오지 않는 결과에 지쳐버린다.

그리고 사람들은 쓸데없는 걱정을 자주 한다. 세계 여행을 누구나 꿈꾸지만 비행기 표를 사고, 언어가 통하지 않는 이들과 마주칠 용기를 지닌 사람들은 드물다. 시작하기도 전에 '소매치기나 사고가 나지 않을까?' 또는 '다녀와서 빈털터리가 될까 걱정 돼'라는 마음으로 가득 차서 주저한다. 남의 말만 듣고, 과대망상 속에서 헤어나질 못한다. 특별한 일은 특별한 사람들이 한다고 생각하며 스스로 기회의 문을 닫는다.

마지막으로 사람들은 완벽한 때를 기다린다고 입버릇처럼 말한다. '졸업하고 해야지', '결혼하고 해야지', '아이들 크면 해야지' 하며 완벽한 타이밍을 기다리려 한다. 모든 일에는 때가 있다. 하지만 반드시 그때만 할 수 있는 일이 있다. 때를 기다리다가 하지 않으면 다시는 하지 못하는 순간도 있다. 시간이 지나면 동기가 사라지기도 한다. 결국 시간이 흘러 이루지 못한 일은 후회로 변한다.

'행동력'이란 분명한 목적이나 동기를 가지고 생각과 선택, 결심을 거쳐 의식적으로 몸을 움직이는 힘을 말한다. 분명한 것은 '목적'과 '동기'이다. 목적과 동기가 분명하면 의식적으로 몸을 움직이는 힘이 생긴다.

행동가들은 왜 굳이 더 많은 걸 배우려 할까?

한국 청소년 오지 탐사대 추진 위원장은 노익상 한국 리서치 회장님이다. 여기에서 회장님을 만난 청소년 대원들은 지난 20년 동안 약 1,000명에 가까울 것이다. 회장님의 연설은 위로와 격려를 넘어 언제나 깨어 있는 혜안을 청년들에게 제시한다. 그렇다면 과연 그 1,000명 중에 회장님의 말을 듣고 '이분 말에는 힘이 있다'라거나 '이분의 지혜와 경험을 닮고 싶다'라고 깨달은 청소년은 과연 몇 명이나 될까?

같은 산을 오르고, 같은 경험을 하고, 같은 연설을 들었음에도 누군가는 그 안에서 깨달음을 얻고, 누군가는 그저 경험에서 그치고 말 것이다. 일반적으로 대부분 이런 식으로 나뉘게 된다. 도대체 그렇게 되는 이유는 무엇일까?

바로 '관찰력의 차이'다. 같은 책을 읽어도 그 안에서 무엇을 배울 수 있는지, 같은 사람과 대화를 나누어도 그에게서 어떤 점을 훔칠 수 있는지 깨닫는 것은 결국 그 관찰력에서 나온다.

1,000명의 대원 중 대략 절반 정도는 회장님의 연설을 듣고 나름의 '우아' 하는 배움의 순간을 느꼈을 것이다. 그렇다면 그 500명 중에서 과연 몇 명이나 '이분과 인사를 따로 나눠봐야지', '이분께 연락해 이런 질문을 해야지'라고 느끼며 굳이 행동했을까?

인사하고, 악수하고, 연락하고, 이메일을 보내고 더 가까이서 그의 지혜를 배우고자 한발 더 나아간 이들은 대략 몇 명이나 될까? 오지 탐사대원 전체 1,000명 중 약 10퍼센트에 해당한다. 이 10퍼센트 청소년들은 동경의 대상에서 멈추지 않고, 행동으로 옮겨서 그 운을 끌어당긴 사례라 할 수 있다.

이것이 행동력의 힘이다. 끌리고, 설레고, 멋있어 보이는 것을 발견했을 때 바로 몸을 움직여 가까이하는 것이다.

이 10퍼센트의 행동가들은 왜 굳이 움직여서 더 많은 것을 배우려 할까? 나는 이 자세야말로 같은 것을 보고, 듣고, 경험하더라도 더 많은 것을 내 것으로 만드는 지혜라 칭한다. 이것이 바로 우리 삶에서 행동력이 중요한 이유다.

자기계발은 허상일 뿐이다

18년 만에 복간되어 베스트셀러로 급부상한 자기계발서 『일류의 조건』이 국내에서 화제를 일으켰다. 해당 책을 복간한 출판사는 국내 다양한 분야의 일류 100인을 선발하여 책을 선물하였다.

어쩌다 나도 선정이 되어 책을 받아보니 '자기계발 분야의 일류, 오현호'라고 적혀 있었다. '시대와 세대를 초월한 자기계발 바이블'을 만드는 곳에서 대한민국 자기계발 분야의 일류로 나를 선정한 것이다. 하지만 아무리 생각해도 나는 그 무엇에서도 일류가 아니다.

자기계발이란 과연 무엇일까? 대부분 독서, 글쓰기, 달리기, 명상 등 여러 가지를 손꼽을 것이다. 자기계발의 사전적 의미는 이렇다.

자기계발(自己啓發) : 잠재하는 자기의 슬기나 재능, 사상 따위를 일깨워 줌.

명확한 사실은 나는 자기계발을 위해 노력한 순간이 단 한 번도 없다는 것이다. 자기계발을 하려고 생각조차 하지 않았다. 그저 내 이름으로 책을 쓰고 싶어서 글을 썼고, 출판인이 되고 싶어서 책을 더 읽었다.

마라톤 대회에 나가고 싶어서 달리기를 했고, 스쿠버 다이버가 멋있어서 강사가 되었다. 파일럿은 항공기 조종을 내 손으로 직접 해보고 싶어서 파일럿 시험을 본 것뿐이다. 그냥 그 일들이 좋아서 '꾸준히' 한 것뿐이다.

나에게 자기계발은 거창하지 않다. 그저 내가 좋아하는 일을 꾸준히 하는 것. 그래서 어제보다 한발 더 나아가 보는 것일 뿐이다.

어제보다 내 잠재력은 얼마나 높아졌는가?
살면서 내 잠재력을 끌어올리기 위해 행동했던 일은 다음과 같다.

1. 그저 강해지고 싶어서 해병대에 자원입대하였고, 마침내 단 두 명을 선발하는 중대 IBS(Inflatable Boat Small, 고무보트 훈련) 훈련 조교로 선발이 되었다. 입대 1년 후 한식 조리사 자격증도 취득했다.

2. 살면서 스쿠버 다이빙을 한 번도 해본 적이 없었지만 호주에서 스쿠버 다이빙 업체에 이력서를 돌렸고, 무급 인턴으로 채용이 되어 결국 스쿠버 다이빙 강사가 되었다.

3. 마라톤을 한 번도 안 해봤지만, '사하라 사막 마라톤' 250킬로미터 대회에 참가하여 완주에 성공했다.

4. 등산을 좋아하지 않지만, 대한산악연맹 한국 청소년 오지 탐사대에 선발되어 아프리카 우간다 '르웬조리' 등정에 성공하여 코오롱스포츠 텔레비전 광고에 나왔다. 이듬해에는 지도 요원으로 선발되어 캐나다 유콘을 다녀왔고, 이후 故김창호 대장님과 히말라야 텐트 피크 등정에 성공했다.

5. 세계 일주가 꿈이었지만 돈이 없었다. 후원 제안서를 만들어서 기업 후원을 받아 세계 일주에 성공하였고, 현재까지 49개국을 경험했다.

6. 책을 1년에 10권도 읽지 않는 활자 기피자였지만, 책 『부시파일럿, 나는 길이 없는 곳으로 간다』를 썼다. 출간 직후 베스트셀러에 오르기도 하였다.

7. 성공한 인물과는 거리가 멀지만, 우연히 강연 방송 프로그램 〈세상을 바꾸는 시간 15분〉의 연사가 되어 400만 조회 수가 나오는 강연을 남겼다.

8. 수능 7등급으로 고등학교를 졸업했지만, 대학에서 장학금을 받고 삼성전자 중동 총괄에 입사하였으며, 마침내 어릴 적 꿈이었던 파일럿이 되었다.

9. 청소년 시절 부모님은 이혼하셨고 늘 가난을 벗어나지 못했지만, 천운처럼 관현악과를 막 졸업한 아름다운 바이올리니스트와 결혼하고, 토끼 같은 두 아이들과 단란한 가정을 이루었다.

10. 패션 전공자도 아니지만 국립암센터 양성자 치료 과정 아이들에게 자신들이 직접 디자인한 병원복을 제작하여 선물했다.

11. 교육 전공자는 아니지만 학교를 자퇴한 학교 밖 청소년을 위한

멘토링 프로그램을 기획하고, 학생들과 음원 〈Go Outside〉도 발매했다.

12. 장학재단 이사장은 아니지만 일반 청소년들에게 장학금을 만들어 지원했다.

이런 내가 생각하는 '잠재력을 일깨워주는 힘' 세 가지를 요약하자면, 첫째는 행동력, 둘째는 체화력, 셋째는 이화력이다. 번뜩이는 아이디어도 행하지 않으면 그저 생각에 불과하다.

생각을 행동으로 이끌어주는 행동력(行動力)은 모든 변화의 중심이다. 이를 변화의 계기라 말한다. 살면서 이 계기는 누구에게나 온다. 계기를 괄목할 만한 성장으로 이끌기 위해서는 '반복과 성찰'이 필요하다. 이를 체화력(體化力)이라 한다. 행동과 도전으로부터 얻게 된 경험을 온전히 내 것으로 만들 힘이다.

체화력이 부족하기에 많은 이들이 경험에서 그치고 마는 실수를 범한다. 마지막으로 이화력(異化力)이란 모든 것을 다르게 보는 힘이다. 이화력이 생기면 평범한 일상을 낯선 환경에 계속 던져주며 기존과 다르게 보기 시작한다. 매 순간 발상의 전환 습관이 생기고, 비로소 생각의 확장이 일어난다. 나는 이를 온전한 '자기 혁신'이라 말한다.

행동력이 중요한 이유

우리가 행동력을 키워야 하는 중요한 이유는 첫째, 결과와 상관없이 시도를 일단 해봤기에 나중에 후회할 일이 줄어들기 때문이다. 후회가 없는 이들은 자연스럽게 과거가 아닌 미래를 말하게 되고, 이는 곧 진취적인 태도를 일으킨다.

둘째, 한 번의 시도로 인해 얻게 되는 수많은 시행착오로 인하여 지금 당장 무엇을 해야 하는지 명확하게 알게 된다. 빠르고 정확한 판단이 필요할 때 해봤느냐, 아니냐의 차이는 좋은 선택을 결정하느냐 아니냐로 귀결된다.

셋째, 압도적인 속도를 창출한다. 시작점이 빠르기 때문에 결과에 도달할 시점마저 앞설 수밖에 없다. 속도는 경쟁 사회에서 가장 큰 무기다.

넷째, 실행 과정에서 얻는 실패로 인하여 다음 도전에서 동일한 실수를 하지 않게 하는 '경험의 근육'이 생긴다. 이는 즉 쉽게 포기하지 않는 끈기로 발전할 가능성이 높다. 결국, 우리는 행동으로 살아간다. 세상의 지혜는 가만히 책상에서 배울 수 없다.

자기계발은 허상이다. 결국 행동이 전부다.

스스로에게 질문하기

사회가 발전할수록 사람들은 똑똑해진다. 1분이라도 일을 더 빨리 하는 방법을 강구하고, 효율을 끝없이 따지며 단기간에 성취를 극대화하려는 특성을 보인다. 그런데 과연 우리는 더 지혜로워졌다고 말할 수 있을까?

지식이 많아졌지만, 지혜는 줄어들었다

사람들은 알기만 하고, 행하진 않는다. 본인이 알고 있는 생각과 사상이 몸에 체화되지 못했기 때문이다. 그만큼 체화는 어려운 것이다.

타인을 돕는 이로운 삶임을 누구나 알지만 오늘 당장 내 주변 힘든 이에게 위로의 말 한마디 안 하는 이들도 많다. 운동하고 땀을 흘려야 건강한지 알면서도 일주일에 운동 한 번 안 하는 이들도 많다. 매일 마주치는 타인에게 웃으며 친절하게 말해야 하는지 알면서 하루 종일 무표정으로 차갑게 대하는 이는 얼마나 또 많은가.

우리는 살면서 다양한 경험을 직간접적으로 맞이한다. 이때 두 부류로 나뉜다. 경험을 그저 경험에서 그치고 마는 사람과 성취를 오로지 내 것으로 만들고 마는 사람이다. 그렇다면 그 차이는 어디서 올까? 바로 '성찰'이다. 쉽게 말하면 매일 나의 하루를 복기하는 습관이다.

오늘 이 사람과 대화할 때 '이렇게 말했더라면 더 좋았을 텐데' 하는 순간들을 되짚어 본다. 예를 들어 파일럿이라면 비행 중에 내가 했던 절차를 다시 한 번 돌아보며 어떻게 하면 더 좋은 결과를 만들 수 있을지 머릿속으로 시뮬레이션 해보는 것이다.

이 과정을 가장 효율적으로 하는 방법이 바로 '글쓰기'다. 생각을 눈에 보이는 활자로 바꾸는 행위를 하다 보면 생각을 스스로 정리하는 시간을 갖게 된다. 생각을 정리하면 가장 큰 변화가 다음 날부터 언제, 어디서, 누구와 무슨 대화를 하든지 사람들이 내 말에 귀를 기울이기 시작한다. 이유는 전날 하던 일을 멈추고, 단 1분이라도 내 생각을 정리하는 시간을 가졌기 때문이다.

우리의 생각은 '휘발성'이다. 적지 않으면 아무리 좋은 구절도, 강의도 모두 잊힌다. 적지 않으면 휘발된다. 그래서 하루에 단 한 줄이라도 적어야 1년 뒤의 나에게 귀한 선물로 돌아온다. 그리고 3년 뒤, 5년 뒤, 10년 뒤 나를 이끄는 힘이 된다.

글쓰기보다 조금 더 쉬운 방법이 있다. 바로 '말하기'다. "나 이번에 한강에서 처음으로 마라톤 했어"라고 대화하다 보면 상대방이 질문하기도 한다.

"진짜? 힘든데 어떻게 한 거야?"

의외로 상대방의 질문에 스스로 답하면서 생각이 저절로 정리되는 효과를 얻는다. 이는 말하지 않으면 나도 모르는 생각들이 머릿속에서 엉켜 있음을 뜻한다. 스스로 질문하는 습관이 없으면 대화를 하면서라도 질문을 받아보자.

꾸준함은 어디에서 오는가

살을 빼고 싶다면, 오늘 운동하면 된다. 세계 여행을 가고 싶다면, 오늘 비행기 티켓을 구매하면 된다. 하루를 길게 보내고 싶다면 내일 새벽에 일어나면 된다.

이것을 바로 '행동'이라 한다. 그렇다면 행동하면 바로 모두가 변하고 깨달음을 얻을 수 있을까? 예를 들어 인생의 꿈이 세계 일주라고 하자. 세계 일주를 이루고 나면 모든 것을 다 이룬 듯한 기분이 들까? 절대 그렇지 않다. 오히려 이제 무얼 해야 할지 모를 수도 있고, 당장 일을 하지 않아 조급할 수도 있다.

우리는 무언가를 이루면 다음 관문이 바로 보이는 지혜를 얻을 수 있다고 착각한다. 이것이 행동이 전부가 될 수 없는 이유다. 그렇다면 행동하고 난 뒤 우리가 명심해야 하는 점은 무엇일까?

바로 '반복'이다. 도전의 성취로 인해 큰 영감을 얻었다면, 멈추지 말고, 더 많은 시도를 해야 한다. 단기간에 얻은 성취는 반쪽짜리 성취일 가능성이 크다. 다음에 동일한 기회가 온다고 하더라도 더 낮은 성과를 이루게 될 수도 있다. 그러기에 내가 성공이란 결과를 맞이했다고 안주해서는 안 되고, 끝없이 성장하기 위해 스스로 복기하고, 공부해야 하는 이유다.

반복만이 자연스러움을 만든다. 우리가 숙달의 경지에 올랐다고 말하는 대부분의 사례는 그 모든 과정이 자연스러움을 말한다.

김연아 선수의 유명한 장면이다. 훈련 중 스트레칭을 하고 있는데 기자가 물었다.

"무슨 생각을 하면서 (스트레칭을) 하세요?"

"(혼잣말로) 무슨 생각을 해. 그냥 하는 거지."

몰입의 순간에는 잡생각을 하지 않는다. 몸이 먼저 움직이고, 몸이 다음 단계를 기억한다. 생각은 그냥 따라오게 된다. 결국 행동을 이루기 위해서는 체화의 과정이 필요하다. 체화란 작은 성취로 인한 나만의 '기분 좋음'을 반복하여 온전히 내 것으로 만드는 과정이다. 나만의 절차가 완성되면 그때부터는 타인과의 경쟁이 사라진다. 그러다 보면 경쟁자가 쉽게 따라오지 못하는 격차가 발생할 수밖에 없다. 그래서 체화가 무서운 것이다. 세상에서 가장 무서운 사람은 '매일 꾸준히 하는 사람'이다.

SLOW, STEADY, SMILE

대학교 때 프랑스어 회화만큼은 자신 있었다. 그래서 회화 관련 과목은 늘 A⁺를 받았다. 어느 날 〈프랑스어 회화2〉라는 어려운 과목을 수강했을 때 일이다. 첫 달인 3월, 수업을 시작하니 역시나 내가 가장 실력이 뛰어났다. 그러나 4월이 되고부터 '용건'이라는 후배가 놀라운 속도로 따라왔다. 발음은 좋지 않았지만, 그 열정이 뛰어나서 수업 시간마다 핵심을 관통하는 질문도 하고, 언어 그 자체를 즐기는 것처럼 보였다. 5월이 되니 나와 실력이 크게 차이가 나지 않는 수준이 되었다.

6월, 첫 시험을 치렀는데 결과는 그 친구가 A⁺, 내가 B⁺를 받게 되었다. 나는 이때 깨달았다. 거북이가 토끼를 이길 수 있던 가장 큰 이유는 상대를 보지 않기 때문이라는 것을. 매일 1퍼센트라도 성장할 수 있다면 이미 승리한 것이나 다름없었다.

"용건아, 어떻게 이렇게 빨리 프랑스어가 향상되었어?"

"형, 저 집에 가면 매일 하루에 6시간씩 프랑스어만 공부해요."

세상에서 가장 무서운 자가 누구냐면 바로, 매일 꾸준히 하는 사람이다.

나는 목소리가 신뢰성이 부족한 하이톤이었다. 그러다 보니 어떤 말을 하더라도 힘이 없었고, 누군가를 설득하기가 어려웠다. 높은 목소리 톤은 내 의지와 상관없이 신뢰성을 떨어뜨렸다.

어느 날 우연히 드라마를 보았는데, 이병헌이 나왔다. 이병헌의 목소리는 남자다우며 힘이 있었다. 닮고 싶은 목소리였다. 그래서 고등학교 3학년 시절, 하루 종일 중저음이 멋진 이병헌 목소리를 따라 해 봤다.

"여보세요?", "안녕하세요, 오현호입니다.", "네, 알겠습니다."

1년 뒤 친구가 말했다.
"현호야, 너 목소리가 왜 이렇게 멋지게 변했어?"

그때 깨달았다.
'아, 목소리도 원하는 대로 바꿀 수 있구나!'

무엇이든 마음먹고 1년 동안 쉬지 않고, 매일 하면 안 되는 것은 없었다. 느리지만 꾸준하게 웃으며.

/
이화력은 어떻게 키울까

 경기도의 어느 교육 기관에서는 두 학교를 선발하여 학생들에게 '명사 초청 특강'을 들을 기회를 제공한다. 이에 수많은 학교가 지원했고, 결국 전교생이 서른 명 안팎인 연천의 한 작은 중학교가 선발되었다.

 해당 학교의 진로 선생님은 우연히 〈세바시〉에서 내 강연을 보셨다고 했다. 그러고는 '이 강의를 우리 아이들에게 꼭 들려주고 싶다'라고 생각했다며, 구구절절 왜 우리 학교가 이 특강을 들어야 하는지 써서 보내셨다.

 "작가님 강연 10번도 넘게 봤어요. 저희 아이들도 다 봤고요. 여기 아이들이 시골에 살지만 사회가 인정하는 길이 아닌 작가님처럼 스스로 길이 없는 곳으로 가는 이야기를 많이 들었으면 해요."

 전국의 학교를 다니다 보면 간혹 이렇게 선생님의 열정적인 눈빛이 가득한 곳이 있다. 이런 곳은 학생들 태도도 확실히 다르다. 어느 3학년 학생이 질문했다.

"작가님, 성공하려면 어떻게 해야 해요?"

"여러분들이 생각하는 성공이란 뭔가요?"

"돈 많은 거요."

"그럼 돈이 많으면 성공한 걸까요?"

"네."

"유명한 기업인, 자산가, 연예인 중에서도 삶이 너무 괴로워서 자살로 생을 마감한 사람도 있는데 대체 왜 그런 걸까요?"

"…"

"돈으로 행복을 살 수 있다는 착각이 가장 무서운 겁니다. 자본주의 사회에서 돈은 너무나 중요하지만 절대로 행복을 살 수 없어요. 돈이면 다 된다는 생각이 결국 괴물을 탄생시키지요. 타인의 삶을 망가뜨리고, 다치게 하고, 죽이기까지 해요. 하지만 요즘 그저 돈으로 모든 걸 해결하려는 행태가 벌어지고 있습니다."

무엇이 삶의 가치를 결정하는가

아이들이 곰곰이 생각하기 시작했고, 나는 다시 질문했다.

"그렇다면 과연 어떤 삶이 성공한 삶이라 할 수 있을까요?"

"행복한 거요."

"그렇죠, 어쩌면 성공이란 행복과 가까울 수도 있겠습니다. 그럼 여러분들 주변에 행복한 사람은 누가 있어요?"

"저요!"

맨 앞자리에 일자머리를 한 남학생이 손들었다. 표정이 얼마나 밝은지 눈은 이미 안 보이고, 입은 이미 귀에 걸렸다.

"이 학생은 진짜 행복해 보이네요."

모든 학생이 깔깔대고 웃었다. 간혹 비웃는 친구도 있었다.

"여러분들은 지금 이 친구를 보고 비웃을 수 있어요. 근데 나중에 어른이 되면 깨달을 거예요. '저는 행복한 사람입니다' 하고 손들고 당당하게 말하는 게 얼마나 어려운 일인지를 말입니다. 지금은 남에게 들려주기 쑥스러운 꿈을 가지세요. 그게 어쩌면 진짜 내가 원하는 것에 가깝습니다."

손을 든 이 학생은 본인도 모르게 행동력, 체화력, 이화력을 모두 체득했을 수 있다. "주변에 행복한 사람은 누구인가요?"라는 질문에 주저하지 않고 "저요!"라고 손을 들고 말하는 학생에게는 행동력이 있었다. 주변에서 그를 보고 비웃고, 비아냥거려도 반짝거리는 눈으로 환하게 웃는 학생에게는 어린 나이임에도 이미 많은 걸 체득한 체화력도 있었다.

강연을 마치고, 모두에게 책을 선물하고 사인을 해주는데 그 학생이 환한 웃음과 함께 손가락 하트를 날리며 말했다.

"작가님, 사랑합니다."

그 학생에게는 모든 행동 하나하나가 남들과 다르고, 그 모습이 자연스럽기까지 한 이화력마저 있었다. 이를 '일상이 건강한 삶'이라 말한다.

이화력이 있는 사람들은 본인만이 느끼는 소소한 재밋거리들이 하루 24시간 가득 채워져 있다. 일상이 건강하지 않으면 소소한 재미가 없어져 지속해서 자극적인 무언가를 원하게 된다. 인간은 유혹에 한없이 약한 동물이기에 자극에 노출이 될수록 더 강렬한 쾌락을 필요로 한다. 일상이 건강하기 위해 자신만의 이화력을 키워야 하는 이유다.

이 책은 결국 더 나은 내가 되기 위한 행동서가 될 것이다. 새로운 것을 시도하려는 행위가 반복될 때 우리는 무한한 상상을 하게 되고, 숨겨진 잠재력을 발견하며, 예측하지 않은 상황을 맞닥뜨리며 겪는 담대함을 증대시킨다.

이 모든 것을 스스로 자진해서 실험하면 그것이 바로 진짜 공부가 된다. 우리는 누가 시켜서 억지로 외우는 것보다 마음이 원해서 몸이 배운 것들을 체화한다. 그렇게 매일 변화를 위해 도전하는 습관이 있는 한 인생은 쉽게 무너지지 않는다.

삶에서 이화력이 중요한 이유

행동력과 체화력이 갖추어졌다는 뜻은 과거와 현재를 스스로 만들어 나갈 수 있음을 말한다. 그렇다면 미래를 내 방식대로 만들어 나가기 위해서 반드시 필요한 능력은 무엇일까? 바로 통찰력이다.

통찰력을 키우기 위해서는 '발상의 전환 습관'이 필요하다. 발상을 전환하기 위해서는 우리는 무엇을 해야 할까?

1. 낯선 환경을 자주 접한다.
2. 중요하지 않다고 생각하는 의식들을 굳이 실행해 본다.
3. 매일 똑같은 평범한 일상을 조금은 다르게 바라보는 질문 루틴을
   가져본다.

이 훈련은 결국에 '애초부터 한계란 존재하지 않는다'라는 사실을
깨닫게 한다. 누군가 불가능하다고 말하면 우리는 행동하기도 전에
미리 안 된다고 생각한다. 주변에 조언을 구했을 때 타인이 함부로 말
한다고 생각해 스스로 벽을 세울 때가 너무 많다. 명심하자. 도전의
가장 큰 적은 경험하지 않은 자들의 조언이다. '이화력'이 있다면 관념
화된 개념을 다른 양상으로 새롭게 바라보고, 해석할 수 있다. 이화력
은 다음과 같다.

1. 매일 똑같은 평범한 일상을 다르게 보는 힘이 생긴다.
2. 사회가 인정하지 않는 길에 뛰어드는 힘이 커진다.
3. 누구도 주목하지 않는 것에 관심을 가지게 된다.
4. 낯선 환경에 다가가는 것을 주저하지 않는다.

이화력을 발휘하기 위해서는 필요한 행동 강령이 있다. 만약 반복
되는 실패에 자존감이 무너져 있다면 일상을 바꿔 본다. 밤 10시 전
에 잠들고, 다음 날 새벽 5시에 한 번 일어나 본다. 정신없이 앞만 보

고 달려왔다면 이번 주말에는 보온병에 따뜻한 차를 챙겨서 아무 생각 없이 산에 한 번 올라가 본다. 가끔 엘리베이터에서 마주치는 이웃에게 웃으며 먼저 인사를 해본다. 늘 미용실을 가서 머리를 잘랐다면, 이번에는 혼자 이발기로 머리를 잘라 본다. 이 모든 행동은 고정된 일상에 해보지 않았던 변화를 주는 것에 중점이 맞춰 있다.

상식을 파괴하자

러시아의 문예비평가 빅토르 슈클로프스키는 습관화되고 자동화된 인식의 틀에 벗어나서 사물에 대한 생생한 인식을 회복시키는 '낯설게 하기(Defamiliarization)'라는 문학 용어를 처음 사용했다.

오감을 깨우기 위해서 반복되는 일상을 새롭게 바라볼 줄 아는 시선이 필요한데 이를 위해서는 다양한 시도가 뒷받침되어야 한다. 애석하게도 우리는 나이가 들수록 더 편하고, 잘하는 일만 하려는 습성이 있다. 한 번 게을러지면 절대로 하지 않게 되는 관성도 있다.

내가 잘 못하는 일에 도전한다거나, 익숙지 않은 상황을 맞닥뜨리다 보면 얼굴이 새빨개진다거나, 부끄러워진다거나, 피하고 싶은 순간이 분명히 온다. 그러나 그 순간들을 피하기만 한다면 우리는 결코 성장하지 못한다. 도리어 그런 순간을 당당하게 맞서고 받아들일 때, 비로소 열린 사고를 경험한다. 이것이 바로 '시도의 힘'이다.

누구나 꿈이 있다. 다만 누구나 행동하지 않는다. 인생을 바꿀 기회가 있다면 방구석에서 주저하지 말고, 당장 땀 흘리며 온몸으로 부딪혀 기회를 만끽해야 한다.

나는 인간을 두 부류로 나눈다. 자신의 운명을 스스로 거스르며, 내 방식대로 개척하며 살아가는 사람, 변화를 거부하며 그저 하루하루 주어진 대로 살아가는 사람. 나는 전자에 해당하는 사람이고, 그렇게 행동해왔다.

벨기에 초현실주의 화가 르네 마그리트는 이렇게 말했다.

"내게 있어 세상은 상식에 대한 도전이다."

당신은 어떤 선택을 할 것인가? 선택은 당신 손에 달려 있다.

/
지옥에서 벗어날 수 있었던 유일한 방법

반에서 43등, 수능 7등급이었던 나는 오후 4시에 학교를 마치면 학원이 아닌 인근 피자 가게로 향했다. 오토바이를 타고 피자 배달을 하고 나면 밤 10시에나 집에 들어갔다.

어느 날, 우리 학교 바로 옆에 위치한 여고에 피자를 배달하러 갔다. 하필이면 그날은 소나기가 내려서 우비를 입고 학교에 도착했다. 마치 비에 쫄딱 젖은 시골 쥐 같았다. 칙칙한 짙은 감색 우비는 허름해서 여기저기 헤져 있었다. 마음 같아서는 교실에 들어가기 전 우비를 벗고 싶었지만 그마저도 용기가 없었다.

교실에 들어가 문을 열었는데 내 또래 아이들이 있었다. 피자가 온 사실만으로 얼마나 행복한 표정을 짓던지 어둠과 우울로 가득 찬 내 모습과는 사뭇 상반된 모습이었다.

'같은 동네에서, 같은 공기를 마시고 살지만 어쩜 이렇게 표정이 다를까?'

청소년기 시절 내내 우리 집안 분위기는 어두웠다. 결국 졸업을 앞두고 부모님은 헤어지셨다. 어린 마음에 상처가 심했다. 드라마를 많이 봤는지 무슨 큰일이라도 일어나는 줄 알았다. 우선 집에 어머니가 안 계시니 아침에 깨워줄 사람이 없었다. 며칠 연속으로 지각을 하니 담임 선생님이 말했다.

"오현호, 넌 집에서 누가 깨워주지도 않냐?"

물론 내 사정을 모르고 한 말이었지만 어린 내 가슴에 그 말은 비수처럼 꽂혔다. 도리어 그때 깨달았다. 부모님의 이혼은 큰 잘못이 아니라는 사실을. 내 삶이 누군가에게 부정당할 정도로 무슨 문제가 생기지도 않았다. 눈물을 흘리고, 울고불고 세상을 원망해도 나만 더 비참해지고, 바뀌는 것은 하나도 없었다. 안 좋은 생각을 하면 할수록 더 안 좋은 일만 일어난다는 사실을 깨달았다.

타인에게서 느꼈던 최초의 이타심

학교에서는 공부를 못하면 자연스레 도태되고, 도태되는 순간 무엇이든 하기가 싫어진다. 뭘 해도 분명 결과가 안 좋을 것이라고, 주변에서 시작도 전에 열등한 존재로 바라보니 열정을 품는 일도 사실 힘들다. 그런 이들에게는 "그래도 열심히 해"란 말조차 무책임하고, 비현실처럼 들릴 뿐이다.

하필 그때 고3이 되고 친형도 입대를 해서 집에 믿고 의지할 사람이 딱히 없었다. 그런 내가 얼마나 위태롭고 불안해 보였는지 친형이 군대에서 자신의 친한 친구에게 나를 부탁했다.

"친구야, 우리 집에 가서 현호 좀 봐줄래?"

어느 날, 형 친구는 우리 집에 와서 뜬금없이 밥은 잘 먹는지, 학교는 잘 다니는지 물었다. 하지도 않는 공부를 하는 척 했더니 뭘 공부하는지 확인하고, 나름 공부하는 법도 알려주었다.

하지만 나는 하는 척만 했지, 실제 공부를 안 했기에 그 형이 알려준 이론과 기술은 머릿속에 들어오지 않았다. 그럼에도 내게 강하게 각인된 것이 하나 있는데 그 형이 먼 길을 와서 굳이 시간을 내주고, 어려운 점은 없는지 물어보고, 하지도 않는 공부를 신경 썼던 그 정성 어린 마음이었다.

'나는 살면서 타인을 위해 이렇게 마음 써본 때가 단 한번이라도 있는가?'

애석하게도 살면서 단 한 번도 없었다. '타인'이라는 단어 자체가 삶에 없었다. 나 하나 살기도 바쁜데 누굴 돕고, 배려하며, 함께할 생각을 했을 리가 없다. 친절과 배려는 그저 사치에 불과했다.

대한민국 공교육 사회에서는 공부를 못하는 아이, 7등급이라는 낙인이 찍히면 딱히 기회가 오지 않았다. 어른들은 관심을 두지 않았다. 얼른 졸업을 하고 싶었다. 항상 '지옥 같은 곳을 벗어나면 차라리 돈이라도 벌면서 일이라도 하고, 새로운 뭔가를 꾀할 수 있지 않을까?' 하고 궁리했다.

그렇게 성인이 되고, 집을 나오며 조금씩 깨달았다. 편안하고 따뜻한 공간이 알고 보니 내 정신을 좀 먹는 곳이었다는 사실을. 마시멜로 같은 우유부단하고 말랑말랑한 성격이 알고 보니 안락한 집의 영향이었다.

극한의 환경이 기적을 만든다

집을 나와서, 안락한 환경을 버리고 극한의 환경을 만들었다. 해병대에 입대했고, 제대 후 무전여행을 떠났다.

자전거를 타고, 임진각에서 제주도까지 가겠다는 일념하에 매일 국도를 달렸는데 그때 처음 깨달았다. 내가 쉬고 싶으면 쉬어도 되고, 오른쪽 길로 가고 싶으면 마음대로 꺾어도 목적지까지 가는데 아무 지장이 없다는 사실을. 삶이란 내가 가고자 하는 대로 마음껏 방향을 틀기도 하고, 속도를 조절하기도 하고, 내 맘대로 쉬어도 됨을 처음 알았다.

삶이란 모두가 같은 옷을 입고, 같은 목적을 향해, 같은 속도로 앞만 보고 달리는 경주인 줄 알았다. 알고 보니 애초부터 인생의 경로는 없었다. 빠르고 느린 것, 잘하고 못하는 것을 포함하여 딱히 경쟁자도 없었다. 극한 상황 속에서 무전여행을 하면서 그저 내가 오늘 중국 요리가 먹고 싶으면 중국집을 찾아 들어가서 구걸하고, 거절당하면 다른 중국집에 갔다.

중요한 사실은 밥을 먹을 때까지 '시도하는 것'뿐이었다. 시도를 멈추면 그날은 굶는 날이기에 가장 큰 손해는 나 자신이었다. 결국 밥을 얻어먹을 때까지 시도를 계속 꾸준히 하는 것이었다. 그 과정에서 자연스럽게 '돈 없이 식당에서 밥 먹기' 성공률을 높이는 방법을 깨달았다.

1. 식당이 바쁜 시간대 12시~1시는 피한다.
2. 손님이 많은 곳은 피한다.
3. 주인의 외모를 보고 성공과 실패를 미리 판단하지 않는다.

이 3가지 공식만 이해하면 언제 어디서든 밥을 얻어먹을 수 있다는 무한 자신감이 생겼다. 결국 원하는 것을 얻는 방법은 너무나 간단했다.

1. 시도를 주저하지 않는다.
2. 실패하는 이유를 복기한다.
3. 개선점을 다음 시도에 반영한다.
4. 세 가지 방법을 계속 반복한다.

그중 가장 난이도가 높은 것이 바로 '반복'이다. 인간은 실패가 반복되면 자신감이 무너지고, 더 이상 추진하고 싶은 동력을 잃기 마련이다. 그러나 무전여행이라는 극한의 환경을 만들고, 시중에 돈이 없으니 내게는 다른 선택이 없었다. 그저 해낼 때까지 무한 반복하는 수밖에 없었다.

나는 여전히 잘 풀리지 않는 문제가 있다면 극한의 환경을 만든다. 아무리 게으른 나 같은 사람도 어쩔 수 없이 그 환경에서 살아남기 위해 24시간 잔머리를 굴린다.

/

규칙을 깨본 사람이 새로운 규칙도 만든다

해병대 일병 시절 교동 중대 본부라는 곳으로 거처를 갑자기 옮기게 되었다. 막상 도착하니 여기가 북한인지 남한인지 모를 정도로 군기나 너무 심했다. 구타는 물론이고, 선임들에게 말투, 행동, 눈빛 하나하나에 마치 대통령을 대하듯 해야 했다. 365일, 24시간 내내 최선을 다해야 하는 분위기였다. '아니, 대한민국에 이렇게 성실한 군인들이 있나?' 싶을 정도로 모두의 일 처리가 빠르고, 박력 있고, 일사불란했다.

숨도 겨우 쉴 정도로 긴장된 나날을 보내던 어느 겨울날, 행정관님이 외쳤다.

"오현호, 너 주계(취사) 좀 도와라."

그렇게 주계병 병장 선임이 하는 요리를 옆에서 돕기 시작했다. 감자 깎고, 무 다듬고, 부식 정리하고, 식당 청소하고 뭐 그런 허드렛일이었다. 그러던 어느 날, 그 선임이 3박 4일 외박을 나가게 되어 나 혼자 60인분을 책임지는 순간이 왔다. 요리도 할 줄 모르는데 60인분을 해야만 했다!

"오현호, 너 할 수 있지?"

"네! 할 수 있습니다."

'할 수 있냐'라는 질문에, 할 줄도 모르면서 뭔가 전율이 올랐다. 괜히 더 잘하고 싶었고, 사실 잘할 수 있다는 근거 없는 자신감이 폭발했다. 몇 달간 주계병 선임을 옆에서 도우며 수도 없이 깨달은 점이 하나 있었기 때문이다.

'아니, 재료가 이 정도면 나쁘지 않은데 왜 그동안 내가 먹은 메뉴들은 그 모양이었지?'

튀김은 눅눅하고, 생선류는 비리고 맛도 없는데, 오징어무국, 명태순살 튀김 등이 메뉴에 늘 나와서 도무지 이해가 가질 않았다.

'차라리 저 재료로 맛있는 메뉴를 하면 되지 않을까?'

바로 어머니께 전화를 걸어 어머니 요리 비법을 하나씩 적기 시작했다. 당시에 어머니는 많이 당황스러우셨을 것이다. 목소리는 다 쉬고, 휴가도 잘려서 8개월 동안 집에도 오지 못하는 아들놈이 어느 날 갑자기 김치찌개, 오징어불고기 볶음 등 혼자 신나서 요리를 알려달라고 했으니 말이다.

마침내 주계병 선임이 외박 나간 첫날, 냉동실에 박혔던 재료들로 '고추장 돼지고기 김치 볶음'이라는 군대에서는 듣도 보도 못한 새로운 메뉴를 내놓았다. 나는 자신 있었다. 내가 먹어도 정말 맛있었으니까. 그동안 먹었던 음식들과는 양념 맛부터 차원이 달랐다. 양념을 많이 넣은 자극적인 맛이었다. 저녁 6시가 되고, 괴물 같은 선임들이 하나둘씩 식당으로 들어왔다. 10분이 지나자 갑자기 무서운 인상의 선임들이 웃음을 지으며 한마디씩 남겼다.

"오현호! 맛있는데?"

다음 날 점심에는 중대장님과 행정관님에게 조용히 불려갔다.
"오현호, 어제 먹은 그거 다시 만들어 줘!"

간부들이 전날 저녁에 먹은 고추장 돼지고기 김치 볶음을 점심에 또 먹고 싶다고 나에게 투정을 부리는 것이 아닌가? 자고로 군대에서 메뉴를 바꾸는 것 자체가 규정 위반이고, 당연히 안 되는 일이었다. 하지만 한 번 사례를 만드니 오히려 간부들이 더 적극적으로 메뉴를 바꿔 달라는 아이러니한 상황이 벌어졌다.

"중대장님 재료가 충분하지는 않지만, 한번 있는 대로 만들어 드리겠습니다."

그렇게 3박 4일 동안 나는 진부하고 인기도 없던 군대 메뉴들을 싹 다 버렸다. 그리고 일일이 한 자 한 자 적은 어머니 요리법, 즉 내가 좋아하는 메뉴로 새로운 실험을 이어갔다. 매주 나오는 군대리아(일명 '햄빵')라 불리는 유일한 빵 메뉴가 있는데 모양이 조악했다. 나는 기름에 살짝 튀겨 설탕을 뿌려서 던킨도너츠처럼 만들기도 했다. 시간이 배로 걸리고, 손이 많이 갔지만 당시에는 전혀 힘들지 않았다. 나는 매일 똑같은 일을 반복하기보다 이렇게 새로운 모험을 하는 일에 더 열정이 넘쳤다.

4일이 지나고, 주계병 선임이 외박 복귀하고 첫날 저녁을 차렸다. 저녁이 되자 병장 선임들이 식당에서 외쳤다.

"야! 주계병 오현호로 바꿔!"

정확히 다음 날부터 나는 모두의 요청으로 인해 주계병으로 선임되었다.

주어진 일에서 나만의 일로 바꾸는 방법

나만의 일하는 방법은 간단하다. 5가지 방법만 알면 된다.

1. 열심히만 하지 않는다

열심히 하는 것은 좋다. 하지만 무식하게 열심히만 하지 않는다. 바보들은 항상 자기가 최선을 다했다고 말한다.

2. 결과는 질문에서 나온다

더 나은 결과를 만드는 방법을 찾고 연구하면 된다. 결과는 질문에서 나온다. 우선, 실패 요인을 먼저 찾는다. 나는 나에게 취사 업무가 떨어졌을 때, '재료는 나쁘지 않은데 왜 메뉴는 늘 맛이 없는가?'라는 질문을 스스로에게 던졌다.

3. 때로는 '룰 브레이커'가 돼라

개선점이 명확한데 규정 때문에 시도하지 못한다면 과감하게 룰을 깨라. 결과가 좋으면 규정이 바뀐다. 역사가 바뀌고, 혁신이 나올 수도 있다. 욕먹는 것을 두려워하지 마라. 천재들은 늘 바보, 꼰대들과 전투하며 성장했다.

4. 전문가에게 조언을 구하라

도전의 길을 선택했다면 전문가의 조언에 귀 기울일 줄도 알아야 한다. 전문가들은 이미 내게 일어날 수많은 문제점을 겪은 자들이다. 그들이 건네는 한 마디는 앞으로 내 경험의 자양분이 될 수 있는 돈 주고도 사지 못할 지혜다.

5. 항상 겸손하라

이렇게 주어진 일을 나만의 일로 바꾸었고, 그로 인해 성공했다고 해도 겸손이 없다면 무용지물이다. 작은 성공의 맛을 본다고 하더라도 겸손하라. 한 번의 성공은 누구나 운 좋게 경험할 수 있다. 온전히 내 것으로 만들기 위해서는 우쭐대지 말고, 더 정진하면 된다.

'일하는 법'뿐만 아니라 '삶에 대한 자세'도 바뀐다

나는 바꿔야 하는데도 바꾸지 못하는 것 앞에서 두려워하지 않았다. 용기를 내어 바꾸었다. 물론 이런 시도는 실패할 수도 있다. 규정을 어겨 혼이 날 수도 있다. 그럼에도 잘못된 부분이 명백하다면 용기를 내야 한다. 그 용기가 규정을 바꾸고, 새로운 시각을 안겨줄 수 있다.

그리고 나는 새로운 관점에서 상황을 보는 편이다. 해당 분야에 오래 일했다 해서 매 순간 정답을 말하는 것은 아니다. 때로 경험이 없고, 새로운 이들이 오히려 혁신을 제안할 수 있다. 귀는 늘 열어두고, 가능성을 매일 타진하자.

나에게 기회는 어느 한순간만 최선을 다하는 것보다, 매사에 최선을 다했을 때 왔다. 만일 내가 주계병 보조 역할을 제대로 하지 못했다면 당연히 3박 4일 동안 내가 아닌 기존에 경험이 있는 다른 이에게 역할이 주어졌을 것이다. 요리 경험도 없던 내가 나흘 동안 빈자리를 맡을 수 있었던 유일한 이유는 사소한 보조 역할마저 성실히 임했기 때문이다. 기본적으로 나는 불평하는 습관이 없다.

위계질서가 가득하고, 군기로 무장된 군대라는 조직에서조차 내 소신대로 살아도 괜찮음을 깨달았다. 그래서 내가 옳다고 생각하면 용기 내 저질러 보았다. 욕먹을 것 같고, 혼날 것 같고, 오히려 일 벌였다고 뭐라 한 소리 들을 것 같아도 어차피 다 예상일뿐이다. 예상은 현실이 아닌 그저 상상에 불과하다. 모두가 예상할 때 용기 있게 현실을 만드는 자는 결과가 다를 수밖에 없는 이유다.

당시 나는 실패에 두려움이 없었다. 나흘만 일하고 다시 안 할 일이었기 때문이다. 그러니 딱히 부담도 없었다. '원래 요리하던 사람도 아니고, 요리 전공자도 아니고, 해본 적도 없는 사람이니 당연히 못하지 않겠는가?'라는 생각이었다. 궁색한 변명 거리도 있고, 나름의 이유가 있으니 실패해도 문제가 안 된다는 것이 당시 내 지론이었다. 실패해도 괜찮다고 생각하니 오히려 마음이 편했다. 그냥 하면 되니까.

인생도 그렇다. 그냥 하면 된다. 처음부터 잘하는 일은 없다. 누구나 모든 일을 잘할 수도 없다. 그러니 못해도 괜찮고, 실패해도 상관없다.
'망하면 알아서 다른 사람이 하겠지.'
'못 먹으면 알아서 라면이라도 끓여먹겠지.'

실패해도 상관없다는 마음으로 내가 할 수 있는 역량을 최대한으로 발휘하여 최선을 다하는 것, 더 나은 결과를 위해 그저 진심으로 내 임무를 하는 것, 그 행동력이 있을 때 결과는 언제나 좋다.

/
실패는 필연이지만 후회는 선택이다

행동하다 보면, 크게 실패할 수 있다. 그런데 실패를 반복하면 실패도 언젠가 괜찮아진다.

얼마나 많은 것을 성취했든, 사회적으로 말하는 성공의 자리에 있든 아니든 우리가 잊지 말아야 하는 점이 하나 있다. 바로 지나간 일은 다 잊어야 한다는 것이다. 어차피 지금 시점으로 다 지나간 일이다. 명심하자. 과거는 지나갔고, 미래는 오지 않았다. 중요한 것은 나는 오늘 무얼 하고, 내일은 어떤 도전을 할 것인지이다.

마찬가지로 이제껏 얼마나 많은 실패를 했든지, 좌절과 시련이 있든지 간에 빨리 잊어야 한다. 실패는 필연이지만 후회는 선택이다. 지나간 일로 인해 나를 비난해 봤자 내게 도움이 될 일은 하나도 없다. 나를 비난하고, 부정적인 언어로 표현해 봤자 달라지는 것은 하나도 없다. 그럴수록 오히려 타인이 나를 더 부정적으로 바라볼지 모른다.

실패와 성공을 나누지 않는 것도 답이 될 수 있다. 무엇을 이루지 못하고 잃었을 때는 실패이고, 무엇을 이루고 얻었을 때를 성공이라고 한다면, 그 경계를 무너뜨려 본다. 사실, 실패와 성공은 한끗 차이다.

무언가를 이룰 때마다 0으로 돌아가라

나는 목표했던 무언가를 이룰 때마다 다시 0으로 돌아가는 훈련을 많이 했다. 성취가 0이 되면 실패와 같은 선상에 놓이게 된다. 그러면 더욱 실패를 두렵지 않게 생각하게 되고, 도전 역시 쉽게 생각할 수 있다.

다음은 내가 그렇게 해서 이루었던 성취들이다.

1. 스물세 살에 스쿠버다이빙 강사가 되었다. 강사로 돈 벌기를 끝내고 나는 다시 학생으로 돌아갔다.
2. 아프리카 우간다 르웬조리를 등정하고 나서, 스위스 로잔으로 홀로 떠났다. 아무도 나를 모르는 곳에서 홀로 부딪히며 낯선 세상에서 도전했다.
3. 대학을 졸업하고는 두바이로 떠났다. 세계 속에서 내가 얼마나 경쟁력 있는지 알고 싶었다.
4. 삼성전자에서 승승장구하며 커리어를 쌓고 있을 때 과감히 퇴사하고 파일럿에 도전했다. 그저 조종 훈련생이 되기 위해 나이 서른에 공부를 시작하고, 시험을 보러 다녔다.

나는 애초부터 가진 것이 없었기에 다시 없던 상태로 돌려놓기가 쉽다. 혹자는 이를 포기라고도 말할 수 있다. 포기를 잘하는 사람이라니, 이 얼마나 행복한 인간인가? 과연 내가 엘리트였거나 많은 것을 이룬 사람이었다면 이토록 도전을 쉽게 할 수 있었을까? 아마도 더 많이 고민했을 것이다.

불행 중 다행은 실제로도 나는 딱히 이룬 것이 없었고, 가진 것도 없었다. 그 누구도 내 인생에 큰 기대가 없었고, 바람도 없었다. 무엇을 해도 지나온 과거보다는 나았다. 잃은 것이 없는 사람은 뭘 해도 두려움이 없다. 세상에서 제일 무서운 사람은 바로 잃을 것이 하나 없는 사람이다.

뭘 하든 기대 이상의 성과가 나온다는 것은 또 한편으로는 감사할 일이다. 도전이 얼마나 재미있겠는가?

'성장의 재미'를 알게 되면 우리는 365일 매일 새로운 것을 도전하는 취미를 지니게 된다. 성취의 기쁨보다 더 큰 것이 바로 성장의 기쁨이다. 내가 어제보다 더 나은 사람이 되는 기분을 매일 느낄 수만 있다면 내일이 빨리 오기를 바라는 설레는 아이처럼 하루를 살아가게 된다. 나는 이를 '즐거움의 최고조에 이른 상태'라 말한다.

물론 새로운 곳에서 새로운 도전을 한다는 것만큼 외롭고 괴로운 일은 또 없다. 예상치 못한 순간이 도사리는 삶이란 얼마나 긴장의 연속이겠는가. 그럼에도 그 초조함과 긴장됨을 두려워하지 않고 덤덤하게 맞서는 연습은 필요하다. 최대한 어릴 때 부끄러운 순간을 자주 조우하고, 깨지고 부서지는 경험이 많아야 훗날 나이가 들어 그럴 일을 피할 수 있다. 그러면 위기 앞에서도 여유로운 사람이 될 수 있다.

마찬가지로 지나간 나의 과오와 아픔, 상처, 괴로운 기억들은 다시 꺼낼 이유가 하나도 없다. 지금 이 순간부터 그냥 지워버리는 것이다. 그래서 나는 지난 시간 괴로웠던 모든 사건들이 딱히 기억이 잘 나지 않는다. 기억이 나도 크게 다시 생각하고 싶지도 않고, 생각하려 해도 많은 순간이 끊어져 있어서 잘 떠오르지 않는다. 괴로웠던 순간들이 떠오르지 않는다니 이 또한 얼마나 축복인가?

아쉬움이 없을 때 행동력은 극대화할 수 있다

모든 것을 포기할 수 있는 위치에 도달하면 주저할 일이 하나도 없다. 도리어 포기 못하는 것이 많고, 스스로 이룬 것이 많으며, 아쉬울 것이 많은 사람들이 주저한다.

놀라운 점은 사회적으로 많은 성취를 이루고, 삶의 후회가 없는 이들이 도리어 시간이 흘러 많은 것을 내려놓는 훈련을 한다. 반대로 과거에 대한 집착은 추진력을 잃게 한다.

당신은 아쉬울 것이 없는 사람인가? 당신은 바로 내려놓고 다시 행동할 수 있는가?

/
'굳이' 하는 힘

5년간 파일럿으로 일하며 가장 힘들었던 점은 항공기의 고장에 따른 사고 위험이나 악기상 속의 무리한 운항에 따른 스트레스 따위가 아니었다. '매일 똑같은 일상에서 어떻게 더 설레는 하루를 만들 수 있을까?' 하는 내면의 질문이었다. 일상 속 다름을 발견할 수만 있다면, 매 순간 관점을 변화시킬 수 있다는 사실을 지난 20년 동안의 도전으로 몸소 알고 있었기 때문이다.

지난 20년 동안의 내 도전 습관을 다른 사람에게도 공유하고 싶었다. 그래서 누구나 쉽게 도전하고 체화할 수 있는 방법을 구독형 온라인 서비스로 만들었다. 그것이 바로, 이 책의 기반이 된 '행동력 수업, 굳이 프로젝트'이다. 연구 끝에 뉴스레터가 2023년 세상에 공개되었다.

굳이 그렇게까지 하는 이유
48개국을 여행하며, 다양한 직업을 경험하면서 '과연 앞서가는 이들의 공통점은 무엇인가?'라는 물음이 생겼고, 그를 연구했다. 국가, 인종, 분야, 전문성과 상관없이 유독 운이 많이 따르고, 업무 능력이 뛰어나 사람들로 하여금 신임을 얻고, 많은 동료로부터 사랑받는 이들에게 동일한 습관이 있음을 발견했다. 그것은 바로 '내가 하기 싫은 일을 굳이 더 하는 행동'이었다.

그들의 행동에 착안하여 일상에서 굳이 더 하는 행동을 프로젝트화했다. 대략 우리가 행동했던 일들은 이렇다.

굳이 5분 일찍 출근하고, 굳이 운동화 신고 5분 달리기하고, 굳이 만나는 모든 이들에게 웃으며 인사하고, 굳이 중고 서점을 찾아가고, 굳이 심폐소생술을 연습하고, 굳이 휴일에 북한산 중턱에 있는 갈매기살 집을 찾아가고, 굳이 10년 전 받은 이메일에 답장을 해보고, 굳이 아내에게 손 편지를 한 자 한 자 정성스레 적고, 굳이 만나는 모든 이에게 한 번도 듣지 못할 칭찬을 해보고, 굳이 내 장례식에 틀 음성 편지를 녹음해 본다.

행동력 수업 굳이 프로젝트에서는 이처럼 매일 세상을 낯설게 보는 훈련을 하며 시도하는 방법을 배운다. 목표를 아주 세분화하여 가장 쉬운 단계부터 천천히 도전한다. 그리고 매일 딱 1퍼센트만 목표를 올리다 보면 1년이 지나면 이미 행동력이 체화되어 있다.

무언가를 도전하고자 하는데 시작이 두렵거나, 주저한다면 1차 목표 설정이 너무 크게 잡혀 있는 경우가 많다. 특히나 완벽주의자들은 해내지 못할 것 같은 기운이 돌면 아예 시작을 하지 못한다. 그러나 1차 목표를 낮게 설정하면 당장 하고 싶어질 정도로 매일 시도하게 된다. '마라톤 완주'가 목표라면 당장은 어렵게 느껴지지만, 목표를 '운동화 신고 딱 5분만 뛰고 집에 돌아오기'로 바꿔버리면 마음의 짐을 한결 덜은 느낌이다. 목표를 미세하게 쪼갤 뿐인데 시도 자체에 주저함이 사라진다.

같이 하다 보면 일어나는 놀라운 일

2024년부터는 대한민국 대표 강연 프로그램인 〈세바시〉에서 굳이 프로젝트를 새롭게 런칭했다. 영국, 싱가포르, 중국, 필리핀 등 전 세계 각지에서 많은 분들이 참가했다. 73세 카약 타는 할머니부터 중학교 2학년 학생까지 참여자는 남녀노소 다양했다. 시간이 흐를수록 한 사람 한 사람의 도전 스토리가 들리기 시작했다.

이다영 님은 마라톤에 도전하여 10킬로미터, 하프를 거쳐 마침내 42.195킬로미터 풀코스 완주에 성공했다. 신광헌 님은 아들과의 세계 일주 프로젝트를 2024년 7월 떠났다. 강용은 님은 영상 공모전에 입상하고, 요트 조종 면허를 취득했다. 장선영 님은 두 권의 책을 출간하고, 명상 유튜브 채널 운영을 시작했다. 이상구 님은 본인이 운영하는 학교 학생들과 함께 그들만의 굳이 프로젝트를 기획했다.

운동을 반드시 해야 하는지 알고, 독서하면 좋은지 알지만 행동으로 옮기기가 어려운 점은 누구나 똑같다. '해야지, 해야지' 하고 다짐만 하는 대부분의 도전이 다짐에서 머무는 이유는 '혼자' 하기 때문이다.

그러나 '함께' 하기 시작하면 시작이 수월해진다. 서로가 서로의 강력한 동기부여가 된다. 철학이 비슷한 자들이 서로 소통하고, 가치 있는 대화를 나눌 때 우리는 보이지 않는 쾌감을 느낀다. 그렇게 굳이 나를 조금씩 알아간다.

굳이 프로젝트 미션이란?

굳이 프로젝트는 매일 새벽 5시에 오늘의 미션이 전달된다. 1년 내내 주중에 전달이 되며 2024년은 총 248개로 구성되어 있다. 미션은 우리의 생각을 바꿔주는 도구로 사용된다. 작은 생각은 행동으로 이어질 수 있고, 행동은 습관으로 이어진다. 우리의 습관이 변화될 때 비로소 성장할 수 있다.

매일 주어지는 미션은 굳이 당일 내에 수행해야 한다. 수행에서 그치지 않고 기록까지 하는 것이 미션의 성공이다. 우리의 생각은 휘발된다. 기록하지 않으면 제 아무리 좋은 책도, 강연도 모두 휘발된다. 기록이 곧 성찰이고, 생각을 정리하게끔 해주는 유일한 시간이다. 노트, 블로그, 유튜브, 인스타그램 어디든 개개인이 가장 편한 곳에 자유롭게 기록하면 된다.

다음은 굳이 프로젝트에서 함께하는 미션이다.

1. 매일 새벽, 이메일로 미션 확인하기
2. 당일 중에 미션 수행하기
3. 기록하고, 공유하기

미션을 성공하지 못해도, 성공이다. 우리는 실패를 목표로 도전한다. 즉 실패에 성공한 것이다. 실패 때문에 아무것도 하지 않으면 아무 일도 일어나지 않는다. 진짜 실패란 어제의 고민을 오늘도 하고, 결국 제자리에 있는 것이다. 진짜 실패가 무엇인지 스스로 정의할 수 있어야 도전이 습관이 될 수 있다. 도전이 습관이 되면 인생의 기회가 무한대가 된다.

'인생의 기회가 세 번은 온다'라는 말은 허구다. 우리에게 기회는 30번, 300번, 3,000번도 올 수 있다. 그 비결은 적극성의 크기에 비례한다. 호랑이 탈을 쓰고 있다고 상상해 보자. 평소에 하지 못할 춤도 당당하게 추고, 사람들에게도 적극적으로 다가가기도 한다. 타인의 시선에서 완벽하게 자유로워지는 마법을 경험한다.

반대로 일상에서도 호랑이 탈을 쓰고 있다고 스스로 주문을 외우며, 굳이 작은 도전을 실험해 보는 것이다.

일상의 소소한 행복이 많아야 일상이 건강해진다. 일상이 건강해져야 세상의 유혹과 자극에 휩쓸리지 않는다. 일상이 건강해지면 내가 얼마를 벌든, 어디에 살든 가진 것에 만족하며 소소한 재미를 찾아가는 습관이 생긴다.

결국엔 '습관'이다. 습관이 생기면 오늘이 1퍼센트만큼 성장하고, 내일이 변화되고, 그것이 누적되어 삶이 바뀌게 된다. 시작하기에는 반드시 위대해야 할 필요는 없지만, 위대해지기 위해서는 일단 행동해야한다.

Chapter 2

도전

남이 하지
않는 걸
굳이 해보는 일

/
우리가 노력 없이 얻을 수 있는 것은
노년뿐이다

서른 즈음에 미국에서 비행훈련을 받으며 다시 학교생활을 했다. 매일 비행하고 싶은데 비행기 대수에 비해 훈련생이 너무 많아 한 달에 한 번 정도 비행하고, 나머지는 아무 할 일이 없는 나날이었다. 많은 학생들이 하루 종일 게임하고, 유튜브를 보고 생활 패턴이 망가졌다. 나도 마찬가지였다.

그러다 나의 자기계발 세포가 발동했다. 순간적으로 '정신 차리자, 그냥 뭐라도 하자'라는 생각이 들었다. 결국 두 달 뒤에 열리는 철인 3종 경기를 준비했다. 철인 3종 경기처럼 힘든 목표를 세우지 않으면 나도 모르게 나태하고 게을러질 수밖에 없었다. 잔소리하는 부모님도 없고, 매일 아침 출근해야 하는 곳도 없으니 도저히 부지런해질 수가 없는 환경이었다. 그럴수록 나는 내가 가장 못 하는 것을 굳이 시도했다. '가만히 있는 것보다 낫다'라는 사실을 몸소 알기 때문이었다.

환경을 바꾸어 잠재력을 끌어내기

의지만으로 삶에 즉각적인 변화가 오지 않는다면 환경을 바꾸어 의도적으로 적응을 꾀해야 한다. 인간은 그런 동물이다. 스스로 알아서 못 한다. 강력한 동기가 필요하거나 어쩔 수 없이 움직이는 환경에 마주해야 몸을 억지로 움직인다.

나는 제일 먼저 자전거 동호회에 가입하고, 매일 밤 10킬로미터 달리기를 시작했다. 하루도 빠지지 않고 매일 운동화를 신었다. 몸 상태가 좋은 날은 20킬로미터까지도 뛰었다. 어느 순간부터는 밤에 달리지 않으면 온몸에 노폐물들이 몸속에서 꿈틀꿈틀 움직이는 더러운 기분이 들었다. 나가서 땀 흘리지 않으면 도저히 못 참는 지경까지 온 것이다. 물론 운동화를 신고 밖으로 나가기까지가 매일 밤 힘들었다. 오늘은 몸이 아픈 것 같기도 하고, 내일은 중요한 시험이 있으니 공부해야 할 것만 같은 날도 많았다. 그러나 늘 운동화를 신고 나갔다 오면 깨달았다.

"달리고 오길 잘했다."

『운동화를 신은 뇌』의 저자 존 레이티 교수는 달릴 때 생성되는 엔도르핀이 기분을 좋게 하고 우울증에 빠지지 않게 돕는다고 말한다. 1999년 미국 콜로라도 대학교 연구진은 달리기를 하면 백혈구 숫자가 증가한다는 사실을 밝혀냈다. 백혈구는 감염을 일으키는 세균과 맞서 싸우는 역할을 하므로 질병에서 더 빨리 벗어날 수 있다. 운동을 하지 않을 이유는 단 한 개도 없다.

우리는 보통 자동차, 버스, 지하철을 타고 다니니 사실 길 위에서 걸을 일이 많지 않다. 하지만 집 밖으로 나가서 두 발로 달리다 보면 평소에 보이지 않던 것이 눈에 들어오기 시작한다. 공원에 핀 강아지풀, 해 질 녘 시뻘건 하늘, 밤늦게까지 사람이 북적이는 동네 선술집의 노랫소리 등 그 모든 것들이 낯설게 다가온다. 일상 아주 가까운 것들을 낯설게 바라볼 수 있다면 그만큼 새로운 시야를 얻는다는 의미다.

일본 최고의 작가 무라카미 하루키의 창의력도 달리기가 그 원천이다. 그는 『달리기를 말할 때 내가 하고 싶은 이야기』에서 이렇게 말한다. "적어도 끝까지 걷지는 않았다."

달리기 전에는 절대 모른다

20대 시절 마라톤을 한 번도 해보지 않았는데 사하라 사막 마라톤 250킬로미터를 무작정 신청했다. 참가비가 아까워서 나도 모르게 퇴근하고 운동화를 신었다. 탈락이 부끄러워 매일 조금씩 더 뛰었다. 그렇게 이집트까지 갔고, 포기하기 아까워서 일단 참고 뛰었더니 어느새 250킬로미터를 두 발로 뛰게 되었다. '내가 이렇게 끈기가 있는 사람이었나?'라는 생각에 신기하면서도 '인생 별거 없구나'라는 사실을 깨달았다. 모든 것은 마음먹기에 달렸다는 진리를 배웠다. 누군가는 그 대회에서 1등을 맛봤겠지만 나는 내 숨겨진 근성을 맛봤다.

마라톤만큼 단기간에 큰 성취감을 얻을 수 있는 운동은 없다. 즉각 몸의 변화가 나오기 때문에 스스로 매일 매일 변화를 느낄 수 있다. 어느 순간 숨이 차지 않는 내 모습을 보는 것만으로도 흥분되지 않는가. 지나고 보니 세상 모든 가치 있는 일들은 절대적인 땀을 필요로 한다.

마라톤을 시작하는 사람들에게 하고 싶은 말이 있다. 달리기는 호흡이 8할이다. 호흡에서 코 호흡이 가장 중요하고, 이왕이면 입을 벌리지 않도록 연습해 보자. 대회 출발선에 서 있는 것만으로도 성공이다. 완주는 나중에 생각해도 상관없다. 굳이 시도하지 않으면 아무 일도 일어나지 않는다.

불가능, 그것은 나약한 이들의 핑계다.

중력을 거부하는 사람

10년 전 즈음엔가 어느 남자가 슈트 하나만 입고 바다 속 큰 구멍으로 빨려 들어가는 영상을 본 기억이 있다. 공기통도, 오리발도 없이 맨몸으로 들어가는데 으스스한 배경음악과 함께 도대체 뭘 하겠다는 것인지 알 수 없는 공포감이 몰려왔다.

그는 깊은 바닥까지 숨을 참고 내려가더니 다시 벽을 손으로 잡으면서 수면 위로 올라왔다. 숨을 참고 바닥까지 내려가는데 이미 3분 가까이 된 것 같은데 그 뒤로 더 힘들게 몸을 움직이며 상승했다. 보는 것만으로도 숨이 턱 막혔다. 마침내 그는 수면 위로 다시 올라오는 데 성공했다.

그의 이름은 기욤 네리. 배경은 딘스 블루 홀이라는 곳으로 바하마에 위치해 있다. 수심 202미터로 세계에서 두 번째로 깊은 블루 홀로 알려져 있다.

2006년에 스쿠버 다이버가 된 나로서는 공기통도 없이 이렇게 잠수하는 모습을 처음 본 데다 너무나 충격적이어서 한동안 프리 다이빙에 계속 매료되어 찾아봤다. 숨을 오래 참는 선수들은 11분 기록도 있고, 세계 기록 보유자는 130미터 기록을 세우기도 하였다. 그러나 당시에는 프리 다이빙을 하진 않았다.

시간이 흘러 나는 농구에 취미를 들였다. 무슨 중학생도 아니고, 마흔이 다 되어 농구에 미쳐 있다고 하면 주변에서 다들 의아해한다. 마흔이라면 으레 골프, 테니스 등으로 취미 활동을 하는데 농구를 취미로 한다고 하니 의아해했다.

나는 매주 새벽에 사람들을 하나둘 모아서 하다가, 급기야 정식 팀을 만들고, 대회도 나가며 판을 키워나갔다. 경기 모든 장면을 영상으로 담아, 경기를 리뷰할 수 있게끔 하였고, 선수 개개인의 기록을 따로 데이터로 정리하여 평균 득점, 리바운드, 어시스트 등 개인 기록 순위도 발표하였다. 그러다 보니 작은 동네 농구팀 주제에 마치 미국 NBA 선수가 된 기분이 들고, 더 열심히 하고 싶고, 나이가 들수록 더 치열하게 운동하는 나를 발견했다. 몸싸움에서 밀리지 않기 위해 헬스를 더 열심히 하고, 점프력을 키우기 위해 스쿼트를 강화했다. 경기가 있는 일요일을 기다리며 나머지 6일을 보냈다.

때로 과열되기도 하고, 한계를 넘어설 때까지 몸을 혹사하기도 하였다. 결국 5년의 열정은 불꽃이 다 닳아 무릎 부상이라는 결과를 안겨주었다. 처음 몇 주 동안은 운동을 못한다는 사실에 괴롭기도 하고, 스트레스로 다가왔지만 시간이 지나고 깨달았다. 무릎이 무리가 안 가는 운동을 찾으면 되지 않겠는가.

무릎을 쓸 수가 없으니 달리기, 농구, 헬스는 제외했다. 그나마 무리

하지 않는 수중 스포츠가 낫겠다 싶었다. 자연스레 프리 다이빙을 배울 기회라 여겼다. 숨을 참아야 하기에 무리는커녕 몸을 되도록이면 쓰지 말아야 한다.

오랜만에 다시 물에 들어가고 깨달았다. 나는 아주 오래전 스쿠버 다이빙에 미쳤던 사람이었음을! 수중에서 숨 쉬는 것만으로도 행복했다. 하루 종일 다이빙하고 집에 와서 꿈속에서도 다이빙하기도 했다.

영어도 못 하고, 다이빙 경험도 없는 스물세 살 한국인에게 호주에서의 스쿠버 다이버 되기 도전은 그야말로 기적의 연속이었다. 프리 다이빙을 배우니 그런 시절이 다시금 떠올랐다.

물속에서 첫 테스트를 하고 나오니 강사님이 말했다.

"프리 다이빙도 강사 하셔야겠는데요?"

나는 그렇게 프리 다이버가 되었다.

〈굳이 프로젝트〉 오늘의 미션

1. 새롭게 도전해 볼 자격증 찾아보기
2. 런데이나 나이키 러닝 같은 운동 앱 설치하기
3. 운동화 신고 나가서 딱 5분 달리기
4. 국내 마라톤 대회 일정표 보기

/
끈기만 있다면 세상은 살 만하다

단기간에 최고의 성취감을 안겨주는 운동이 마라톤이라면, 단기간 최고의 자신감을 안겨주는 운동을 꼽자면 스쿼트. 쉽게 말해 근력 운동의 꽃이다.

근력 운동의 중요성을 헬스를 오래 하신 할아버지, 할머니들을 보고 깨달았다. 한눈에 봐도 또래들보다 10~20년은 젊어 보였다. 근력 운동을 통해 방출되는 엔돌핀은 기분을 좋게하고, 스트레스 호르몬인 코르티솔을 낮추기에 표정부터 다를 수밖에 없다.

근력 운동의 가장 큰 효과는 무엇보다 자세가 교정된다. 많은 현대인이 고질병처럼 굽은 어깨, 펴지지 않은 가슴, 거북목을 지니고 있다. 젊을 때야 상관은 없지만 나이가 들수록 그 심각성을 깨닫게 된다. 이미 할머니 할아버지가 돼서 고치려 하면 녹슨 몸이 작동도 잘 안되는 순간이 올 수 있다. 상상만으로도 슬프다.

엉덩이가 낮아질수록 자신감은 올라간다

스쿼트를 제외한 모든 운동을 다 합친 것보다 스쿼트 운동 하나로 얻는 근육이 더 많다. 스쿼트는 하체 운동이 아니라, 온몸 전체에 근육을 만들어주는 전신 운동이다. 그중에서 엉덩이와 허벅지 주위에 집중적으로 도움이 되는데 우리 몸의 근육이 가장 많은 부위가 바로 이 두 부위다. 최고의 근력 운동으로 나는 주저 없이 스쿼트를 꼽지 않을 수 없다.

무엇보다 너무 쉽고 편하다. 집에서 아무 때나 거침없이 100개를 할 수 있다. 하루 200개씩 매일 해도 채 10분이 걸리지 않는다. 단 10분으로 온몸에 땀이 나고 지방을 태울 수 있다. 이것만으로 스쿼트를 당장 안 할 이유가 하나도 없다.

어떻게 하는지는 아래의 QR코드 영상을 보며 따라 하자. 이왕이면 정확하게 반복하고, 허세 없이 운동해야 한다. 근본 없는 자세로 운동하는 것만큼 시간 낭비가 없다. 반드시 거울 앞에서 하기를 추천한다.

시작했다면 걸음걸이가 이상해질 때까지 스쿼트를 해보자. 정말 열심히 한 훈장이다.

영상과 같이 하면 누구나 쉽게 8분 동안 스쿼트 100개를 할 수 있다.

근력 운동은 거짓말하지 않는다

하는 대로 변한다. 정확하게 내가 쏟은 땀만큼 몸의 변화를 불러온다. 시각적으로 내 몸이 변화할 때 우리는 빠르게 자신감을 얻게 된다. 엉덩이가 낮아지는 만큼 자신감은 올라간다. 누구나 더 적게 하고 싶고, 더 조금만 내려가고 싶고, 일찍 마치고 쉬고 싶다. 그럴 때 하나 더, 두 개 더 하는 만큼 결과값이 나온다. 스쿼트가 무릎에 안 좋다는 말은 거짓말이다. 비만과 근육의 상실이 무릎에 안 좋다. 모두가 앞모습을 꾸밀 때 뒤태가 멋진 사람이 되자.

명심할 것은 건강은 두 개가 아니다. 많은 이들이 늙고 병들고 나이가 들어 건강의 중요성을 깨닫고 운동을 하려 한다. 이미 고장 난 엔진에 제아무리 깨끗한 오일을 넣는다고 해서 엔진이 부활하지 않는다. 오랜 시간 매일 같이 조이고, 닦고, 올바른 운전 습관으로 관리한 엔진만이 잔고장과 파손으로부터 멀어질 수 있다. 건강에 관한 것은 무엇이든 미리 해서 나쁠 것은 하나도 없다.

지금 거울을 보고 온몸을 흔들어보자. 흔들리면 그것은 지방이다. 바로 지금 스쿼트를 시작할 시간이다. 천천히 빠지는 살은 있어도 안 빠지는 살은 없다.

아놀드 슈왈제네거는 이렇게 말했다.

"대부분의 사람들이 부족한 건 근성이다. 무슨 일이 있어도 두 개 더 해."

스쿼트는 운동이 아니라 숨쉬기 같은 습관이다.

1등 하지 않아도 괜찮다

내가 자주 하는 말 중 하나는 바로 "꼭 1등 하지 않아도 괜찮아"다. 승부에서 반드시 승리해야 하고, 남들보다 앞서야 하는 고정관념만큼은 아이에게 안겨주기 싫기 때문이다.

대한민국은 한정된 자원의 특수성 때문에 사람을 자원으로 취급하며 살아왔다. 생존을 위해 끝없는 경쟁을 경험해 본 부모로서 아이에게 주도적으로 도전하는 삶을 알려주고 싶었다.

어린 시절 1등의 경험을 한 번도 못 해본 나는 늘 패배 의식이 있었다. 결국 이 마인드는 무엇이든 최선을 다하지 않는 버릇을 안겨주었다. 뭐든 소극적인 태도로 배우려 하니 당연히 좋은 성과를 낼 리 만무했다.

결국 아주 작은 버릇에서 비롯된 마인드는 단 한 번의 1등 성취감을 느끼지 못하도록 이끌게 되었다. 초등학교 4학년 시절에는 합기도를 배웠는데 형들보다 못하니 설렁설렁 하다 결국 혼자 대회 출전도 못했다. 학원에 다녀도 어차피 잘하지도 못하니 매번 수업 시간에 친구들과 장난치는 데 혈안이었다. 선생님들은 그런 내가 얼마나 성가셨을까. 결국 내가 받은 성적표에 내 뒤에는 몇 명 없었다.

얼마 전 아이가 어린이집 씨름대회에서 1등 하여 천하장사가 되었다고 말했다.

"진짜? 어떻게 1등 했어?" 하고 물으니, 아이는 바닥에 앉아 등을 맞대고 상대를 밀어내는 식으로 씨름했는데 이겼다고 하며 천하장사 띠를 어깨에 자랑스럽게 걸쳤다. 그렇게 아이를 축하해주며 선생님이 보내주신 당시 씨름대회 영상을 보게 되었다.

　같은 반 아이 둘(남자 1, 여자 1)을 이기고, 다른 남자아이와의 결승전에서 처음에는 밀리다가 포기하지 않고 무게 중심을 낮추어 계속 버티더니 이내 상대 아이가 힘이 빠져 결국 역전으로 승리했다.

　아이의 수상 순간을 보는데 가슴이 뛰기 시작했다. '1등 하지 않아도 괜찮다'고 말은 하면서 막상 아이가 진짜 1등 하니 기분이 좋았다! 내가 1등 한 것보다 더 큰 기쁨이었다. 뭐랄까 기분이 묘했다. '이게 1등의 맛인가? 그럼, 다음에도 또 1등 하도록 해볼까?'라는 얄팍한 생각이 들었다.

　상대를 이기려 하지 말고 단 한 명만 이길 목표를 지니면 된다. 바로 '자기 자신'만 이기면 어떤 승부든 최선을 다할 수 있다.

끈기만 있다면 세상은 살아갈 만하다

　남을 이기려 하지 않으면서도 남들보다 우월할 방법은 마지막 순간까지 포기하지 않는 근성, 결과에 상관없이 동료에 대한 배려, 매 순간을 훈련처럼 집중하는 습관, 지치지 않는 체력 등이다. 이러한 것들을 내 것으로 만들 수 있다면 모든 승부에 앞설 수밖에 없다. 아니 매 순간 승리자의 마음으로 서게 된다.

　어느 승부를 보더라도 승률 100퍼센트는 존재하지 않는다. 실패하지 않는 사람은 세상에 단 한 사람도 없다. 다만 뒤처지지 않는 방법은 분명히 있다.

　아이들이든 어른이든 몸으로 배워나가는 습관이 들여져야 한다. 그러기 위해선 자기 몸을 다룰 줄 알아야 한다. 건강한 신체만이 건강한 정신을 깃들게 할 수 있다.

몇 년 전 어떤 여경의 체력 테스트가 이슈가 된 적이 있었다. 팔굽혀 펴기 테스트에서 무릎을 바닥에 대는 자세로 시험을 보고, 과락이 10회에 불과했다. 같은 동양권인 일본의 경우, 정자세로 15회 이상 해야 합격이다. 정자세와 무릎을 바닥에 대는 자세는 난이도가 차원이 다르다.

경찰의 본분은 사회의 치안을 유지하고 범죄자를 잡아야 한다. 그러기 위해서는 첫째는 체력, 둘째는 근력이다. 오늘의 불가능은 내일의 준비 동작이 될 것이다.

///////////////////////////////

〈굳이 프로젝트〉 오늘의 미션

1. 맨몸 스쿼트 50개 도전해 보기
2. 스쿼트 자세에서 발 사진 인증하기
   * 스쿼트 챌린지 어플을 이용하면 정확한 자세로 누구나 쉽게 시작할 수 있다.
3. 매일 하는 30일 5X5 푸시업 챌린지 영상 보기

4. 팔굽혀펴기 5개 도전하기
5. 한 손을 바닥에 대고 푸시업 사진 인증하기

/
No 휴대폰, No 카페인

우리 집은 텔레비전이 없다. 아이들은 그 어떤 영상도 보지 않는다. 집에서는 휴대폰 사용을 극도로 줄인다. 이유는 딱 하나이다. 나는 휴대폰, 게임, 술, 유튜브 등 모든 중독을 증오한다. 그 모든 것들이 인간을 생각하지 않게 만든다고 생각한다.

나는 파일럿이다. 일하는 곳은 비행기 칵핏이다. 파일럿은 일할 때만큼 휴대폰을 볼 필요가 없다. 이것 또한 내가 파일럿을 직업으로 선택한 수많은 이유 중 하나이다. 마찬가지로 승객들 모두 비행기를 타면 책을 보고, 영화를 감상하고, 대화한다.

오히려 '비행기 모드'에서 우리는 조금 더 생산적인 활동을 한다. 휴대폰이 생활화되면서 디지털 중독을 일으키고, 이에 우리는 '생각하지 않는 습관'을 들이게 되었다.

식당에 갈 때 리뷰를 봐야 하고, 길을 찾을 때 지도를 봐야 하고, 버스를 기다릴 때 카톡을 확인해야 하고, 지하철에서 유튜브를 봐야 하고, 심지어 화장실에서 볼일 볼 때마저 휴대폰을 손에서 놓지 않는다.

심지어 식당에서 보채는 아이를 달래기 위해 휴대폰을 쥐여 주는 부모도 많다.

휴대폰 없이 하루를 보낸다고 생각해 보자. 특히나 무언가를 기다리는 시간이 길게 느껴질 것이다. 커피 주문 후 기다리는 시간, 지하철 기다리는 시간, 엘리베이터 기다리는 시간이 이렇게 길었나 싶어진다.

휴대폰 없이 몇 시간 지나면 '가족들에게 무슨 일이 일어난 건 아닐까? 지금 중요한 일이 내게 터지진 않았을까?' 하는 의구심도 계속 들 것이다.

『순자(荀子)』 수신편(修身篇)에는 이런 말이 나온다.

君子役物(군자역물) 小人役於物(소인역어물)

'군자는 외물, 즉 부귀를 부리지만, 소인은 외물에게 부림을 당한다' 라는 말이다. 즉, 군자는 어떤 물건이나 물질에 종속돼 자신을 내던지지 않는다는 뜻이다.

그러니까 굳이 NO 휴대폰 DAY

요새는 비행기 모드, 방해 금지 모드, 업무 모드 등 휴대폰 기능으로도 세분화되어 너무나 쉽게 알림이 울리지 않도록 하는 기능도 많다. 몇 통의 부재중 전화, 수백 개의 카톡 메시지, 각종 SNS 알림 등 휴대폰을 다시 켰을 때 수많은 알람이 울릴 수도 있다. 그러나 자세히 보면 그렇게 급한 건 많지 않다. 그럼에도 우리는 알림을 읽었는지 안 읽었는지, 숫자 1에 얼마나 연연하며 살았는가.

휴대폰을 끊기 어렵다면, 주말에 반나절(3시간), 한나절(6시간)씩 실험해 본다. 토요일에 '반나절이 생각보다 쉬운데?'라고 느낀다면 일요일에 한나절 실험해 본다. 이게 습관이 되면 주중에도 필요한 순간에 가능하게 될 것이다. 다음 주에는 낮 12시간도 가능해질 것이다.

텔레비전을 버린 지 10년이 넘었다. 이제는 보고 싶은 프로그램이 한 개도 없다. 자연스레 하루가 길어진다. 자녀가 있는 사람들은 미디어 노출을 아기 때부터 금지해 보면 안다. 아이들은 심심하면 자연스레 책을 보기 시작한다. 텔레비전나 유튜브를 보지 않으니 집에선 책이 가장 재미있는 매체가 된다. 주변 사람들이 종종 묻는다.

"아이들이 어떻게 이렇게 얌전히 책을 보나요?"

답은 쉽다.
"텔레비전 버리고, 미디어 보여주지 마세요."

그럼에도 '힘드니까'라는 이유로 영유아들에게 마저 '유튜브'를 보여주고, 아무렇지 않게 중독을 야기한다. "그런 아이들이 커서 자극이 덜한 활자를 집중해서 읽겠는가?"라고 자문해 보면 답은 쉽게 나온다.

휴대폰 없이 사는 하루를 보내려면 기술이 필요하다. 바로 계획 세우기다. 책 50페이지 읽기, 헬스장 러닝머신 2킬로미터 뛰기, 글쓰기, 산 오르기, 미술관 가기, 지도 없이 목적지 찾아가기 등 무언가 몸으로 집중해야만 하는 계획이 함께 있을 때 수월하게 이룰 수 있다.

중독에서 벗어나기 어렵지만 쉬운 방법이 있다.

- 카카오톡 알림 포함 모든 알림은 없앤다.
- 벨소리는 진동이 아닌 무음으로 바꾼다.
- 중독이 심한 어플(유튜브, 웹툰, 넷플릭스 등)은 과감히 삭제한다.

정말 좋은지 하나씩 의심한다

해외에 있을 땐 잘 몰랐는데 오래 전 한국에 오고 나니 대부분 사람들이 물을 마시듯 아이스 아메리카노를 마셨다. '커피 마시는 것이 유행인가?'라는 의문마저 들었다. 특히나 직장인의 경우 아침 출근해서 한 잔, 점심 후 한 잔, 퇴근 전 한 잔 먹는 이들도 꽤 많았다.

언제부터 한국이 커피 애호국이 되었는지 궁금했다. 마치 과테말라에 온 줄 알았다. 무언가 잘못됨을 감지했다. 한국은 커피 역사가 깊지도 않고, 커피 생산국도 아니다. 커피 맛이 좋아서보다 언제부터인가 하나의 문화로 자리 잡은 느낌이다. 그렇다면 그 이유는 무엇일까?

나는 두 가지 큰 요인을 꼽는다. 첫 번째로 과소비의 상징이었던 '스타벅스'다. 과거에 스타벅스에서는 커피 한 잔을 들고 다니는 모습을 하나의 '멋진 커리어 여성'으로 홍보했다. 기가 막힌 이미지 메이킹이 먹혔다. 그들은 커피뿐만 아니라 문화와 감성을 팔았다.

두 번째로 쉴 공간이 카페 이외에 딱히 없다. 공원과 벤치가 많지 않은 우리나라는 앉아서 대화를 나누며, 책 한 권 읽을 만한 공간이 카페 외에 딱히 존재하지 않는다. 자연스레 커피를 많이 마실 수밖에 없는 환경이다. 그렇게 한 잔, 두 잔 마시니 카페인에 중독이 되어 자연스레 더욱 커피를 찾는 조건이 되었을 것이다.

커피를 잘 마시지 않던 나 역시 사람들과 카페에 가는 일이 잦아지면서 조금씩 커피를 마시기 시작했다. 무엇보다 회사생활을 다시 시작하면서 자연스레 동료들과 함께 어울리다 보니 나도 모르게 손에 아이스 아메리카노를 쥐고 있었다. 머지않아 맛은 잘 모르지만, 습관적으로 커피를 찾는 내 모습을 발견하고 말았다. 그때 깨달았다. 나는 커피를 습관처럼 마시고 있다는 것을. 그리고 바로 끊기로 결심했다. 아무 맛이 없는 커피를 마시던 내 모습도 썩 좋지는 않았다. 무엇보다 남들이 한다고 무작정 따라 하는 내 모습이 싫었다. 남들이 좋다고 하는 것은 하나씩 의심하기 시작했다.

커피를 끊는 순간 글이 눈에 안 들어올 수도 있고, 온종일 힘이 없고, 짜증이 늘 수도 있다. 졸음이 오고, 무기력할 수도 있다. 누군가에게는 커피가 도리어 득이 많을 수도 있다. 다만 이것이 정말 득인지 해인지는 스스로 실험을 해볼 필요는 있다. 정답인지 아닌지를 스스로 체험해 보지 않으면 단순 습관인지 아닌지를 모르고 살 수 밖에 없다.

나홀로 굳이 NO 카페인

과도한 카페인 섭취는 불면증, 불안감, 심박수 증가, 메스꺼움, 위산과다 등을 일으킬 수 있다. 중독 시에는 신경과민, 근육 경련, 가슴 두근거림, 불면증 등을 일으킬 수도 있다. 무엇보다 커피를 많이 마시면 탄닌 성분이 치아 변색을 유발한다. 치아 표면은 매끄러워 보이지만 커피의 검정 색소가 치아 표면에 있는 미세한 구멍으로 들어가서 치아를 누렇게 만든다. 이것만으로도 커피를 멀리하고 싶어진다.

커피가 생각나지 않도록 텀블러에 물을 넣어 들고 다니는 것을 추천한다. 생강차, 페퍼민트차, 카모마일차, 루이보스차도 대체로 좋다. 무엇보다 이뇨 작용을 일으켜 노폐물 배설에 탁월해서 신진대사와 혈액순환을 촉진하고, 피부를 윤택하게 한다. 무엇보다 아이스 아메리카노로부터 오는 얼음 중독을 피할 수 있게 된다.

어느 순간 한국은 전 세계에서 원두 수입량 3위에 도달했다. 성인 1인당 연간 커피 소비량은 2018년 기준 353잔이다. 세계 평균 1인 소비량의 2.7배 수준에 육박한다. 최근에는 1리터 커피를 파는 프랜차이즈가 늘고 있다. 이 정도면 정말 커피 중독 국가다. 미국에서는 에너지 드링크를 많이 섭취할수록 마약 중독률이 높다는 결과가 나왔다.

프랑스 나폴레옹 시대의 정치가 탈레랑은 "커피는 악마같이 검지만 천사같이 순수하고 지옥같이 뜨겁고 키스처럼 달콤하다"며 커피의 유혹에서 벗어날 수 없음을 고백했다.

〈굳이 프로젝트〉 오늘의 미션

1. 굳이 휴대폰 없이 책을 읽고, 굳이 휴대폰 없이 식당을 고르고, 굳이 휴대폰 없이 길을 찾아보기
2. 24시간 동안 NO 카페인에 도전해 보기. 점차 날짜를 이틀, 삼일, 일주일까지 늘려서 도전하기. 텀블러에 물을 넣어 들고 다니면 도움이 된다.

/
누구나 새벽 5시에 쉽게 일어나는 방법

　나는 새벽 같은 사람이 되고 싶었다. 새벽은 항상 가장 어두운 순간을 지나야 오지 않는가. 누구나 그 어둠을 이겨내면 따뜻한 아침을 맞이할 수 있다. 새벽 다섯 시에 눈을 뜨는 것보다 더 어려운 일이 있다. 그것은 바로 밤 10시 전에 잠들기다. 10시에 잠이 들려면 9시 전에는 샤워를 마쳐야 한다. 8시 전에는 저녁 식사를 마쳐야 하고, 집에 7시 전에는 돌아와야 한다.

　그러나 대부분 직장인은 고된 노동 후에 보상을 원한다. 퇴근 후 친구들과 한잔하고 싶고, 소파에 누워서 넷플릭스도 보고 싶고, 치킨 시켜서 드라마도 보고 싶은 마음이 인간의 본능이다. 밤에 하는 대부분의 활동들을 유심히 지켜보면 실제로 내 삶에 크게 도움이 안 되는 시간이 더 많은 것을 알 수 있다.

　그렇다면 그 시간을 죽이는 방법이 있다. 그냥 잠을 일찍 자는 것이다. 차라리 일찍 잠이 들면 다음 날 새벽에 눈을 뜨게 되고, 남들보다 하루에 몇 시간을 더 선물 받은 느낌을 받게 된다.

　새벽 5시에 쉽게 일어나는 방법 역시 똑같다. 바로 정확히 밤 9시에 샤워하고, 정확히 밤 10시에 불 끄고 침대에 눕는 것이 전부다. 막상 처음에는 이게 얼마나 어려운 루틴인지 갖가지 핑계를 대가며 '오늘은 패스~!'를 외치게 된다. '패스'를 외치기 전에 가장 중요한 것, 바로 휴대폰을 손에서 멀리 떨어뜨리기만 해보자.

아주 작은 시작의 힘

왜 새벽에 일어나야 할까? 새벽에 일어나면 제일 먼저 우리는 '고요함'을 마주한다. 고요한 환경은 우리에게 수많은 감정을 안겨준다. 새벽은 모든 것이 멈춰 있다. 움직이는 것은 오직 나 자신뿐이다. 이는 정신없이 돌아가는 낮의 환경과 정반대의 상황이다. 이렇게 환경이 바뀌게 되면 그때 우리는 새로운 소리를 듣기도 한다. 낯선 분위기 속에서 창의적인 생각이 나도 모르게 툭툭 튀어나오게 된다.

새벽에 단순히 일어나기만 하면 안 된다. 목표를 세우고 그것을 이루기 위해서 무엇을 할지 습관을 만든다. 잠을 깨기 위해 '양치하기'가 될 수도 있고, 건강한 삶을 위해 일단 '운동화 신기', 글을 쓰기 위해 '3줄 일기 쓰기' 등 다양한 루틴을 만들어서 매일 반복해 보는 것이다.

여기서 중요한 점은 하루에 딱 1퍼센트씩만 발전시키는 것이다. 오늘의 루틴이 '운동화 신기'였다면 내일은 '운동화 신고 1분 걷기', 다음 날은 '운동화 신고 200미터 걷기', 이렇게 아주 작은 목표를 설정하고 매일 조금씩 늘려보는 것이다. 중요한 것은 목표의 높낮이가 아니라 얼마나 꾸준히 하느냐가 결국 관건이다.

『아주 작은 습관의 힘』 저자 제임스 클리어는 이를 복리라 표현했다.

"습관은 복리로 작용한다. 돈이 복리로 불어나듯이 습관도 반복되면서 그 결과가 곱절로 불어난다. 작은 습관들의 영향은 시간이 지날수록 커진다. 매일 1퍼센트씩 나아진다면 1년 후에는 약 37배 성장해 있을 것이다."

새벽 운동 모임을 만든 지 어느덧 4년이 지나간다. 운동을 반드시 해야 하는 이유를 열거하자면 100장도 쓸 수 있지만 그중 가장 큰 이유는 바로 '반복을 통한 성취'라 할 수 있다. 어두컴컴한 추운 새벽 졸린 눈을 비비고 일어나 몸을 움직이고, 땀을 흘리며, 사람들과 몸을 부딪친다. 높이 305센티미터, 지름 45센티미터 골대에 공을 넣는 단순한 행위를 하기 위해선 쉴 새 없이 다리는 뛰어야 하고, 튀어 오른 공을 잡기 위해 무릎은 크게 굽혔다 폈다를 반복한다.

수없이 같은 행위를 반복하면 신기하게도 놀라운 일이 발생한다. 조금씩 변해가는 내 움직임이 곧 결과로 나타나는데 분명 같은 사람이지만 전혀 다른 움직임이 나올 때가 많다. 습관은 모두 절대적인 시간 투자가 필수 요소다. 세상에 쉽고 빠른 것은 없다.

누구에게나 공평하게 주어지는 24시간

세상은 공평하지 못하다고 생각할 때가 있었다. 그래서 나보다 잘나고, 뛰어나고, 똑똑한 녀석들을 꼭 이기고 싶었다. 그러다 보니 한가지 사실을 발견했다. 유일하게 공평한 것이 바로 누구에게나 주어지는 '하루 24시간'이었다. 남들보다 24시간을 더 잘 활용할 수만 있다면 얼마든지 거북이처럼 나만의 레이스를 자신 있게 펼칠 수 있다. 상대가 빠르든 말든 그것은 나의 결정에 영향을 끼치지 않게끔 하는 것이다.

나는 나를 바꾸지 못하는 오래된 생각이 두렵다. 그것이 얼마나 내 발목을 잡는지 알기에. 저널리스트이자 사진 작가인 야콥 리스는 이렇게 말했다.

"세상이 날 외면했다고 여겨질 때 나는 석공을 찾아간다. 석공이 100번 망치를 내리치지만 돌에는 금조차 가지 않는다. 101번째 내리치자 돌이 둘로 갈라진다. 나는 그 마지막 타격으로 돌이 갈라진 게 아님을 알고 있다. 그건 그전에 계속 내리친 일들의 결과다."

습관은 복리다.

〈굳이 프로젝트〉 오늘의 미션

1. 타임스탬프 어플 다운로드하기
2. 오후부터 카페인 멀리하기
3. 밤 9시에 샤워하고, 밤 10시(전)에 불 끄고 침대에 눕기
4. 새벽 5시에 일어나서 타임 스탬프 인증하기
5. 나만의 새벽 루틴 맞이하기

* 게을러지는 밤 시간을 줄이고, 늘어지는 아침을 피하기 위한 루틴입니다. 늦게 퇴근하는 분 등 각자의 스케줄에 맞추어 시간대는 변형해서 적용하시면 됩니다. 수면 7시간이 보장이 되지 않으면 아무 의미가 없습니다.

/
스피치는 세상을 바꾼다

나는 단 한 번도 내 강연이 400만 조회 수를 일으키고, 만 개의 댓글이 달린 화제의 영상이 된다고 생각하지 않았다. 어느 날, 친한 동생이 〈세바시〉라는 프로그램에 나왔다길래 그때부터 유심히 보기 시작했다. 그저 강연을 좋아하는 평범한 시청자 중 하나였을 뿐이다. 그러던 어느 날 우연히 SBS 〈땡큐〉라는 프로에 나온 '로봇 다리 세진이' 영상을 보고 온몸에 소름이 돋았다.

그 어떤 교수님보다 논리적이지도 않고, 유명인처럼 화려한 외모를 가진 것도 아니고, 유명 강사처럼 제스처나 무대 센스가 뛰어난 것도 아니었다. 10분 남짓 17살 소년의 미세한 떨림이 있던 그 스피치는 당시 강연 시청이 취미였던 내게 최고의 롤모델이 되었다.

많은 이들이 좋은 스피치를 위해 발성, 발음, 스토리 전개, 제스처, 시선 처리 등 다양한 기술을 말한다. 하지만 모든 것이 아마추어 같은 그의 스피치는 왜 그토록 매력적으로 다가왔을까? 그의 영상을 보고 '나는 이 강연을 왜 재미있게 본 것일까?' 하고 스스로 질문하기 시작했다.

17살 소년치고 당당한 모습에 반했다

세진이는 자세가 흔들리지도 않고, 등과 허리가 반듯하게 펴져 있었다. 심지어 시선 처리에 여유도 있었다. 무엇보다 본인이 입양된 아이라는 점에 대해 전혀 부끄러워하지 않고 덤덤하게 말하는 모습이 인상적이었다. 아니 오히려 그 어떤 아이들보다도 밝아 보였다.

17세 소년이 많은 이들 앞에서 그렇게 말하기까지 얼마나 많은 고초와 고민이 함께 했을까. 이미 많은 친구로부터 놀림도 당하고, 어른들로부터 삐뚠 시선도 경험해 봤을 것이다. 그런 아이가 걸어온 길이 그의 반짝이는 눈빛에 투영되었다.

그가 장애를 가진 사실도, 낳아준 부모님으로부터 버림을 받은 사실도 그의 잘못은 하나도 없다. 도리어 그 모든 것을 당당하게 이겨낸 그의 모습은 더 빛이 날 뿐이다. 어린 나이에 그 지혜를 깨달은 모습이 그의 스피치를 더욱 빛나게 만든 것이다.

말하기의 7할은 바로 태도에서 나온다

나는 그의 영상을 보고 좋은 스피치의 정의를 바로 내릴 수 있었다.

- 태도가 좋으면 내용도 좋게 들린다.
- 태도가 바르면 스피치도 더 집중된다.
- 태도가 매력적이면 더 설득력이 있게 들린다.
- 태도는 곧 말하기의 모든 요소를 뛰어넘는다.

설민석의 연기력을 흉내 낼 필요가 사라졌다. 김창옥의 유머 감각을 배울 필요도 없었다. 김미경의 무대 센스를 연구할 이유가 없어진 것이다. 좋은 태도를 가진 이가 되면 자연스레 좋은 스피치를 할 수 있는 첫 번째 조건을 갖추게 된다.

지나고 보니 400만 조회 수를 기록했던 첫 세바시 강연 영상도 뭔가 말을 수려하게 잘하지 않았다. 귀에 때려 박히듯이 좋은 발음도 아니고, 보는 이로 하여금 편안하게 보이지도 않았다. 그러나 타인의 문장, 언어, 생각을 말하지 않았다. 그저 내가 본 것, 들은 것, 느낀 것만 이야기했다. 그것이 바로 세상에서 하나뿐인 이야기이기 때문일 것이다. 무엇이든 독특한 존재가 되면 소구하기 수월해진다.

몸과 마음은 서로 연결된다

대중들 앞에 서거나 긴장된 순간에 극복하는 나만의 루틴이 하나 있다. 바로 의식적으로 어깨를 당당하게 펴는 일이다. 이 루틴은 자세를 바르게 할 뿐만 아니라 스스로 '나는 당당한 사람이야' 하고 주문을 외우는 효과를 일으킨다. 이렇게 자세를 고치면 신기하게도 정말 눈빛이 바뀐다. 어깨를 당당하게 폈는데 눈빛이 불안하면 제일 먼저 스스로 어색해지기 때문이다. 그저 어깨를 한 번 편 것뿐인데 삶의 태도가 바뀌게 된다.

피곤하고, 힘들 때의 내 모습을 상상해 보자. 제일 먼저 어깨가 수그러들고, 허리가 굽은 장면이 떠오른다. 이는 곧 피곤하고, 나약한 이의 대표적인 모습이다.

반대로 뉴스에 나오는 각 국 대통령들의 모습을 보면 쉽게 알 수 있다. 그들은 하나같이 어깨가 펴져 있고, 허리가 곧게 서 있다. 그들은 한 국가의 대표 이미지를 유지하기 위해 늘 강인하고, 당당한 모습을 보이기 위해 누구보다 노력하는 이들이다.

과연 우리가 대통령보다 못난 사람인가? 스스로에게 질문한다. 자신을 대통령보다 나은 사람이라고 생각해야 아주 작은 습관들이 생긴다. 스스로 국가를 대표하는 사람이라 생각하면 절대로 자세를 대충하고 다니지는 않을 것이다.

UFC 선수들의 시합 전 페이스오프(대면식)를 보면 우리는 쉽게 알 수 있다. 그들은 서로를 때리고, 눌러야 승부에서 이기고 부와 명예를 지니는 이들이다. 그러기에 시합 전 멘탈 싸움의 강도가 그 어떤 스포츠보다 치열하다. 페이스오프에서 모든 선수는 서로 단 한 순간도 약해 보이지 않기 위해 곧은 자세는 물론 눈빛마저 맹렬하다. 기 싸움에서 밀리는 순간 무의식적으로 두려움이 앞서며, 실제 시합에서의 퍼포먼스에도 영향을 끼치기 때문이다.

기억하자. 자세가 멘탈을 이끈다.

일을 더 잘 할 수 있는 방법 찾기

지난 5년 동안 파일럿으로서 '내가 하고 싶은 일'을 했다. 누군가가 나에게 "이 세상 모든 직업이 똑같은 월급을 받는다면 무슨 일 하고 싶어?"라고 묻는다면 주저 없이 항공기 조종을 말할 것이다.

거대한 항공기 칵핏에 앉아 항공기를 움직였다가 이륙했다가 구름을 요리조리 피했다가 목적지 공항을 찾아 안전하게 착륙하는 일. 생각만으로도 흥분되지 않는가? 하물며 비행기 게임도 재미있는데 그보다 더 리얼한 실제 비행기를 조종하는데 얼마나 스릴 있겠는가.

실제로 매일 매일 새로운 게임하듯이 즐겁게 일했는데 월급까지 준다니 즐거울 따름이었다. 닭장 같은 사무실에서 하루 종일 모니터만 보고 있지 않아도 되고, 출퇴근 지하철에 몸을 구겨 넣을 필요도 없었고, 동료들과의 인간관계나 회식 스트레스 등으로부터 자유로운 편이었다. 정말 태어나서 꼭 해보고 싶었던 직업이었다.

오늘 걷지 않으면 내일은 뛰어야 한다

40대가 되고 나니 친구들 사이에서도 생활수준의 편차가 나기 시작했다. 나는 이 지점을 유심히 보곤 했는데 그 편차에는 다양한 요인이 존재했고, 이즈음 "그렇다면 나는 내가 하는 일을 더 잘 할 수 있는 방법은 무엇일까?"를 고민하기 시작했다.

부끄럽지만 처음 고민을 하게 된 계기였다. 그저 내가 할 수 있는 선에서 욕심내지 않고, 묵묵히 일하면 경제적 여유로움은 자연스레 따라올 것이란 막연한 생각만 하고 살았음을 인정하기 시작한 것도 이때였다.

항공기 조종은 나 말고도 수많은 파일럿이 오늘도, 내일도 대신 일을 할 수 있다. '그렇다면 대체 불가능한 존재로서 내가 할 수 있는 일은 무엇일까? 내가 잘할 수 있는 일과 하고 싶은 일을 동시에 할 수 있는 일은 무엇일까?'를 다시 원점부터 고민하기 시작했다.

어찌 됐든 잠시 둘러보니 세상에 보고 배울 일이 너무나 많았다. 무엇보다 챗 GPT, MS 코파일럿, Adobe 파이어플라이, gamma 등 각종 AI를 활용한 기술들이 쏟아져 나왔다. 올해에는 챗 GPT만큼은 제대로 활용해 보고자 한다.

3년 전 만든 아파트 농구 동호회를 서울시 성공 사례로 지원하기 위해 절차를 밟다가 농구 동호회 사업 계획서를 급히 제출해야 했다. 당시 지방으로 이동 중이여서 급하게 챗 GPT를 이용해 농구 동호회 사업 계획서를 만들어달라고 작성하니 10초 만에 뚝딱 만들어졌다. 바로 제출했다. 영문 이메일을 쓰는 경우가 종종 있는데 마찬가지로 챗 GPT 이용하니 너무나 간결하게 쓰기 편해졌다.

요즘 새로운 사람들을 만나는 기회가 많아졌다. 피곤해지는 일도 많아지겠지만 모두가 장점이 있다고 생각한다. 장점만 보려 하면 또 얼마든지 마음 편히 인간관계를 맺을 수도 있다. 무엇이든 시작하면 가만히 있는 것보다 100배 낫다.

〈굳이 프로젝트〉 오늘의 미션

1. 어깨와 허리를 펴고 당당하게 말하기
2. 챗 GPT 활용 'OOO 사업계획서 만들어줘'라고 지시해 보기
3. 올해 일을 더 잘 할 수 있는 방법 1가지 찾기

/
누구나 후원자가 될 수 있다

우리 주변에는 왜 '성적 우수 장학금'만 있을까?

장학금은 보통 학생의 미래를 보고 학습을 지원한다. 미래를 판단하는데 가장 적합한 척도가 성적이기에 아무래도 성적 우수 장학금이 통념적으로 널리 알려진 이유이다. 그러나 성적이 아니어도 학생의 미래를 볼 수 있다. 그러니 모든 학생이 장학생이 될 수 있는 계기를 다양하게 마련하면 아이들의 미래에 큰 도움이 될지 모른다.

예를 들면 이런 것이다. 본인이 살아온 길과 앞으로 나아갈 방향을 적는 '장학금 수기 공모'다. 글쓰기로 상상 속에만 있던 잠재력을 끌어올리고, 한 번도 도전하지 못했던 분야를 누구나 시도할 수 있게끔 장치를 마련한다. 공부 못하는 아이도 학교에서 학교 잡지를 꾸준히 발행하고 있었다면 장학금을 활용하여 지역 사회를 위한 잡지로 발돋움할 수 있게 도와야 한다. 아무도 주목하지 않는 종이비행기 날리기 분야에서 괄목할 만한 성취를 이루는 학생이 있다면 그가 장학금을 활용하여 스스로 종이비행기 대회를 주최해 보는 도전을 기획할 수도 있는 것이다.

무엇보다 누구나 장학생 지원 자격이 될 수만 있다면 아무런 꿈이 없는 아이도, 장학생 수기 공모를 쓰는 1분, 5분, 10분만큼은 '나도 장학생이 될 수 있다'라는 희망을 가질 수 있다. '내가 장학금을 받게 된다면 무엇을 하겠다'라는 다짐을 난생처음 하게 될 수 있다. 긍정적인 목표를 설정하고, 해야 할 일들을 머릿속으로 떠올리기 시작할 것이다.

남이 한 번 하면, 백 번 할 사람을 찾습니다

장학생을 100명을 선발하면 그중 1명은 분명 10년, 20년이 지나 1,000명의 장학금을 주는 인물로 성장할 것이다. 그렇다면 이 장학 사업은 이미 큰 의미를 지니게 된다. 그 1명이 바로 '과거의 나'이기 때문이다.

유명한 광고 문구에 이런 말이 있다.

"실패를 걱정할 여유가 있다면 시도조차 하지 않아 놓쳐버린 수많은 기회들을 걱정하라."

대학생 시절에 캄보디아 씨엠립 인근에 있는 빈민가에 봉사활동으로 한 달 동안 머물렀다. 마을 아이들과 매일 어울리다 보니 상당히 가까운 사이가 되었는데 그중 유독 친동생처럼 예뻐한 초등학생이 있었다. 눈치도 빠르고, 영어도 잘 배우니 성장 가능성이 눈에 보일 정도였다.

"너는 한국에서 학교 다니면 진짜 큰일 할 거야."

그러나 현실 속 나는 그 아이에게 해줄 수 있는 것이 하나도 없었다. 나는 '언젠가는'이란 말을 믿지 않는다. "부자 되면 도와야지", "나도 돈 벌면 기부해야지"라고 말하고 실제 행동으로 옮기는 사람을 보기가 드물다. 반면 본인이 지닌 것과 상관없이 일생을 타인을 위해 봉사하며, 삶으로 증명해내는 이도 너무나 많다. 행하지 않는 생각은 그저 생각에 불과하다. 생각은 누구나 한다.

나는 그 아이를 돕고 싶은 마음만은 진심이었다. 그렇게 2024년 2월 '굳이 프로젝트 장학생 수기 공모'를 만들었다. 공부를 못해도 장학금 받을 수 있고, 기초 생활 보장 수급자가 아니어도 누구나 장학생이 될 수 있는 기회를 주고 싶었다. 그저 일상에서 볼 수 있는 청소년 누구든지 장학생이 될 수 있다면, 그 단 한 번의 기회로 삶의 변환점을 맞이할 수 있다면 좋을 것 같았다.

굳이 프로젝트 참가 중인 전 세계 많은 사람들에게 주변 청소년을 추천해달라고 요청했다. 라이브 특강 때마다 취지를 계속 설명했다.

"주변에 추천할 만한 청소년 없나요? 꼭 공부를 잘하지 않아도 괜찮습니다. 누구나 일상에서 쉽게 볼 수 있는 청소년이라면 모두가 대상입니다. 마음껏 소개해 주세요."

어느 날 1기 도영아 작가님이 질문했다.
"혹시 외국인 학생도 지원이 가능하나요?"

당연히 안 될 이유가 없었다. 외국인이라 기회가 없고, 다문화라 차별받으면 소수를 위한 문화는 결국 존재하지 않는다. 한국에 있고,

한국인과 같이 살고 있다면 한국인과 다를 바 없다. 한 시간이면 해외로 나가고, 국가도 쉽게 바꾸는 시대에 여권 색이 무슨 상관일까.

　놀라운 점은 막상 수기를 받으니 정말 대단한 친구들이 많았다. 한 명 한 명 진심이 담긴 글을 읽으며, '이렇게 하길 정말 잘했구나'라는 생각을 수도 없이 했다. 동시에 모든 학생들에게 장학금을 주지 못해 미안할 따름이었다.

　많은 이들이 그렇게 생각했을 거다.
　'현호야 근데 그거 왜 해?'

　1년 뒤, 많은 이들이 이렇게 물어볼 것을 나는 알고 있다.
　"현호야, 근데 그거 어떻게 했어?"

　장학생 수기 공모 위원회를 만들고 그들과 함께 1차 합격자를 추렸다. 1차 합격자들은 사실 모두가 이미 장학금을 받아도 될 만한 자질이 충분했다. 그중에 단 두 명만 선발해야 함이 아쉬울 따름이었다.

　한 인생을 위한 일

　전화 통화를 하고 가장 놀랐던 친구는 다름 아닌 모잠비크에서 온 '손하리'라는 학생이었다. 의사의 꿈을 안고 마을 병원에서 봉사활동을 하다가, 그 병원 의사들의 후원으로 한국에 오게 된 정말 특이한 경우였다.

"여기 말고, 해외에서 공부해. 한국에 가면 외국인 유학생은 정부 장학금도 받을 수 있어."

결국 고등학생이던 그녀는 그렇게 한국으로 오게 되었고, 어학당에서 한글을 배우고, 마침내 모 대학 글로벌 바이오 메디컬 학과 24학번으로 입학했다. 개인적으로 너무 궁금했다.
'대체 어떤 아이길래 마을 사람들이 이렇게 후원할 수 있을까?'

"아버지는 일을 안 하시고, 어머니 혼자 일 하시며 딸 셋을 키우고 계세요. 학비 문제로 모국으로 돌아갈 뻔 했는데 어머니가 절대 돌아오지 말라며, 할 수 있는 한 계속 공부하라고 이번 등록금을 어떻게 모아서 보내주셨어요. 사실 외국인 저에게 이런 기회가 주어진 것만으로도 정말 감사하고 영광입니다. 제가 못 받아도 저보다 더 필요한 학생이 받아도 정말 괜찮습니다. 이렇게 통화 주신 것만으로도 정말 감사합니다."

손하리 학생과 통화하고 난 뒤, 나는 결심했다.
'이 아이가 한국에서 공부하는 이상 학비 때문에 학업을 중단하고, 모국으로 돌아가는 일은 절대 없도록 수단과 방법을 가리지 않겠다.'

내가 할 수 있는 모든 방법을 동원하여 이 학생을 응원하고 도와주는 이들이 많다는 것을, 아직 세상은 따뜻하고 서로를 도우려 한다는 것을 보여주겠다고 말이다.

반면 수기 글만으로 모두가 입을 모아 이 친구는 꼭 기회가 주어졌으면 좋겠다고 한 학생도 있었다. 결국 학비 문제로 모잠비크 돌아가려 했는데 어머니가 절대 포기하지 말라며 학비를 보내주셨다. 때론 고난도 축복이 된다.

2024년 3월 굳이 프로젝트 장학생으로 모잠비크에서 의사를 꿈꾸며 한국으로 온 손하리 양을 선발하고, 1기 등산 모임에 초대했다. 장학생이 깜짝 게스트로 참석한다는 소식을 듣고, 많은 작가님들은 십시일반 돈을 모아 장학생들을 위한 축하 파티를 준비했다.

한 분 한 분 따뜻한 편지를 쓰고, 굳이 큰 케이크를 산 정상까지 들고 와 머리띠를 씌우고 축하 노래를 불러주었다. 모두가 하리 양을 가슴 깊이 안아주었다. 그러자 하리 양 눈에 눈물 한 방울이 뚝 떨어지며, 떨리는 목소리로 말했다.

"정말정말 감사합니다."

하리 양은 어린 나이에 홀로 지구 반대편에 위치한 대한민국이라는 낯선 아시아 국가에 와서 살면서 누군가의 정성 어린 선물을 과연 몇 번이나 받았을까? 가족처럼 따뜻한 느낌을 얼마나 경험했을까? 장학생이 선발되었다는 전화를 받았을 때 하리 양은 집에 돌아가는 지하철 안이었다.

"손하리 님, 굳이 프로젝트 장학생에 최종 선발되셨습니다. 앞으로도 계속 장학금을 받을 수 있도록 지원하겠습니다."

"네? 정말요? 진짜로요? 꺄! 지금 사람들이 다 쳐다봐요! 제가 너무 크게 소리 질러서요."

전화 통화 중에도 하리 양은 울먹였다. 어쩌면 크게 기대하지 않았던 터라 더 놀랐던 것 같다. 선발된 소식을 가장 먼저 모잠비크에 있는 어머니께 전했더니 어머니 역시 감동의 눈물을 흘리셨다고 한다. 멀리 홀로 딸을 보낸 엄마의 심정은 어떠했을지 상상이 가질 않는다. 등산 모임을 마치고 손하리 양으로부터 문자가 왔다.

선생님, 저에게 힘을 주시고 담대한 마음을 주셔서 감사합니다. 하나님께서 저에게 이렇게 다양한 사람을 통해서, 축복과 사랑을 주신 거 같아요. 저는 아주 부족하지만, 모든 분들이 사랑과 힘을 주신 만큼 겸손하게, 감사하며 좋은 의사와 좋은 사람이 되기를 최선을 다하고 열심히 하겠습니다. 하나님께서 항상 오현호 선생님과 굳이 프로젝트와 함께 하시기를 기도합니다. 오늘을 위해, 미래를 위해, 모든 것에 감사드립니다.

마음이 행동으로 이어질 수 있다면

어쩌면 우리가 아무렇지 않게 지내는 일상도 하리 양에게는 모든 것이 낯설고, 외롭고, 추울지 모른다. 단 한 명의 진심 어린 한 마디에 위로받고, 따스하게 바라보는 눈빛으로도 큰 힘을 얻는다.

사람은 아무리 잘나도 혼자 살 수 없고, 큰일을 해낼 수 없다. 결국 타인과 함께 어울리며 살아가며 힘을 얻고, 또 위로를 나눈다. 굳이 프로젝트는 그 힘을 아는 사람들이 모여 시너지를 발휘한다.

현대 사회는 빠르게 개인주의로 바뀐다. 밥도 혼자 먹고, 일도 혼자 하고, 휴일도 혼자 보내고, 심지어 결혼도 하지 않는다. 당연히 타인을 위해 무언가를 한다는 것 자체가 그 효용성을 잃어간다.

그럼에도 나는 혼자서 하는 모든 것에는 한계가 있다고 믿는다. 아무리 좋아하는 음식도 혼자 양껏 먹을 때보다 함께 먹을 때 더 맛있고, 기쁘다. 그것이 내가 생각하는 '건강한 삶'이다.

〈굳이 프로젝트〉 오늘의 미션

1. 우리 주변의 평범한 청소년에게 굳이 프로젝트 장학금 수기 공모 제안하기

2. 세계 지도 보고, 모잠비크를 한번 찾아보기. 거리 뷰, 사진, 3D 다양한 기능으로 곳곳 둘러보며 방구석 세계여행 해 보기

3. 손하리 학생 후원하기

4. 주변 타인의 글에 굳이 따뜻한 댓글 작성해 보기

/
산은 움직이지 않는다

　모두가 정상에 오르고 싶어 하지만 실제로 행복한 순간들은 그 정상을 오르는 길에 일어난다.

　스쿠버 다이빙 강사였던 나는 24살에 처음 산을 접했다. 그곳에서 바다 사람과 산 사람의 차이를 바로 느꼈다. 바다 사람들은 열정적이고, 쾌활하며, 표현에 자유로우며, 기분파에 가깝다. 반대로 산 사람들은 대체로 열정적이지만 조용하고, 표현에 과묵하지만, 가까운 이들에게는 모든 걸 나누어준다. 무엇보다 겸손하다.

　산을 조금씩 다니며 그 이유를 알게 되었다. 바다는 넘실대는 파도 때문에 매 순간이 긴장이고, 주변의 파도 소리 때문에 모든 의사소통은 크고 직관적이어야 한다. 산은 모든 것이 정지되어 있고, 움직이는 것은 사람뿐이다. 소음은 오직 인간이 낸다.

　실제 우리의 일상을 보면 정신없이 돌아가는 하루 속에 쉬는 시간이면 재빨리 휴대폰을 보며, 수많은 소음과 자극적인 것들로 둘러싸여 있다. 그러나 산에 가면 그 무엇도 움직이지 않는다. 모든 것이 멈춰 있는 공간에 들어서게 되면 그 자체로 새로운 사고를 하기 시작한다. 정상에 빨리 올라갈 생각은 버리고, 그 순간을 최대한 감상하는 것이 진짜 산을 즐기는 일이다.

모험이 없다면 성취도 없다

실제로 나는 아프리카 우간다 르웬조리 산을 등반하고, 대한민국 대표 산악인이 될 수도 있다고 생각했다. 고산병 증세가 누구보다 없었고, 다들 쓰러져 있을 때도 체력이 남아돌았다. 그렇게 산에서 몇 번의 리더 역할을 하고, 히말라야 텐트 피크 등정에 도전했다. 그제야 히말라야 대자연 앞에서 스스로가 대단하다고 생각했던 지난날의 옹졸함을 맞이했다. 중력과 기압 앞에 서서 나약해진 내 모습을 보며 산은 도전이 아니라 스스로를 돌아보는 곳이란 사실을 깨달았다.

누군가의 배낭이 무거우면 내가 짐을 덜어줄 줄도 알아야 하고, 팀원들이 피로하면 내가 먼저 일어나서 밥을 할 줄도 알아야 하고, 모두가 지쳐 있을 때 노래 한 곡 부를 용기도 있어야 진정한 리더가 될 수 있다.

산의 재미는 오를수록 차가워지는 공기를 맞으며 정상에서 맞이하는 시원한 물 한 잔, 뜨거운 차 한 모금의 귀함을 느끼는 일이다. 차가운 바람에 온몸을 꽁꽁 감싸고 챙겨온 보온병에 라면을 먹기라도 한다면 그 어떤 음식보다 귀하다. 욕심이 많으면 짐이 많아지고, 짐이 많아지면 몸이 힘들어짐을 깨닫는다. 나는 얼마만큼의 짐을 들고 갈 것인지부터가 등산의 시작이라고 생각한다. 시간이 지나 오늘 하루 집에 누워 있을 것이 생각이 날지, 산 중턱에서 마셨던 후끈한 커피가 그리울지 생각해 보면 답이 나온다.

달에 처음 착륙한 닐 암스트롱은 누구나 알고 있다. 하지만 사람의 발이 한 번도 닿지 않은 파키스탄 바투라2봉(7762미터), 네팔 힘중(7140미터) 등을 세계 최초로 정상을 밟은 산악인 '김창호'는 사람들이 잘 모른다. 그가 세계 최초로 오른 산만 세 곳이고 여덟 개의 새 루트를 개척했다. 그는 미지의 세계를 향해 파키스탄 지역을 홀로 다니며 연구하고, 자료를 수집하며, 남들이 가지 않은 길을 끝없이 도전했다.

그가 그렇게 대한민국을 알리던 마지막 '코리안 웨이'는 결국 완성되지 못했다. 하지만 전 세계는 기억한다. 대한민국에도 이러한 등반가가 있었다는 것을. 무식할 정도로 산소가 필요하지 않은 강인한 사내를.

9년 전 그가 히말라야에서 내게 한 말을 기억한다.

"가장 힘들었던 게 가장 행복했다. 너무 쉽게 얻은 것은 빨리 증발한다. 육체적인 것을 경시하지 마라. 몸으로 배운 것은 쉽게 무너지지 않는다. 현호, 잘했어 역시."

도전을 하지 않으면 아무 것도 얻을 수 없다.

'일생에 3번 기회가 온다'는 말은 허구다

학창 시절 나는 서울대를 나오지도 않았고, 학점이 높은 것도 아니고, 공모전 수상 경험도 없었다. 그럼에도 해외 연수를 보내주는 넥슨 글로벌 인턴십에는 꼭 선발되고 싶었다. 그러나 최종 면접에서 탈락의 고배를 마셨다. 실패의 순간에 유일하게 내가 할 수 있는 것은 탈락 이메일에 답장 보내기였다.

'탈락 사유를 알려주시면 보강해서 내년에 다시 도전하겠습니다. 그리고 만약 인턴십 과정 해외 연수 시 영상, 사진 담당 아르바이트가 필요하다면 해당 직종에라도 지원하고 싶습니다.'

그로부터 2주 뒤, 전화 한 통을 받았다.

"지금 선발자 중 한 명이 급작스럽게 카투사에 입대하게 되었습니다. 오현호 씨를 대체 후보자로 검토 중입니다. 재면접 보러 오시겠습니까?"

며칠 뒤, 나는 최종 12인의 명단에 들어가서 넥슨 글로벌 인턴십을 성공적으로 마칠 수 있었다. 대학교 2학년에 심지어 전공마저 프랑스어인 미약한 내가 넥슨의 일본, 중국 글로벌 전략 PT를 준비하는 업무를 3개월 동안 했다.

'일생에 3번 기회가 온다'라는 말은 허구다. 30번, 300번, 3,000번 이상도 만들 수 있다. 그것은 내 적극성에 비례한다. 기회가 왔을 때 최선을 다하려 하면 안 된다. 최선을 다하는 자에게 기회가 온다.

도전할 때 급속도로 성장한다

살다 보면 새로운 지식을 쌓을 기회가 의외로 많지 않다. 아무래도 늘 주어진 일만 처리하고, 잘하는 일만 하려다 보니 새로운 도전 자체가 쉽지 않다. 공모전이나 동호회 대회 같은 경우는 결국 도전 과정에서 다양한 주제에 대해 새로운 지식을 습득하는 기회가 많다. 이는 기존의 삶에서 벗어난 더 넓은 시야를 얻는 훈련이 된다.

시야가 넓어진다는 것은 일상의 작은 소중함을 중요시할 줄 아는 지혜와 미래를 1년, 5년 앞을 내다볼 수 있는 식견이라고 말할 수 있다. 각 시청 홈페이지를 자세히 보면 시민 공모전이 굉장히 많은데 시민들이 관심이 없어서 참여자가 늘 적다. 각종 시민 참가 프로그램도 다양하다.

부모가 이런 곳에 노력을 기울이면 자연스레 자녀들에게도 영향을 끼친다. 5살, 3살에 불과했던 내 아이들도 2023년 평창에서 열린 한 어린이 자전거 대회에 참가하기도 했다. 딸아이는 남자아이들과 경쟁하여 예선 3위를 기록하는 등 나름의 선전을 하기도 했다. 하지만 아이들은 사실 등수가 뭔지도 모른다. 그저 이번 기회로 '자전거 대회'라는 새로운 단어를 삶 깊숙이 넣어두고, 좋은 추억으로 간직할 것이다.

경쟁은 내가 얼마나 많은 것을 할 수 있는지 알 수 있는 기회다. 성취도 습관이다.

〈굳이 프로젝트〉 오늘의 미션

1. 트랭글 어플 설치해 보기
2. 네이버 지도를 보고 집에서 가까운 산을 찾고, 물을 챙겨 출발해 보기
3. 정상에서 뜨거운 차 마시며 감상하기
4. 산악인 故 김창호 대장과의 히말라야 원정 당시 실제 대화 보기
5. 본인이 사는 곳 지자체 시청(군청) 홈페이지, 공모전 모음 플랫폼(올콘) 둘러보며 공모전 지원하기

매일 실패에 도전하기

한국인이라면 누구나 좋아하는 아이스크림 회사에 기업 강의를 다녀왔다. 한 임직원분이 강연 중 손을 들었다.

"도전하면서 실패했을 때는 어떻게 대처하시나요?"

실패(失敗)는 잃을 실(失)에 패할 패(敗)를 쓴다. 일을 잘못하여 뜻한 대로 되지 아니하거나 그르친다는 뜻이다. 그렇다면 과연 '뜻한 대로 되지 않는다'라는 뜻은 무엇일까?

'나는 안 될 거야' 하고 아무것도 하지 않는 것과 시도하다가 잘 안되는 것 둘 중 무엇이 뜻한 대로 되지 않은 쪽에 가까울 것인지 생각해 보면 답은 쉽다.

대체 왜 우리는 무언가를 하다가 잘 안 되는 것을 실패라고 착각하는 것일까? 주변에 히말라야 등반가, 사하라 마라토너 등 도전가들이 많다. 무엇이 그들의 도전을 이끌었을까 궁금해서 그들의 공통점을 찾아봤다.

그들이 무언가에 도전하고, 실패했을 때 유난히 그들이 하는 말이 있다.

"아님 말고."

하다가 잘 안 되는 것이 당연하니 '아님 말고' 정신으로 툭툭 털어내고 바로 다음 할 일을 찾아 나선다.

인생은 정말 '운칠기삼'이다

그토록 열심히 준비한 일은 아무리 해도 안 될 때가 많았는데, 오히려 그냥 쉽게 저질러본 일은 의외로 너무 쉽게 풀리는 경우도 많았다.

스쿠버 다이빙 강사가 되고 싶어서 호주 다이빙 샵에 들어가서 "무급 인턴 시켜주세요"라고 제안할 때마다 모두가 안 된다고 말했다. "우린 그런 것 안 해요"라며 무시하는 이들도 있었다. 한 번, 두 번 거절당할 때는 괜찮은데 10번 넘게 거절당하니 겁도 나고, 힘 빠지기 일쑤였다. 왜 내게는 도와주는 이 하나 없는지 원망도 했다.

그러다 우연히 벽보에 목수 구인 광고를 보고 목수로 취업하고, 배 주인이 스쿠버 다이빙 강사여서 그를 통해 무급 인턴 프로그램을 한 리조트에 제안하여 결국 성공하였다. 스쿠버 다이빙을 한 번도 해본 적이 없고, 영어도 못 하고, 호주에 아는 이 하나 없던 내가 영어로 외국인들에게 스쿠버 다이빙을 가르치게 되었다.

그때 실패한다고 해서 의기소침할 필요도 없음을 알았다. 하다 안 되면 다시 하면 되지 않은가. 반대로 몇 번 성공했다고 해서 들뜰 이유도 없다. 그러한 성공이 영원할 수 없기 때문이다. 그러한 성과는 타인의 도움과 운이 작용했기에 가능했다는 사실을 알고 감사함을 지니는 습관이 먼저다.

인생의 정답은 타인이 아닌 자신만이 구할 수 있다

'나는 마라톤을 한 번도 안 뛰어 봤으니, 처음부터 250킬로미터는 무리야'라는 생각으로 이집트 사하라 사막은 꿈도 못 꾸는 사람이었더라면 살면서 사막을 달릴 기회나 있었을까? 아마도 죽을 때까지 갈 일은 없을 것이다.

사실 뛰다가 200킬로미터 부근에서 포기할 수도 있다. 그걸 우리는 실패라고 말할 수 있을까? 태어나서 처음으로 두 발로 200킬로미터를 뛰어본 경험을 하는데 누가 그걸 무의미하다고 말할 수 있을까?

열심히 공부했지만 시험에 탈락할 수도 있다. 누군가는 합격하고, 또 누군가는 탈락을 반드시 해야 하기 때문이다. 시험에 탈락했다 해서 우리는 그 노력과 삶을 부정할 수 없다. 그저 그 시험과, 기업과 결이 맞지 않을 뿐이다. 시험이야 또 칠 수 있다.

그토록 사랑했던 연인과 헤어지는 날이 올 수도 있다. 이혼을 경험할 수도 있다. 단지 궁합이 안 맞을 수도 있는 것이다. 다시 또 얼마든지 좋은 인연을 만날 수 있다.

세상의 모든 실패는 나를 괴롭히기 위함이 아니다. 모든 고난의 시간에는 많은 생각과 성찰을 요구한다. 그 기간을 거쳐야 우리는 성숙한 인간으로서 삶을 조우할 수 있게 된다. 굳이 프로젝트는 실패를 위해 도전한다. 실패해도 성공이다.

불가능을 이루기 위해서는 먼저 불가능에 도전해야 한다

남들이 불가능하다고 하는 것에 도전하면 우리 삶에 이로운 점 10가지가 있다.

1. "와, 그거 어떻게 했어?"라는 질문을 들으며 주변에서 나를 다시 본다.
2. 나의 작은 경험으로 인해 누군가에게 도움이 될 수 있다.
3. 이 과정을 통해 누군가와 긴밀한 사이가 된다.
4. 반대로 그 누군가가 내가 필요한 무언가를 도와준다.
5. 남들이 불가능하다고 하는 것에 도전하는 것 자체로 성취감이 크다.
6. 사실 하고 나면 '별것 아닌데?' 하는 생각이 먼저 들게 된다.
7. '별 것 아닌데?'라는 마음을 모든 일에 적용하며 쉽게 도전하기 시작한다.
8. 스스로를 크게 보고, 정의하기 시작한다.
9. 자신을 더 가꾸기 시작한다.
10. 진짜 도전은 실패에 도전하는 것임을 깨닫는다.

불가능은 '가능하지 않음'을 뜻하는 단어다. 그렇다면 가능하지 않음은 과연 누구의 기준이란 말인가? 결국 이마저 사회 통념상 불가능이라고 누군가가 정의한 것은 아닌지 생각해 볼 필요가 있다.

내가 시행하기 전까지 스스로 지닌 잠재력의 크기는 아무도 모른다. 마찬가지로 불가능, 가능함을 나누는 기준도 시도한 자만이 정확히 가늠할 수 있다.

해병대 입대하고 일 년 정도 지나서 휴가를 나왔다. 친구들을 만났는데 재밌는 이야기를 한다.

"현호, 해병대 가더니 뭔가 변했는데?"

서로 좋은 이야기를 절대 하지 않는 친구들 사이에서 이는 엄청난 칭찬을 의미했다. 그때 깨달았다. 나는 단순히 말을 안 하고 있었을 뿐인데 남들은 그 모습을 보고 '오, 역시 뭔가 과묵해졌다'라고 판단하는 것이었다. 당시 그 상황이 너무 웃겼던 것은 나는 사실 변하지 않았는데 보는 사람마다 내가 변했다고 말하는 점이었다.

'말만 덜 해도 사람들이 이렇게 다르게 보는구나'라는 사실, 내가 생각한 대로 얼마든지 사람들을 이끌 수 있다는 사실을 깨달았다.

실패하기 위해 도전한다

미국에서 철인 3종 경기 준비할 때 사실, 여건이 좋지 않았다. 많은 선배, 동료들이 가장 긴장하는 중요한 비행 시험이 코앞이었고, 공부만 해도 시간이 모자라는 시기였다. 심지어 자전거는 없었으며, 수영을 제대로 배워본 일이 없었다.

달리기 하나만 믿고, 철인 3종 경기를 할 수 있을지 걱정이 앞서다가도 '그래, 하나가 안 되면 빠르게 포기하고 돌아와야지'라고 마음먹었다. 포기해도 미국에서 대회에 참가하는 것 자체가 의미가 있었다.

제일 먼저 수영을 친구에게 배우기 시작했다. 안 쉬고 수영하기 기록이 500미터, 600미터, 700미터, 1킬로미터 하루가 다르게 빠르게 늘었다. 어느 순간 안 쉬고 한 시간 넘게 수영하는 내 자신을 발견했다. 사이클 동호회에도 가입했다. 할아버지, 할머니도 있는 그런 동호회였는데 다 같이 출발하고 한 시간 지나니 어느새 내가 제일 뒤처져서 꼴찌로 밀려날 정도였다. 그마저도 몇 달 계속하다 보니 속도도 붙고 체력도 금방 늘었다. 결국 처음 참가한 철인 3종 경기 완주에 성공했다.

인생은 끈기만 있으면 최소한 뒤처지지 않을 수 있다. 그러기에 무엇이든 시도해 보는 용기가 중요하다. 사실 불가능하다고 생각하는 것도 아무도 뭐라 하지 않지만 내 망상인 경우도 많다. 불가능 그것은 사실이 아닌 그저 타인의 의견일 뿐이다.

〈굳이 프로젝트〉 오늘의 미션

1. 나는 과연 어떤 실패를 하고 싶은지 생각해 보기
2. 불가능하다고 생각하는 것들 도전해 보기

거절은 그저 순간이다

거절은 누구한테나 무섭고 두렵다. 그러나 반복할수록 자연스럽게 느낀다.

'어? 할 만한데?'

세상 모든 일이 그렇다. 거절에서 시작된다. 그 거절이 두려워 시작하지 않을수록 거절이 두렵지 않은 사람에게 더 많은 기회가 생긴다. 거절당하는 용기가 위대함을 알기에 반대로 타인의 제안에 쉽게 거절하지 않는 사람이 된다. 그렇게 포용력을 쌓아간다. 포용력이란 경험에서 나온 진심 어린 마음에서 발휘된다.

거절이 두렵지 않는 순간이 오면 그때부터 빠르게 변하는 한 가지가 있다. 바로, 문제 해결 능력이 급상승한다. 거절당하는 그 순간 당황하지 않고, 차선책을 빠르게 모색하는 순발력이 생긴다.

몇 년 전 하와이에 갔을 때 일이다. 나는 바닷가에서 가방을 도난당했고, 도둑은 가방 안에 든 차 열쇠로 주차장에 있는 차를 찾아 렌트

카까지 훔쳐 갔다. 그렇게 나는 출국 하루 전 외지에서 자동차, 여권, 핸드폰, 신용카드, 현금, 가방 등을 한순간에 잃었다.

가장 큰 문제는 바로 다음 날 출국 일정이었다. 여권이 급박하게 도 난당한 경우, 경찰은 관광객을 위하여 폴리스 리포트를 만들어 준다. 그 리포트와 여권 사본 등 본인을 확인할 수 있는 서류가 있으면 여 권이 없어도 안전하게 출국할 수 있다. 미국에서는 많은 관광객이 이 러한 사고를 겪기에 그들이 안전하게 돌아갈 수 있도록 출입국 사무 소와 협력하며 이러한 서비스를 제공한다.

우리 가족은 당장 집에 갈 수도, 끼니를 해결할 수도 없어서 주 호 놀룰루 대한민국 총영사관에 연락했다. 그러자 그곳에서는 경찰이 말 한 것은 잘못된 정보이며, 여권 없이는 출국을 못한다고 했다. 그리고 는 주말이 지나서 이틀 뒤 월요일이 되면 영사관에 들려 임시 여권을 신청하라고 했다. 임시 여권이 나오는 시간은 총 3~4일이 걸렸다.

전화를 끊고 경찰에게 이 사실을 이야기하니 "무슨 소리냐, 다 이렇 게 하는데 왜 이 리포트로 출국을 못해?" 하고 도리어 의문스럽게 말했 다. 미국 경찰과 한국 영사관이 나에게 하는 말이 달랐다. 누구도 믿을 수 없는 상황이 닥쳤다. 다음 날 아침, 호텔 직원이 내게 말했다.

"예전에 다른 외국인 관광객도 똑같이 그런 일 있었는데, 그 친구들 은 폴리스 리포트랑 여권 사본으로 나갔는데, 왜 한국인만 안 돼?"

두려움은 경험의 부재가 만들어 낸 환상이다

순간 깨달았다. 영사관에서 이 방법 자체를 모를 수 있다고 말이다.

바로 현지 경찰을 불러서 재확인을 하기로 했고, 경찰, 교통보안국에서도 모두 이 방법으로 출국이 가능하다고 확인해주었다. 바로 영사관에 전화해서 상황을 재차 설명했다. 영사관에서 잘못 알고 있을 수 있으니 재확인을 요청했다. 원래 계획했던 출국 시간이 가까워지고 있었기 때문에 시간이 없었다.

"저희는 그런 경우를 본 일이 없습니다. 제가 아는 한 그렇게는 어려운 것이고요, 한 번 시도는 해보십시오. 하지만 확답을 드릴 순 없습니다."

내 말을 전해 들은 주변의 경찰, 호텔 직원 모두 이해가 안 되는 표정을 지었다.

"미국에서 이런 사고를 당한 관광객을 위해 서비스를 지원하는데 왜 한국 영사관에서만 그걸 막고 출국을 못하게 해?"

나는 할 말이 없었다. 하와이에서 우리에게 가장 적극적으로 도움을 주려는 사람들은 애석하게도 현지 경찰, 호텔 직원, 하와이 방문객 알로하 협회, 에어비앤비 호스트 등 현지인들이었다.

짐을 싸고 바로 공항으로 달려갔다. 예정된 입국일 다음 날 나는 엄청나게 중요한 기업 강연을 진행해야 했다. 아내는 학교 오케스트라 연주회가 예정되어 있었기 때문에 오후 비행기로라도 반드시 타고 가야만 했다. 도저히 이대로는 안 될 것 같아서 현지 대한항공에 사실관계를 파악하기 시작했다.

처음에는 항공사에서도 불가능하다고 답했다. 내가 재차 대한항공의 공식 입장인지를 물었고, 담당자는 법무부와 다시 확인하겠다며 기다려 달라고 말했다. 10분 뒤, 담당자가 다시 와서 말했다.

"지금 법무부에 다시 확인했는데, 폴리스 리포트랑 여권 사본, 신분 확인 서류 등이 있다면 원칙적으로는 출국과 입국이 가능한 것으로 보입니다. 저도 이게 가능한지는 이번에 처음 알았네요. 현재 한국으로 돌아가는 가장 빠른 일정은 내일 오전입니다."

그들이 몰랐던 출입국 관리법은 이렇다.

제6조② 출입국관리 공무원은 국민이 유효한 여권을 잃어버리거나 그 밖의 사유로 이를 가지지 아니하고 입국하려고 할 때에는 확인 절차를 거쳐 입국하게 할 수 있다.

결국 다음날이 되어서야 다른 항공사 항공권을 또 새로 구매해, 무사히 입국할 수 있었다. 그렇게 나는 여권 없이 미국을 출국하고 한국으로 입국한 사례가 되었다.

내가 만약 사고 당일 영사관에 전화를 하지 않았더라면 경찰의 의견에 따라 사고 다음 날 예정대로 출국을 진행했을 것이고, 모든 일정에 차질이 없었을 것이다. 하지만 당연히 영사관의 가이드가 법이라는 생각에 예정된 항공을 놓치고 하루를 허비하고 수많은 이중 피해가 발생해버렸다.

내가 이러한 사고 발생 시 리포트와 여권 사본 등으로 출국이 가능하다고 말했을 때 관계 부처 사람들이 하나같이 다 안 된다고 말했다.

우여곡절 끝에 마침내 탑승할 때, 진에어 하와이 지점장님이 우리가 무사히 탑승하기까지 직접 탑승구에서 기다리고 계시기에 고개를 숙이며 감사의 인사를 전했다. 그러자 그는 이렇게 대답했다.

"전혀 아닙니다. 저희가 이곳에서 한국인 손님들을 위해서 방법을 찾고, 안전하게 여행할 수 있도록 돕는 일이 당연한 거지요."

한국에서는 보편적 타당성을 벗어난 행동을 하면 이렇게 말한다.

"다 그렇게 하는데 왜 너만 굳이 그러려고 해?"

직업에 대한 윤리의식, 소명이 없는 자들이 많을수록, 진실을 파헤치려 하는 사람이 적을수록, 남들이 간 길로만 편하게 가려는 자들이 많을수록, 이 사회는 더 이상 성장하지 않는다. 모든 문제에는 방법이 있다. 거절이 두려워 시도하지 않을 뿐.

///

〈굳이 프로젝트〉 오늘의 미션

1. 지인에게 말도 안 되는 질문해서 거절당하기. 예를 들어 "여보, 이번 주에 마라톤 대회 나갈래?"라고 해보기 (상대에 따라 감정이 상할 수 있으니 너무 심각하거나 민감하게 대화하지 말기).

2. 길거리에서 모르는 이에게 거절당하기. 예를 들어, "오늘 제 생일인데 축하 노래해주실 수 있으세요?"라거나 처음 간 식당에서 라면을 들고 가서 끓여달라고 하기. 여기서, "아니요" "싫은데요"라며 거절당하면 성공. 웃으며 넘어가 본다 (상대가 깜짝 놀랄 경우 되레 화를 내거나 강하게 거부할 수 있으니, 태도와 표정에 유의하기).

/
우리는 둘째 아이를 집에서 낳기로 결심했다

출산 예정일 일주일 전, 산부인과에서 진료를 보던 어느 날 담당의가 말한다.

"아이가 오늘 나올 수도 있겠는데요, 오늘 입원하시는 거 어때요?"

예정일 일주일 전이기도 했고, 가진통은커녕 자궁이 아직 열리지도 않았는데 아이가 오늘 나올 수도 있다고 말하니 어처구니가 없었다. 뭔가 수상해서 알아보니 그날이 바로, 담당의가 당직인 날이었다. 이것이 과연 우연일까?

어쩌면 당황해서 "정말요? 오늘 나올 수 있다고요? 알겠습니다. 입원할게요"라고 말할 수 있다. 만약 출산이 처음이라면 경험도, 지식도 없어 그럴 수도 있다.

"아기가 오늘 나온다고요? 자궁이 열리지도 않았는데요? 오늘 안 나옵니다. 그럴 일 없는 거 솔직히 선생님도 아시잖아요?" 하고 되물으니 멋쩍은 웃음을 짓더니 오히려 아무 말이 없다. 그때 깨달았다. 산부인과에서는 절대로 산모가 우선순위가 아니라는 것을. 이 역겨운 이

기주의를 보며 절대 이곳에서 내 아이를 낳을 수 없다고 다짐했다(실제 아이는 그로부터 7일 후 나왔다).

여러 차례 검사와 상담을 통해 자연분만이 가능함을 확인하고, 오랫동안 우리 부부는 전문 기관에서 가정 출산 교육을 받았다. 마침내 출산 당일 늘 지내던 집 거실에 작은 풀장을 설치하고, 따뜻한 물을 채워 첫째 아이와 함께 온 가족이 둘째의 출산을 맞이했다. 가진통이 시작되자 조산사, 둘라(출산을 돕는 훈련된 전문가)를 불렀고, 그들이 집에 도착하고 한 시간 만에 안전한 출산에 성공했다. 수중에 들어가면 옥시토신이 증가해 감통 효과가 컸는데 그 효과가 상당했다.

아이가 나오고 둘라 선생님이 했던 첫 마디였다.

"어머, 모든 분이 이렇게 순산했으면 좋겠네요."

가족을 이루는 방법

동생이 태어나면 보통 첫째 아이는 엄마를 빼앗긴 상실감에 이상 행동들을 하곤 한다. 그러나 우리 집 첫째는 모든 과정을 처음부터 끝까지 함께하며 직접 탯줄까지 잘랐다. 엄마를 뺏어간 나쁜 존재가 아니라 열 달을 엄마 배 속에서 자란 아기를 직접 받는 역할을 주니, 지금까지도 동생을 가장 아끼는 누나 역할을 너무나 잘하고 있다.

살다 보면 자꾸 타인이 내게 정답을 강요하는 순간이 많다. 대학은 꼭 가야 해, 몇 살 전에는 꼭 결혼해야 해, 자녀는 꼭 있어야 해, 아이들 교육은 어떻게 해야 한다는 등 자꾸 틀에 끼워 맞추려는 이들이 너무 많다. 자신의 경험이 정답인 듯 함부로 말하는 이들이 정말 많다.

아이를 집에서 낳고 깨달은 점은 '인생은 내가 생각하는 대로 행동하고, 원하는 대로 살아도 아무 이상 없구나. 아니, 오히려 더 좋다'였다. 실제로 경험하니 가정 분만이 좋은 점이 정말 많았다.

1. 심적으로 편안하다

낯선 병실이 아니다. 불편한 행위나 말하는 의료진이 없다. 더 이상 설명이 필요 없다.

2. 일면식도 없는 의료진이 출산을 담당하지 않는다

첫째 아이 출산 때 아이가 새벽에 나오다 보니 처음 보는 당직 의사가 나타났다. 어둠 속에서 팔짱을 끼고 왜 이렇게 안 나오냐는 굳은 표정으로 진통 내내 아내를 쳐다보는데 장시간 길어질수록 심리적 압박감이 상당했다. 그때 결정했다. 둘째를 낳는다면 저런 이가 주변에 없는 출산 방법을 찾겠다고 말이다.

3. 누구도 재촉하지 않는다

출산 과정을 빠르게 하기 위한 그 어떤 재촉 행위도 있을 리 없다. 모체의 몸에서 아이가 나오고 천천히 엄마 품에서 숨을 쉬었다.

4. 과도한 의료적 개입이 없다

감염을 막는다며 제모하고, 관장하고, 유도제, 무통 주사 등 내 의사와 상관없이 할 일이 없다. 누군가는 우리를 보고 별나다고 할 수 있다. 아니 상당수가 그럴 것이다. 우리는 남들과 다른 길을 가는 것이 아니다. 그저 스스로 원하는 대로 준비하고, 결정하고 움직일 뿐이다. 그 길이 남들과 다를 뿐, 틀렸다고 생각하지 않는다.

강아지나 고양이 등 새끼 낳는 순간을 자세히 보면 모든 동물은 본인이 가장 안전한 공간에서 출산을 하지만 오직 인간만이 낯설고, 밝고, 시끄럽고, 긴장된 공간에서 출산한다. 부모가 오랫동안 맺어온 사랑의 결실이자, 새 생명이 세상으로 처음 나와 삶을 시작하는 아름다운 순간을 왜 고통으로 가득 찬 끔찍한 순간으로 기억해야 할까? 모두가 다 하는 방법이라 해서 무조건 정답이라 생각하는 것이 가장 위험한 사고다.

〈굳이 프로젝트〉 오늘의 미션

한 번쯤 과잉 진료에 앞서 질문해 보기
"왜 이 약을 먹어야 하는가?"
"왜 이 수술을 받아야 하는가?"
"왜 이 치료가 필요한가?"

Chapter 3

성찰
살면서
꼭
깨달아야
할것들

/
살면서 미리 알았다면 좋았을 것들

매년 아이들의 생일이 오면 편지를 쓴다. 그렇게 매해 글이 모이면 그해 내가 어떤 생각을 했는지, 어떤 조언을 하고 싶은지를 남길 수가 있다. 이를 쓰는 이유는 단 하나다. 아이가 커서 부모의 생각을 조금이라도 이해할 수 있기를 바라기 때문이다. 부모로서 자녀에게 조언하는 경우가 많은데 자칫 잘못하면 잔소리로 들리기에 조언의 전달 방법을 다양하게 펼쳐야 한다. 이 과정에서 놀라운 점은 글을 쓰면서 부모 스스로 자신을 더욱 돌아보게 된다.

다음은 딸과 아들에게 썼던 편지이다.

딸에게 주는 삶의 지혜
1. 남들보다 빨리하는 것이 좋다는 착각을 하지 마라

남들보다 앞서는 즐거움은 잠깐이지만, 어떤 일이든 완벽히 내 것으로 만드는 것은 오래 걸린다. 1등을 하기보다 어떤 일이든 제대로 해내는 연습을 더 많이 하라. 우리가 이겨야 할 사람은 동료나 친구가 아니라 '과거의 나 자신'이다.

2. 누군가 널 괴롭히면 마냥 참지 말고, 지혜롭게 복수하라

흥분하지 마라. 흥분하면 복수도 할 수 없다. 그렇다고 참지도 마라. '참는 사람이 승자다'라는 말은 옛말이다. 침착하고 지혜롭게 대처하여, 잘못된 행동을 하는 이들이 반성하는 상황을 만드는 것이 우선이다. 주변에도 경각심을 줄 수 있다. 타인에게 함부로 대하는 이들은 반드시 그에 따른 대가가 따르게 된다.

3. 돈으로 행복을 사지 말고, 시간을 사라

돈으로 행복을 살 수 있다는 착각은 하지 마라. 행복은 절대로 돈으로 살 수 없다. 그러나 돈으로 시간은 살 수 있다. 돈으로 시간을 살 수 있다면 넌 자연스럽게 행복을 얻는 방법을 배우게 될 것이다.

4. 고생을 억지로 하지 말고, 고통의 기준을 높여라

억지로 사서 고생을 할 필요는 없다. 다만 어릴 때부터 고통의 기준을 높이는 훈련을 받았다면, 넌 쉽게 지치지 않는 사람이 된다. 즉 자주 넘어지고, 자주 실패하고, 자주 거절당하라. 다만 그 과정에서 아픔이나 상처는 피할 수 있다면 피하라. 그런 추억은 결과가 좋아도 결국 건강한 정신에 영향을 끼친다.

5. 남들이 좋다고 하는 건 본능적으로 거부하라

대부분 남들이 좋다고 하는 것은 좋다고 따라간다. 대중의 한 사람이 되기보다 독보적인 사람이 되어라. 대체 불가능한 존재가 될 때 경쟁이 필요 없는 특별한 브랜드가 된다.

6. 자랑보다 이야깃거리가 많은 사람이 돼라

무슨 브랜드 옷을 입고, 어디 아파트에 산다고 자랑하는 이가 되지 마라. 대신 이야깃거리가 많은 사람이 되어라. 너의 말과 글이 자연스럽게 광고가 되는 삶을 살아라.

7. 처음부터 멋있게 시작하려 하지 마라

'나도 히말라야 올라야지', '나도 파일럿이 돼야지'라는 목표가 있다면 작은 단계를 여러 개 설정하라. 중간 단계의 디테일이 없으면 운이 좋아 작은 성과는 낼 수 있어도 절대로 원대한 목표는 이룰 수 없다. 디테일한 작은 목표를 많이 찾아라. 도전은 거창하지 않다. 그저 서 있는 자리에서 한발 더 나아가는 것이다.

8. 언젠가 성공해서 매일 놀고먹는 꿈을 꾸지 마라

매일 놀고먹기만 하면 반드시 게을러진다. 인간은 게을러질 때 동시에 괴로워진다. 무언가를 도전하고, 성취할 때 행복에 더 가까워진다.

9. 네가 맞게 될 위기를 너무 심각하게 생각하지 마라

살면서 수많은 위기와 고난을 겪게 될 것이다. 그러나 그 대부분은 심각한 일이 아니다. 위기를 경계하되 그때마다 이 말을 외쳐라.

"지금을 어떻게 기회로 만들 수 있을 것인가?"

인간은 두 부류로 나뉜다. 위기에서 포기하고 좌절하는 자와 위기를 기회로 만드는 자. 끝났다고 생각하는 순간, 하나라도 더 할 일을 찾으면 그게 곧 기회가 된다. 왜냐하면 대부분은 끝이라 생각하고 아무 것도 하지 않기 때문이다.

10. 남 이야기는 재미로라도 하지 마라

사람들은 본인 삶이 재미가 없을 때, 남의 삶에 대해 말하고 논다. 내가 듣기 싫은 말은 남에게도 하지 마라. 기억하라. 분위기에 휩쓸려 남을 깎아내려서 내 자존감을 높이는 행위는 찌질한 놈들의 특성이다.

11. 감사는 지능이다

너의 사진을 봐라. 요구르트 하나에 세상에서 가장 행복한 표정을 짓고 있다. 삶의 소소하지만, 확실한 행복이 무엇인지 늘 인지하라. 내가 누리고, 지니고 있는 것들에 대해 범사에 감사한 자들은 매사가 기회가 된다. 왜냐고? 주변에서 그런 이들을 가만히 놔두질 않는다. 늘 함께 일하고 싶은 동료이기에.

아들에게 보내는 삶의 지혜
1. 선생님 말씀을 맨 앞에서 들어라

거기에 정답이 있다. 제일 비싼 콘서트 티켓은 다 맨 앞자리다. 끝에서 멍청한 표정으로 비스듬히 앉아 딴짓하지 마라. 돈이 드는 것도 아닌데 기회를 놓치는 버릇을 들이지 마라. 쓸데없는 버릇이 10년 후 네

발을 잡는 족쇄가 된다.

2. 옷이 더러워지는 순간을 신경 쓰지 마라

그만큼 집중하고 몰입했다는 증거다. 온몸에 묻은 흙이야말로 두려움을 극복한 훈장이다. 깔끔 떠는 것들은 꿈도 꾸지 못할 열정이다. 아름답고 고귀한 삶은 30대부터 누려도 늦지 않다.

3. 매일 손 들고 질문하자

용기가 없어 손도 들지 못하는 어른이 절반이더라. 질문이 스스로 깨달을 수 있는 진짜 공부다. 책 1권보다 질문 3번이 낫다. '강아지는 왜 말을 못 해요?', '비행기 타면 왜 귀가 아파요?'라는 말도 안 되는 질문도 괜찮다. 네가 궁금한 점이 있다면 아빠는 자다가도 대답할 수 있다.

4. 부자가 될 생각하지 말고, 네 자식이 가난하지 않을 생각을 해라

가난은 가난을 낳는다. 부자는 부자를 낳는다. 할아버지는 가난했다. 증조할아버지는 더 가난했다. 그래서 아빠는 부자가 될 생각을 했다. 너마저 가난하면 안 되니까.

5. 사랑하는 이가 생기면 그를 높이는 말만 해라

존중받고, 사랑받는 여성은 나이가 들어도 우아하고 아름답다. 그렇지 못한 여성들은 반짝반짝 빛나던 시절은 어디 가고 나이가 들수록 드세지고 거칠어진다. 너의 인품이 상대의 품격을 만든다.

6. 쓰레기를 아무 데나 버리지 마라

이런 작은 일도 제대로 하지 못하는데, 무슨 큰일을 할 수 있겠는가. 오늘날 작은 행동과 습관이 파도가 되어 10년 후 광활한 바다가 된다.

7. 물에 자주 뛰어들어라

수중은 인간이 가장 나약한 존재가 되는 곳이다. 온몸을 비틀고 흔들어도 내가 할 수 있는 거라곤 겨우 앞으로 나아가는 것이 전부임을 배워라. 강한 사람이 될 수 있는 가장 좋은 방법이다.

8. 물건 자랑하는 친구를 질투하지 마라

자랑할 것이 없어서 부모가 사준 물건이 최고의 업적인 이들이다. 물건을 자랑하면 결국 시기와 질투뿐이다. 소중한 친구를 잃는 멍청한 행동을 하지 마라.

9. 앉아서 게임할 시간에 밖에 나가서 뛰어라

손가락이 아니라 발가락을 움직일수록 넌 원하는 것을 얻을 수 있다. 그럼 게임은 언제 하냐고? 나이 70세에 발이 도저히 움직이지 않을 때 밤새 해도 늦지 않다. 그때 되면 재미없지 않냐고? 그게 바로 성장했다는 증거다. 일상에 설레는 일이 많아서 게임이나 도박이 재미없는 삶을 살아라.

10. 인사만 잘해도 사회생활 절반은 성공이다

인사는 매일의 기회다. 너의 모든 것을 뒤집을 그 기회를 놓치지 말아라. 너의 됨됨이를 보는 첫 번째 평가다.

11. 지구보다 더 살기 좋은 곳으로 갈 꿈을 꿔라

지구는 더 망가진다. 비현실적인 생각을 많이 할수록 비범한 사고를 할 수 있다.

12. 주변에 또라이 같은 말과 행동을 하는 이가 있다면 친해져라

따돌리지 말고 대화를 많이 해봐라. 특성을 파악해 봐라. 그런 아이들이 훗날 일론 머스크, 봉준호가 될 수도 있다.

13. 넌 아빠의 꿈과 희망과 사랑이다

네가 무엇을 잘해서 자랑스러운 것이 아니라, 아빠의 아들이라는 사실 하나만으로 너는 세상에서 가장 자랑스러운 존재다. 그렇게 사랑받은 만큼 세상에 나눌 줄 아는 사람이 된다. 아빠라는 배를 타고 마음껏 항해하기를.

아빠는 너희들을 만나기 위해 사하라 사막 250킬로미터를 건너, 히말라야 5,665미터를 오르고, 바다 속을 탐험하는 스쿠버 다이빙 강사가 되고, 하늘을 나는 파일럿이 되었다. 더 이상 탐험하고 싶은 것이 없을 때 기적처럼 너희들을 만났다.

아빠는 네가 늘 행복하게 살기를 바라지 않는다. 행복이란 너무나 모호해서 그 순간 바로 느끼기가 어렵다. 대부분 시간이 흘러 결과를 보고 '아 그때 행복했지' 하고 깨닫는다. 그러나 '기분 좋음'은 순간이고 느낌이다. 그 기분 좋은 순간이 365일 24시간 매 순간 즐기는 삶을 살기를 바란다. 그럼, 진짜 '너 다운 삶'을 살게 된다. 너희들은 이 세상에서 빛을 내는 아이들이 될 것을 믿는다.

〈굳이 프로젝트〉 오늘의 미션

자녀에게 (또는 지인에게) '살면서 미리 알았다면 좋았을 것들'이라는 내용으로 편지 쓰기 (배우자 혹은 가족도 함께 작성하면 서로의 가치관을 이해하는데 도움이 된다)

/
소명이 있는 삶

나는 대체로 열정적인 사람을 좋아한다. 그들의 공통점은 3가지로 정리된다.

1. 불평불만을 도통하지 않는다.
2. 별 볼 일 없는 일마저 열심히 해서 보는 이를 설레게 한다.
3. 그들의 가치는 누군가가 어려움에 처할 때 빛이 난다.

사명감(使命感)이라는 단어는 국어사전에서 주어진 임무를 잘 수행하려는 마음가짐이라는 뜻으로 나온다. 사명감은 곧 업무에 대한 열정을 이끌고, 그 열정은 해당 분야의 독보적인 존재로서 발돋움하는 첫 번째 무기가 된다.

살다 보면 우리는 종종 자동차 정비소에 갈 일이 생긴다. 지난 해외에서 경험을 빗대어 보면 대한민국의 많은 정비소는 이제 더 이상 정비를 하기보다 그저 부품을 교체를 하는 곳에 가깝다. "OO는 교체해

야 합니다"라고 말하고, 소비자가 '네'만 한다면 몇 초 만에 정비소의
순이익이 몇 배로 뛰기 때문이다.

직업과 소명의 차이

몇 년 전 겨울, 내 16년 된 오래된 자동차는 문제가 있었고, 대부분
의 정비소가 100만 원이 훌쩍 넘는 수리비를 요구했다. 구글, 유튜브
를 뒤져보니 해당 문제가 생겼을 때 필수적으로 교체해야 하는 부품
값은 40만 원도 채 안 되는 상황이었다. 결국 나는 강서구의 모든 정
비소에 연락을 취했고, 기적처럼 살아 있는 양심을 발견했다.

딱 봐도 착해 보이는 사장님은 절반에 가까운 견적을 내게 보여주
었고, 그때부터 나는 두 달에 한 번은 차를 맡기기도 하고, 그분이 또
돈을 받지 않아 선물 공세를 하기도 하는 그런 사이가 되었다.

몇 달 후 뒷좌석에 누수가 생겨 이렇게도 해보고 저렇게도 해봤지
만, 원인을 찾지 못했다. 하지만 마지막까지 다시 한 번만 가져다 달
라고 하시며, 무더위 속에서 끝내 문제를 찾아 마무리하는 모습에 나
는 감동하지 않을 수 없었다. 그는 이번에도 추가 비용을 요구하지 않
았다.

나는 양심적인 사람들이 성공하는 시대에서 살고 싶고, 내 주위 분
들이 어려움에 처했을 때 진실로 도움을 주는 이들에게 도움을 받기
를 원한다.

그저 차를 맡기며 몇 마디 나눈 것이 전부이지만 이렇게라도 그의

땀과 열정을 빛낼 수 있다면 얼마든지 더 알리고 싶다. 어딘지 궁금하다면 다음을 참고할 것.

당신은 왜 일하나요?

존 F.케네디 대통령이 나사(NASA)를 방문하던 중, 복도에서 한 직원을 만나 그의 업무가 무엇인지를 물었다. 케네디에게 돌아온 그 직원의 대답이다.

"저는 인류를 달에 보내는 일을 돕고 있습니다."

그는 그곳의 미화원이었다.

나는 삶의 의미를 찾는 순간 일상이 건강해진다고 믿는다. 의미란 크게는 소명, 철학, 사회적 기여 등이지만 작게는 친절, 미소, 배려 등이 해당된다. 그중 소명은 자신의 일로 인하여 더 나은 세상으로 만드는 힘이다. 스스로 내 일을 소명이라 믿는 자들이 실제로 일하는 태도가 다른 이유다.

〈굳이 프로젝트〉 오늘의 미션

'나의 소명'에 대해 스스로 질문하기

/
스무 살에 알았더라면 좋았을 것들

'스무 살 독자에게 꼭 해주고 싶은 조언이 있다면?'이라는 질문을 받아 지체 없이 적었다.

1. 무전여행 한 번은 꼭 해라

식당에 들어가 구걸도 하고, 목욕탕에 들어가 잠자리도 구해 봐라. 거절을 수없이 당하면서 너의 담력과 용기는 한계가 사라질 것이다. 이는 평생 너의 삶에 가장 큰 무기가 된다.

2. 혼나고 욕먹어도 절대 기죽지 마라

안주하지 않고, 도전을 많이 했다는 증거다. 맘껏 멋대로 살아도 괜찮은 시기다. 실패하고, 욕먹는다고 주저할수록 관성이 생겨서 더 행동하지 못하는 성인이 된다.

3. 지혜로운 어른을 만난다면 주저 말고 질문하고 대화하라

그 어떤 책이나 수업보다 더 많은 인사이트를 줄 것이다. 기다리지

말고 손을 내밀고, 적극적으로 그들의 지혜를 훔쳐라. 그런 능력들을 빨리 모방하게 될수록 성장 속도가 어마어마하게 빨라진다.

4. 해외에서 일을 해 봐라

잠깐 관광할 생각보다는 최소 6개월 이상 거주를 해 봐라. 집도 구해보고, 혼자 빨래도 하면서, 일을 구해 봐라. 외국인 노동자로서 살아남기가 얼마나 고독한 일인지 느껴봐야 바닥에서 새로 시작할 수 있다. 바닥에서 일어설 수 있는 자가 되면 어떤 시련에도 흔들리지 않는 중심이 생긴다. 그런 사람은 뭘 해도 잘한다.

5. 근력 운동을 권한다

매력 있는 사람이 되기 위해서 멋진 외관을 만드는 것이 제일 쉽고 효과도 좋다. 탄탄한 몸을 만드는 노력이 곧 너의 매력이고, 능력이다.

6. 똑똑한 친구(선배)를 사귀라

모두가 들떠 있을 때 똑똑한 친구는 무슨 생각을 하고, 무엇에 관심이 있는지를 봐라. 한 명의 똑똑한 친구를 곁에 둠으로써 돈으로 살 수 없는 가치관을 배울 수 있다. 그 간접 경험이 앞으로의 10년을 좌지우지하게 된다. 멍청한 이들과 우르르 몰려다니는 짓만큼 시간 낭비가 없다.

7. 전 세계에 친구를 사귀라

세계가 놀이터가 되고, 국가마다 친구를 만들어라. 학원에 돈 쓰지 말고, 외국인 친구와 노는 데 돈을 써라. 정말 친한 한 명의 외국인 친구가 있다면 세상이 얼마나 즐거운 곳인지 알게 된다.

8. 주변의 모든 장학금을 받아라

성인이 되서도 부모 돈으로 공부할 생각하지 말고 정부, 학교, 기관, 단체, 기업에서 진행하는 모든 장학금에 신청하라. 정보가 곧 능력이다. 건강한 경쟁은 잠재력을 키워준다.

9. 훗날 다시 후회하지 않을 삶을 품어라

누가 들으면 꽤나 쑥스러운 꿈을 가져라. 하지 않으면 아무 일도 일어나지 않는다.

10. 부모 집에서 독립하라

편안한 영역을 벗어나 성인으로서 자존적인 삶을 펼쳐라. 성인이 되어서도 안락한 부모님 집을 떠나지 못하면 10대 청소년과 다를 바 없다.

11. 밤새 해도 지치지 않을 치열한 무언가를 시도하라

미친 듯이 열중하고 몰입하는 경험과 성취가 네 미래의 전문 분야가 될 가능성이 크다. 우리는 경쟁할 때 급속도로 성장한다. 네가 얼마나 많은 일을 할 수 있는지 알 수 있는 기회다.

12. 다양한 단체에 소속되어 리더에 지원하라

봉사, 인턴, 운동, 환경, 학생회, 동아리 등 한군데에 머물지 말고,

다양한 단체에 소속되어 최대한 많은 임무를 맡아라. 훗날 돈 내고도 배우지 못하는 순간이 온다.

13. 지리산, 설악산, 히말라야 같은 산에 올라라

산에 가면 그 무엇도 움직이지 않는다. 모든 것이 멈춰 있는 공간에 들어서게 되면 그 자체로 새로운 사고를 하기 시작한다. 가장 힘들었던 순간이 가장 행복하다. 너무 쉽게 얻은 것은 빨리 증발한다. 육체적인 것을 경시하지 마라. 몸으로 배운 것은 쉽게 무너지지 않는다.

〈굳이 프로젝트〉 오늘의 미션

남에게 들려주기 쑥스러운 꿈 하나 적어보기

/
공간이 바뀌면 생각이 바뀐다

아마도 이 글을 읽는 사람들, 굳이 프로젝트를 하려는 사람들의 공통점은 늘 새로운 열정이 솟아나는 성격일 것이다. 굳이 무언가를 시도하고, 새벽에 일어나려 하며 탐구심과 호기심으로 가득 차 있을 것이다.

충동적으로 한 가지 일에 매달렸다가, 금세 흥미를 잃고 다른 일에 매달릴 수도 있다. 지루한 것은 참지 못하기도 한다. 잠시도 가만히 있지 못하고 새로운 것을 추구하려는 이들은 지도에도 없는 곳을 탐험하는 모험가의 피가 흐르는지 모른다. 그렇다면 그 타고난 기질을 살려 더욱 새로운 곳에 가야 활력이 솟을 것이다.

늘 똑같은 곳을 가는 습관을 경계하자

2015년 『부시파일럿, 나는 길이 없는 곳으로 간다』를 쓸 때 글이 가장 잘 써지던 두 공간이 있었다. 미국 플로리다 시골 어느 작은 대학교 도서관과 집 근처 아무도 오지 않는 이름 모를 카페였다. 그 뒤로도 책을 읽거나 글을 쓸 때마다 엄청난 집중력이 나오는 곳을 찾아 헤

매곤 한다. 지금도 나만의 공간이 생겼을 때 그 희열을 잊을 수 없다.

미국, 한국, 서울, 인천 어디에서 지내든 나만의 집중력이 높아지는 공간을 찾아다녔다. 이왕이면 새로운 곳을 자주 다닌다. 늘 스타벅스를 간다면 이번에는 동네 작은 카페로 가본다. 좋아하는 책과 노트북을 들고 휴대폰은 집중 모드로 바꾼다. 내가 좋아하는 작가의 글을 짧게 읽고, 바로 글을 써본다. 그럼 그 작가의 문체와 단어, 스타일을 조금씩은 닮아가는 효과가 있다. 단 몇 시간 만에 앉은 자리에서 수십 페이지를 쓴다.

이렇게 새로운 공간은 모든 것을 바뀌게 한다. 늘 가던 곳 말고 새로운 카페를 가서, 새로운 메뉴를 마시고, 창밖을 보기도 하고, 그곳의 사람들을 관찰도 하고, 생소한 음악에 귀를 기울여 보기도 한다. 새벽 30분도 좋고, 밤 1시간도 좋다. 혼자만의 시간을 가져야 스스로에게 질문하고 대답할 수 있게 된다.

『지금 하지 않으면 언제 하겠는가』 저자 팀 페리스는 아래와 같이 말했다.

"인생의 25퍼센트는 자신을 찾아내는 데 써라. 남은 75퍼센트는 자신을 만들어가는 데 집중하라."

여행은 왜 늘 즐거운가

여행의 기억을 떠올려 보자. 왜 그렇게 즐거웠던 기억이 많은지 이유를 찾아보면 바로 '장소가 바뀌었기 때문'이다. 낯선 장소에 가면 새로운 사람을 만나고, 새로운 시야를 갖게 되고, 결국 기존에 하지 않는 행동을 하게 된다. 나이가 들수록 새로운 자신을 만나기 어렵기에 그 모든 순간이 귀하게 느껴진다.

공간이 바뀌면 생각이 바뀌고, 생각이 바뀌면 습관이 바뀌고, 습관이 바뀌면 삶이 바뀐다.

아름다움을 눈으로 자주 봐야 하는 이유

20대 시절 나는 세계 여행가였다. 그런데 결혼하고 아이를 낳고, 부양할 가족이 생기고, 업무가 많아지고, 먹고 살기 바빠지다 보니 자연스레 여행의 기회도 급격히 줄어들었다.

아이가 일반적으로 두 살 즈음이 되면 〈아기 상어〉에 빠지게 된다.

"아기 상어 뚜루루뚜루."

"너희 고래상어 본 적 있어?"

"아니요."

"아빠 본 적 있다."

"에헤~??"

"너희 고래 상어 보러 갈래?"

그렇게 아이를 데리고 첫 해외여행으로 필리핀 보홀을 선택했다. 일명, 고래상어 보기 대작전이었다. 그런데 우연처럼 도착 일주일 전 보홀에 태풍이 닥쳤다. 태풍에 큰 피해를 입으며 관광객이 일주일간 뚝 끊겨버렸고, 관광객이 더 이상 오지 않으니 고래 밥 주기를 할 수가 없었고, 먹이를 더 이상 주지 않으니 고래들이 심술이 나서 다른 곳으로 가버린 것이다.

보홀에 고래가 가출했다는 소문이 나더니 우리가 도착했을 때쯤 정말 고래상어를 볼 수가 없었다. 하늘이 무너지는 줄 알았다.

나는 여행할 때 보통 현지인들을 최대한 활용하는 편이다. 관광객 대상 상품들은 대체로 뻥튀기 포장되어 고가에 놓이기 때문이다.

그렇게 우연히 '레오'라는 현지인을 만났다. 거기서 알게 된 사실은 보홀에서 배를 타고 4시간 정도 가면 오슬롭에 도착하는데 그곳에는 아직 고래상어를 볼 수 있다는 것이었다. 그렇게 우리는 배를 여섯 번이나 갈아타고 대장정 끝에 고래상어를 볼 수 있었다.

이제껏 48개국을 여행하며 수많은 곳을 가봤지만, 나는 보홀을 최고로 꼽는다. 우선 어느 바다에 들어가던 시야가 잘 나왔고, 파도도 잔잔해 누구나 바다 아래 세상을 구경하기에 최고로 적합했다. 고래상어, 거북이, 니모, 정어리 떼 등 해양 생물도 다양하게 볼 수 있고 무엇보다 이곳은 베이비시터가 활성화되어 있어서 2만 원이면 하루 종일 아이를 봐줄 수 있다.

내게 오슬롭 고래상어를 알려준 레오와는 막역한 사이가 되었다. 한국에 오고 나서 레오를 많은 곳에 소개해 레오는 삶이 바뀌었을 정도로 새로운 전환을 맡기도 하였다. 그 후로 그는 늘 나를 '보스'라 부른다. 보홀에 오면 모든 것을 레오가 맡아주고, 최고의 베이비시터 마샤가 있기에 이곳을 다시 가기로 결심했다.

48개국 여행하며 같은 곳을 이렇게 다시 온 것은 보홀이 처음이었다. 고래상어를 더 자세히 보기 위해 프리 다이빙 자격증까지 취득했다. 아이들에게 고래상어를 보여줄 수 있어 얼마나 행복했는지 모른다.

아빠가 바다에 온전히 미쳐서 하루에도 몇 번씩 빠지고 또 빠져서 다시 나오기 싫을 정도로 물고기가 되고 싶었던 모습을 잠시나마 아이들에게 보여줄 수 있어 감격했다. 나는 여행을 할 때 가장 나다운 모습을 본다. 때로 순수하게, 때로 미친놈처럼 열광적인.

파울로 코엘료가 말했다.
"여행은 언제나 돈의 문제가 아니라 용기의 문제다."

고통의 기준을 높이면 삶이 변한다

보홀에서의 열흘 중 제일 먼저 달려간 곳은 바다였다. 보홀의 바다는 전 세계 어느 곳과는 다른 한 가지가 있는데 바다 위 햇살에 비친 윤슬이 온 지구를 삼킬 듯이 광활하게 빛난다. 그 윤슬 속에 있다 보면 마치 내가 윤슬이 된 것 같고, 스스로 빛을 내는 존재가 될 것만 같다. 가만히 윤슬을 보고 있노라면 시간이 순식간에 지나간다.

숙소에 도착해서 구글맵을 이용하여 사람들의 발길이 닿지 않는 절벽 아래로 내려가 보니 무인도 표류 영화 〈캐스트 어웨이〉 배경 같은 곳이 나타난다. 바다와 절벽, 작은 모래사장 공간에서 아이들과 소라게를 잡고, 바람이 차가워질 때까지 모래놀이를 온종일 했다.

하루 종일 실오라기 하나를 걸치지 않아도 아무도 안 올만큼 고요한 공간이었다. 인기척은 물론 들리는 것은 오로지 파도 소리, 새소리,

멀리 들려오는 뱃소리와 우리들의 대화뿐이었다.

　나는 아이들에게 바다를 최대한 많이 경험하게 하고 싶다. 거친 파도 소리가 얼마나 무서운지, 차가운 파도 앞에서 얼마나 움츠려 드는지, 깊은 수심 위에서 내가 얼마나 작은 존재인지 머리가 아닌 몸으로 느낄 수 있게 하고 싶다.

　모두가 처음엔 어렵다. 무섭고, 겁도 나고, 두렵다. 그러나 한 번이 두 번이 되고, 경험이 지속될 수만 있다면 언제 그랬냐는 듯이 두려움은 모두 사라진다.

　그렇게 모든 인간은 고통의 기준을 높이는 방법을 배우게 된다. 고통의 기준이 높아질 때 비로소 우리는 쉽게 지치지 않는 존재가 될 수 있다.

　반면에 내가 쉽게 포기하고, 남보다 빨리 지친다면 그 고통의 기준이 낮음을 의미한다. 살아보니 인생은 결국 '끈기'의 싸움이었다. 결국 하기 싫은 문제를 단 한 번이라도 더 푸는 아이들이 성적이 좋았고, 하기 싫은 업무를 자처해서 희생하는 동료들은 누구나 함께 일하고 싶은 동료가 되어 승승장구했다.

　감탄의 횟수를 늘리면 따라오는 것

　굳이 시간을 내어 아름다운 자연을 본다. 고래상어를 만나서 심장이 마구 뛰는 것을 경험하다 보면 마치 내가 어린 시절 철없던 아이로 돌아간 기분이 든다. 어릴 때는 꿈도 많고, 하고 싶은 것도 많고, 호기심도 많았기에 모든 순간이 결과와 상관없이 즐거웠다.

살면서 감탄의 횟수가 가장 많을 때를 떠올려 보자. 바로 어린 시절이다. 모든 순간이 놀랍고, 기쁘고, 벅차고, 슬프고, 억울하고 감동의 롤러코스터를 매일 경험한다.

바다에 가면 어린아이처럼 온몸을 뒤흔들어 바닷속에서 물고기가 되려 한다. 그러나 물고기는 되지 못하지만, 불가능에 도전하는 그 자체로 내 안에 숨어 있는 나를 깨우는 계기를 마련한다.

일이 밀려 하루 24시간이 모자라더라도, 수술로 인해 몸을 움직일 수 없더라도 모두 방법을 찾으면 할 수 있는 것들이 천지에 널려 있다. 핑계는 결국 나약한 자들의 습관일 뿐이다.

〈굳이 프로젝트〉 오늘의 미션

1. 굳이 새로운 장소(카페, 도서관)에 책과 노트북을 들고 가서 새로운 메뉴를 시키키.
   1년 뒤 베스트셀러가 될 나의 책의 제목을 정하고 목차를 만들어 보기.
2. 가보고 싶은 곳 비행기 티켓 괜히 검색해 보기
3. 내 주변 아름다운 것 한 가지를 3분 동안 바라보기 (나뭇잎, 창문 앞 풍경, 꽃, 구름, 노을, 물결 등)

/
항공기 조종사로서 배운 것들

　항공사 부기장으로 근무하며 가장 많이 훈련된 능력은 바로 '고도의 집중력'이다. 수많은 승객과 화물을 싣고 목적지까지 항공기를 운항하는 일은 단순히 생명에 대한 책임감을 넘어 일인다역을 동시에 해내야 하는 일이다. 나는 급변하는 매 순간 공기의 움직임 속에서 육중한 항공기를 어떻게 내 몸처럼 잘 이끌어야 할지에 대한 연구를 계속했다.

　특히 항공기를 고속으로 운항하면서 공중에 있는 그 거대하고, 육중한 물체를 지면에 안전하게 내리는 '랜딩' 순간에는 극한의 집중력을 발휘해야 한다. 시도 때도 없이 바뀌는 바람의 속도와 방향에 따라 항공기의 기수를 올리기도 하고, 내리기도 하고, 그에 따라 즉각적으로 변하는 항공기 자세에 따라 날개를 기울였다가 러더를 발로 차는 일련의 행위를 극도로 빠른 속도 내에 동시에 진행해야 한다. 심지어 기종에 따라 동시에 한 손으로 스로틀 조절까지 해야 하니 몸에 숙달되기까지 상당한 시간이 걸릴 수밖에 없다.

　재미있는 사실은 그 어떤 조종사도 처음부터 잘하는 이는 존재하지 않는다. 누구나 처음에는 갑작스러운 상황이 무섭고, 떨리고, 연습한 대로 몸이 움직이지 않는다. 모든 사용 언어는 영어에다가 공부했던 것도 잘 기억나질 않고, 입 밖으로 정확한 절차가 나오지 않을 때도 있고, 이 모든 과정이 순식간에 지나간다. 누구나 칵핏에 앉으면 바보가 되고, 멍청이가 돼서 어쩔 줄 몰라 한다. 그러니 학생 조종사 혹은 신입 부기장 시절에는 교관이나 기장님에게 혼나고 욕먹는 일이 많았다.

바람을 거스르기 위해서 가장 먼저 해야 할 일

무엇이든 배우는 데 느리고, 뛰어나지 않은 나는 처음부터 우여곡절이 많았다. 그래서 늘 잘하는 동료들을 따라 하기 급급했고, 다행히도 늘 많은 이들의 도움을 받아 안전하게 비행할 수 있었다. 그럼에도 초반에 비행할 때마다 나오는 나의 작은 실수들은 쥐구멍이라도 숨고 싶을 정도로 부끄러울 때가 많았다.

그러나 비행시간이 쌓이고, 연차가 늘어날수록 랜딩 과정이 점차 슬로우 모션처럼 느껴지는 순간이 왔다. 눈앞의 계기와 활주로만 겨우 보던 시절도 있었지만, 어느 순간 반대편 활주로 맨 끝도 편안하게 보이고, 활주로 옆 유도로에 항공기 몇 대가 이륙을 대기 중인지도 사방으로 다 보인다. 동시에 귀로는 주변에 관제사와 다른 조종사들 간의 대화마저 기울이게 된다.

누군가는 실수하고 갑작스러운 일이 벌어질지 모르기에 모든 것을 눈으로 확인하고, 귀로 기울인다. 모든 일이 그 빠른 속도로 동시다

발적으로 일어나도 어느 순간 주변의 속도가 느려지는 때를 경험하는 것이다.

고도의 집중력을 수없이 반복하면 누구나 겪는 현상이다. 1초가 5초처럼 느껴지는 순간이 올 때 우리는 숙달했다고 말한다.

인격이 곧 실력이다

그러니 대부분의 조종사들은 문제해결 능력과 판단력, 사고 대비력이 조금 뛰어난 편이다. 매일 수없이 변하는 상황 속에서 실전을 훈련처럼, 훈련을 실전처럼 임했으니 당연한 일이다.

나는 경험이 많은 기장님들과 비행할 때마다 그들이 가진 생각과 의견을 자주 묻고 들으려 했다. 많은 국가에서, 다양한 기종으로 수십 년 비행했으니 얼마나 많은 상황을 맞닥뜨렸을까. 어느 날은 이륙 직전 활주로에 고라니가 뛰어들었을 테고, 새 한 마리가 엔진 속으로 빨려 들어갔을 테고, 착륙한 항공기가 활주로를 이탈하기도 하는 등 상상하지 못할 경험과 지혜를 들을 수 있었다. 그것은 책으로 공부해서 배울 수 없는 몸으로 경험한 자만이 알 수 있는 가치다.

하루는 제주 공항에 급변풍에 돌풍이 너무 심해서 많은 항공기들이 회항하고, 급기야 결항이 발표되기도 한 날이었다. 우여곡절 끝에 그 공항에 내렸는데 요동치던 항공기를 잡아 지면에 내리기까지 짧은 시간이었지만 온갖 생각이 다 들었다. 얼마나 긴박했던지 식은땀이 흘렀다.

"오 기장님 덕분에 잘 내렸습니다."

언제나 타인을 높이고, 자신을 낮추던 존경스러운 기장님이 생각난다. 실력도 뛰어나지만 인품이 빛이 나서 '이 분과 함께 비행하면 절대 사고 나지 않겠다'라는 안도감마저 들곤 했다.

조종사가 아무리 뛰어나도 완벽하게 실수 없이 운항하는 이는 없다. 인간이기에 실수하고, 그러기에 칵핏에 반드시 두 명이 근무를 해야 하는 것이다. 오토 파일럿 기능을 걸어보면 안다. 제 아무리 뛰어난 조종사도 컴퓨터보다 정확하게 항공기를 조작할 수 없다는 것을 말이다.

안전 운항을 위하여 조종사는 늘 완벽함을 필요로 하지만, 실제로 시간이 흐를수록 깨달은 점은 겸손함을 배우는 과정이었다.

나도 모르는 부분이 있을 수 있으니 언제나 동료에게 질문하기를 주저하지 말아야 하고, 내 판단이 그릇될 수 있으니 늘 동료의 의견을 존중하고 귀 기울여야 하며, 늘 자신의 부족함을 인지하고, 주변에 감사하는 마음이 필요했다.

고도의 집중력을 요하고, 1분 1초의 찰나의 순간 속에서 완벽한 일도 결국 사람이 하는 일이다.

〈굳이 프로젝트〉 오늘의 미션

모르는 부분이 생길 때마다 주저 말고 질문하기. "그게 무슨 뜻이에요?"라고 질문하는 순간 상상하지 못할 답변이 올 때도 있으나, 그럼에도 중요한 순간에는 극한으로 집중하기.

/ 서점만큼 우리가 순수해지는 곳이 있을까

아차산에서 어느 작가님이 질문하셨다.

"혹시 굳이 프로젝트로 이렇게 수많은 분을 만나다 보면 가끔 이상하거나 문제 있는 분들도 계시지 않아요?"

"아니요, 전혀 없습니다."

"정말요? 보통 100명 중 1명 정도는 그런 사람 있지 않나요?"

"굳이 책을 읽고, 운동을 하고, 글을 쓰려는 사람 중에는 이상한 사람이 없거든요."

"아하! 정말 그렇네요."

"전에 회사 생활할 때는 그런 사람이 어딜 가든 꼭 있었지만, 책 쓰고 강연하면서 만나는 분 중에는 그런 분들이 단 한 명도 없었어요. 이상한 분들은 책을 읽거나, 강연을 듣는 노력을 딱히 하지 않습니다."

서점에 가면 생각하게 된다

서점에만 가면 이상하게 마음이 숭고해진다. 어느 날은 순수했던 동심의 시절로 돌아가기도 하고, 어떤 날은 스스로 편집자가 되어 '내 책은 이렇게 만들어야지'라는 다짐으로 책들을 보곤 한다. 이라크의 어느 서점 앞에 영업 시간이 끝난 후에도 책이 매장 앞에 그대로 있으니까, 주인에게 이에 대해 물으니 "책을 읽는 사람이라면 도둑질하지 않고, 도둑은 책을 읽지 않는다"라고 답하였다는 유명한 문구도 있다.

세상은 점점 외형적 모습을 보고 사람을 판단하기에 더 자극적으로 자신을 드러내는 세상이 오고 있다. 누가 관심을 주지 않더라도 단단한 목차와 줄거리를 지닌 삶을 살 수 있기를 바란다면 과연 욕심일까.

영화는 내용을 보려면 결제해야 한다. 음식도, 전시도 마찬가지다. 그러나 책은 목차, 본문을 미리 볼 수도 있고, 마음껏 만져도 괜찮다. 누군가의 생각을 이렇게 마음껏 접할 수 있다는 것만으로도 얼마나 큰 기회인가. 무언가를 구매하는 공간이 아닌 현인들의 생각을 엿볼 수 있는 유일한 공간임 셈이다. 내가 서점에 가는 가장 큰 이유이기도 하다.

20대 시절 우연히 서점에서 故 구본형 작가의 『나는 이렇게 될 것이다』를 읽고 세상에 없는 이와도 대화할 수 있고, 그의 생각을 훔칠 수 있음에 놀랐다. '삶을 관조와 관찰로 대체하지 말라'라는 그의 문장은 그 즉시 머뭇거리는 버릇을 없애주었다. 그 이후로 나는 만나고 싶은 사람이 있다면 그의 책을 대신 읽었다. 대화하고 싶은 이가 있다면 얼마든지 만날 수 있는 곳이 바로 서점이었다.

서점마다 색이 있다

대형 서점은 빠르게 시대의 트렌드를 읽을 수 있어서 좋다. 반면에

큐레이션에도 허수가 많다. 때로는 내용에 비해 마케팅 능력에 의해 베스트셀러 리스트에 올린 책들을 요새 들어 더 자주 보게 된다.

독립 서점은 대형 서점에서는 눈에 띄지 않는, 주인장이 심혈을 기울여 고른 책들을 만날 기회가 많다. 대표적인 책으로는 『죽고 싶지만 떡볶이는 먹고 싶어』를 고를 수 있다. 작은 펀딩으로 시작한 이 책은 인기를 몰아 2018년 한 해 동안 베스트셀러 리스트에서 벗어난 적이 없다.

중고 서점은 저렴한 가격 덕에 책을 구매하는 데 주저함이 없게 된다. 내 서재에도 많은 책들이 중고 서점에서 그냥 무작정 집어 온 책들의 수가 상당하다. 어찌 됐건 시간이 흐르며 한 번쯤은 더 보게 된다.

책을 주로 읽지 않았던 나는 주변인들의 인생 추천 책을 읽어도 딱히 재미없던 경우가 많았다. 그래서 읽고 싶은 책들을 평소에 저장했다가, 서점에 가서 빠르게 목차부터 읽는다. 막상 또 읽다 보면 의외로 끌리지 않는 책도 많다. 그래서 서점에서 손으로 직접 펼쳐봐야 내게 맞는 좋은 책을 고르게 된다. 그런 면에서 중고 서점은 원하는 대로 모두 들고 와도 부담이 없다.

어떤 서점이든 좋다. 집에서 쉬는 것보다 서점을 거닐며 다양한 지식과 지혜가 담긴 책을 살펴보는 일이 몇 배는 유익하다. 사람은 책으로 성장하고, 책은 그 사람들로부터 만들어진다.

〈굳이 프로젝트〉 오늘의 미션

서점가기. 이왕이면 중고 서점이나 독립 서점에 가보기

/
내 주변 0.1퍼센트 또라이는 누구일까

유명 요식업 브랜드 기업에서의 강연 중 한 중년 남성분이 질문하셨다.

"작가님 제게는 아들이 있습니다. 요새 들어 제 말을 전혀 듣지를 않습니다. 이런 아이들에게 제가 어떻게 동기부여 할 수 있을까요?"

어떻게 동기부여 할 수 있을까? 굳이 프로젝트 2기 오프라인 워크샵에서 있었던 일을 질문에 대한 답으로 대신 소개한다.

한 고등학생이 어머니와 함께 왔다. 어머니는 말했다.

"우리 아이가 고등학생이 되면서 많이 힘들어 했어요. 심지어 담임선생님은 너는 도대체 왜 친구들하고 자꾸 문제를 일으키는 식으로 이야기까지 하면서 아이에게 상처를 주었고요. 그러다 보니 조금 힘든 시기를 겪었습니다. 그런 아이가 어느 날 "엄마 나 학원도 안 다니니 이거 한 번 시켜주면 안 돼?"라고 말했어요. 저는 그게 뭐냐고 물었지요. 아이는 "굳이 프로젝트. 이거 하면 많은 어른들하고 같이 한 달간 여러 도전을 하는데 성숙한 분들의 생각과 행동을 배울 수 있지 않을까?"라고 답했어요. 저는 그렇게 반신반의하며 신청을 해주었고, 어떤 분들이 계신지 궁금해서 오늘 이렇게 왔습니다."

그 학생에게 그간 어떤 일이 있었고, 얼마나 많은 고민을 했을지 눈에 그려지니 마음이 아파지기 시작했다. 어머니가 말하는 동안 학생의 얼굴을 보니 아니나 다를까 벌써부터 눈물을 글썽였다.

대부분 성취는 용기에서 시작된다

"제 소개를 하자면, 저는 투바투 팬이고요. 그중에 제가 좋아하는 멤버가 범규입니다. 제가 또 친구들 앞에서는 발표를 많이 해봤는데 많은 어른 앞에서 발표는 처음 해봐서 조금 떨리기도 하는데 빨리 말하자면⋯. 제가 작년에 좀 뭔가, 마음이 힘든 일이 많았는데(눈물이 왈칵 쏟아지는 것을 참으며) 담임 쌤께서 제가 그때 친구가 별로 없었는데 담임 쌤께서 저보고 인간관계에 문제가 있는 것 같다 그러시고, 왜 이렇게 담을 치고 사냐고 하셔서 많이 슬펐습니다. 또 부모님끼리는 많이 싸우시니까⋯."

학생은 더 이상 말을 잇지 못했다. 많은 분이 박수로 용기를 내어주었고, 그는 다시 힘을 내어 말했다.

"굳이 프로젝트는 무언가 좋은 의미를 저에게 줄 수도 있으니까 참여했고, 유서 쓰는 것부터 해서, 달리기나 감사하는 것 쓰면서 제 일상이 크게 달라지진 않았는데, 긍정적인 에너지를 받은 것 같아서 좋았어요."

모든 행사를 마치고, 그 학생에게 다가가 참았던 말을 전했다.

"세상을 바꾸거나 혁신을 이루는 사람은 정말 0.1퍼센트의 사람들이에요. 근데 그 사람들 특징이 정말 또라이 같은 말을 하거나 행동을 잘 해요. 그래서 일반인이 봤을 때 얘 왜 이래? 하는 경우 많거든요. 근데 우리는 그때를 잘 살펴야 합니다. 왜냐하면 보통 그런 행동을 하는 이들이 진짜 0.1퍼센트의 사고를 하는 경우가 많거든요. 대한민국의 대다수 열일곱 살 학생이 하지 않을 굳이 프로젝트에 참여하고, 성숙한 어른들의 생각을 배우겠다는 생각은 과연 어디서 나올까요? 제 눈에는 그게 정말 좋은 의미에서 '똘끼'처럼 보인다는 겁니다. 이 부분은 엄청난 잠재력이 될 수 있어요. 일반적인 기준의 학생들과 비교하여 내가 부족한 부분을 찾기보다, 나에게 어떤 힘이 있는지 스스로 질문하고 생각하는 시간을 오늘 꼭 가져 보세요. 그리고 내일부터 우리는 그걸 어떻게 더 키울 수 있는지 연구해 보는 겁니다."

진짜 경쟁이 필요 없는 사람은 누구일까? 바로 '창의력을 발휘하는 자'다. 창의력을 발휘할 줄 아는 자란 타인이 생각하지 않는 부분을 습관적으로 행동으로 옮기는 자를 말한다. 누구도 나와 똑같을 수 없다.

재능이 없다면 무모함이라도 있어야 한다

대학생 시절부터 함께 산을 다니던 친구들이 있다. 비박을 약속한 날짜가 다가오고 있는데 문제는 산행 전날 밤 영상 2도까지 내려갔다. 영상 2도의 경우 지대가 높은 산기슭에서의 실제 체감 온도는 영하에 가깝다. 심지어 텐트도 없다면 자살 행위나 마찬가지다. 몰려오는 한기로 밤새 덜덜 떨며, 한숨도 못 잘 가능성이 농후하다.

심지어 당일 오후부터 비가 내리기 시작한다. 추운 날씨에 비까지 오면 마치 히말라야에 있는 것처럼 추워지고, 지면이 젖어서 비박은 물론 가만히 앉아 있을 곳을 찾기도 쉽지 않다. 만약 옷까지 젖어버리면, 밤새 마르지 않고 차가워져서 저체온증에 걸릴 위험도 있다. 과연 이 날씨에 비박을 하러 가는 것이 맞을까? 그렇게 고민 고민을 하다 결국 불암산으로 출발하기로 했다.

"우리가 지금 안 가면 대체 언제 갈 건데?"

우선 내가 제일 먼저 비박 장소를 찾기로 했다. 아무래도 걱정이 됐다. 문제는 비가 그치질 않는다. 한 손으로 우산을 쓰고, 배낭을 메고 산을 올랐다. 무릎 수술을 한지 이제 7주 차라 온전치는 않지만 최대한 무리가 가지 않도록 천천히 발걸음을 옮겼다.

다행히 통증은 없었다. 비박 장소는 생각보다 많았다. 그러나 비가 도무지 그칠 생각이 없었다. 비행할 때 쓰는 기상 레이더 차트를 보니 비가 새벽까지는 수도권에 내리는 예보였다. 결국 비를 피할 공간을 반드시 찾아야 했다.

다행히 조금 오르다 보니 큰 바위 밑 작은 공간을 발견했다. 바위가 기가 막히게 깎여 대형 우산 역할을 하고 있었다. 몸을 구겨 넣어야 하지만 두세 명은 바위 밑에 몸을 넣어 비가 그칠 때까지 쉴 수 있는 정도의 공간이었다. 바위가 주는 거친 질감이 마치 살아 숨 쉬는 병풍 같기도 하고, 그 운치가 말로 설명을 못 할 정도였다. 바위 표면을 느끼며, 내리는 비를 감상하니 한 명씩 퇴근 후 도착하기 시작했다. 제일 먼저 동호가 도착해서 내게 물었다.

"근데 여기 너무 좁지 않아?"

인원이 하나둘 모이기 시작하자 미리 타프를 쳐놓은 공간으로 산을 오르기로 했다. 우연처럼 후배 한 명이 다음 날 있을 암벽 등반 행사 준비를 위해 홀로 밤새 비를 맞으며 미리 타프를 설치해 놓은 것이다.

밤새 내리는 빗소리가 꼭 가수 이소라 씨가 부르는 숨소리 섞인 노래 〈그대가 이렇게 내 맘에〉 같이 들렸다. 소란스럽거나 귀를 거슬리지 않는 청아한 빗소리였다. 그렇게 자연 속에서 밤을 지새우며 나누었던 대화가 참 건강했다. 40대가 되어 하는 고민들은 대체로 비슷했다.

"앞으로 어떻게 인생을 살아야 하지?"

"수익은 어떻게 다각화할 수 있을까?"

"자녀들은 어떤 교육 환경에서 자랄 수 있을까?"

무모했던 불암산 비박은 막상 출발하고 보니 기적처럼 당일부터 기온이 상승했다. 비가 많이 내리긴 했지만, 다행히 온도는 10도 부근을 유지했다. 텐트 없이 자는데 전혀 춥지 않았다. 늘 그렇다. 온갖 걱정들이 눈앞에 있지만 막상 폭풍 안에 들어가면 조용하다.

글쓰기도 마찬가지다

무모해야 글을 매일 쓸 수 있다. '내 글이 부족한데 누가 보면 어쩌지?', '이런 글을 대체 누가 읽지?', '아무도 내 책을 안 사면 어쩌지?'라는 생각은 어쩌면 자연스럽게 드는 일이다. 우리가 전업 작가는 아니기 때문이다. 그러기에 무모함이 없다면 글을 매일 쓰는 행위를 습관으로 만들기란 정말 어려운 일이다.

몇 년 전 경비행기 세계 일주 프로젝트를 기획했을 때 모두가 말했다.

"경비행기가 1,000킬로미터도 못 갈 텐데 그걸로 세계 일주를 한다니 너무 무모한 짓이야."

무모하다는 기준은 무엇일까? 결국 타인이 만든 것 아닐까? 그렇다면 무모하다는 것은 타인이 이루지 못했다는 것을 뜻한다. 타인이 이루지 못한 것이라면 우리는 더 주저 없이 시도해야 한다. 그래야 제일 먼저 이룬 자가 될 테니까 말이다. 이 말을 기억하자.

지혜가 없다면 추진력이라도 있어야 한다. 추진력이 없다면 무모함이라도 있어야 한다. 만약 무모함도 없다면 결국 아무것도 할 수 없다. 10년 후 결국 우리는 했던 일보다 하지 않은 일 때문에 후회한다.

〈굳이 프로젝트〉 오늘의 미션

1. 내가 지니고 있는 0.1퍼센트 또라이 기질은 무엇인지 한 가지 찾기.
2. 만약 없다면 주변에 그런 이가 누군지 찾고, 그 생각을 배우기.

/
왜 그것밖에 하지 못했을까?

이 세상에 쓸데없는 질문은 없다. 네트워크 마케팅으로 유명한 한 기업 행사에 강연을 다녀왔다. 강연 말미에 한 중년 남성이 질문을 하셨다.

"10대 때 왜 7등급밖에 못 하셨나요?"

400번가량 강연을 하며 처음 받는 질문이라 참신했다. 덕분에 스스로 '왜 나는 7등급밖에 하지 못했을까?' 하고 자문하는 계기를 가질 수 있었다.

'나는 왜 그것밖에 하지 못했을까?'

7등급에게 부여되는 편견

공부하는 습관이 되지 않아서? 그렇다면 공부하는 습관은 누가 지니며, 어떻게 지닐 수 있는 것인가? 내가 만약 어릴 때부터 공부하는 습관이 있었더라면 1등급이 될 수 있었을까? 친형은 반에서 늘 상위

권이었기에 어쩌면 가능했을 수도 있다.

하지만 나는 그렇게 생각하지 않는다. 내가 어릴 적부터 사교육을 철저하게 받고, 집에서도 혹독하게 훈련받아서 공부 습관이 있었다 한들 1등급이 되었을 것 같지는 않다. 설령 그러한 역량이 있다고 한들 스스로 시험을 잘 보기 위해 문제 풀이를 반복하고, 외우는 훈련을 끈기 있게 해낼 마음가짐 자체가 없다.

우리가 보통 '공부를 못한다'라고 하면 '아, 이 친구는 머리가 나빠서, IQ가 높지 않아서, 지능이 낮아서 그렇군' 등의 편견을 가지곤 한다. '어쩌면 기본적인 독해력이나 문해력이 따라오지 않아 아예 이론을 이해 못 하는 수준은 아닐까?' 하는 생각이 들지도 모른다.

반은 맞고 반은 틀리다. 실제로 책을 읽지 않아 남들보다 글을 읽는 속도 자체가 느렸고, 글 해석 능력 자체가 뛰어나진 않았다. 반면에 영어 같은 흥미가 있는 과목은 공부를 딱히 하지 않아도 높은 성적을 유지했던 것을 보면 '기본적인 지능은 갖추고 있지 않을까?'라는 생각도 한다. '친형이 멘사 회원이기에 동생인 나도 그리 큰 차이는 나지 않을 것이다'라는 아주 유치한 생각도 덧붙인다.

사람이 고기도 아니고 등급을 나눈 것부터가 문제다

등급이 있다는 것은 곧 서로서로가 경쟁자임을 뜻한다. 내 옆의 친구에게 내가 만든 비법 노트를 보여주면 내 성적이 하락할 가능성이 높아져 서로 돕고 상생하는 문화가 발전할 리가 없다.

수업에서는 상생과 협업을 외치면서 정작 뒤에서 등급을 나눠버리면 무얼 어쩌라는 말인가?

독일 초등학교 과정에서 중요하게 여기는 규칙 중 하나는 선행학습 금지다. 숙제를 미리 한다든지 배우지 않은 진도를 미리 공부하는 것 모두 엄격하게 관리한다. 누구나 동등하게 시작하고, 타인의 학습권을 방해하지 않기 위함이다. 경쟁은 서로를 발전시킬 수 있는 최고의 방법이기도 하지만, 그로 인해 사회적 문제를 야기시키는 수준이라면 반드시 대안을 찾아야 한다.

몇 년 전 한 재단이 공개한 '한국 어린이 청소년 행복지수' 연구 결과 OECD 22개국 중 한국 어린이, 청소년의 행복지수는 22위로 꼴찌를 기록했다. 무엇이 우리 아이들을 스트레스 속에 빠지게 했을까? 이 아이들에게 탈출구는 과연 존재할까?

'오현호처럼 해병대에 가고, 호주에서 스쿠버 다이빙 무급인턴 도전을 하며 삶을 바꿀 기회를 찾아라'라고 하기에는 현실이 너무 가혹하다. 내가 7등급이었던 이유는 딱히 없다. 우리는 모두 각자의 영역이 존재하고, 모든 것을 다 잘할 수는 없다. 개개인의 영역을 존중하고, 장점을 강화시켜 줄 수 있는 환경이 뒷받침된다면 소외되는 아이들은 줄어들 것이다.

재물도 마찬가지이다. 학교에서는 성적으로 등급을 나누었다면, 사회에서는 돈으로 등급을 나눈다. 그런데 정말 그게 맞을까?

재물로 행복해지려는 것은 미련한 짓이다

오래전 미국 화물 항공사에서 인턴을 마치고 한국에 돌아왔을 때의 일이다. 친구와의 점심 약속에 친구가 말한다.

"현호야, 친한 동생 있는데 같이 먹어도 괜찮을까? 둘이 서로 알아도 좋고."

성수동의 어느 식당에서 그렇게 친구와 그 동생 셋이 함께 점심을 먹었다. 당시 나는 세상에 대한 자신감이 하늘을 찌르고 있을 때였다. 바닥에서 시작했지만, 원하는 것은 무엇이든 이룰 수 있다는 믿음으로 어디서 누굴 만나도 기죽지 않는 그런 당당함이 넘치면서도 오만한 시절이다.

식사하던 도중 우연히 알게 되었다. 그 동생은 본인이 창업한 회사를 얼마 전 대기업에 매각하였고, 그 금액이 약 300억 원 수준이었다.

"그럼 그 300억 원은 계좌 이체해?" 하고 친구가 질문하며 모두가 웃었다. 그러나 나는 그 질문에 크게 웃지 못했다.

300억 원이라는 숫자는 내가 상상도 안 했을 뿐더러 나와는 너무나 거리감이 느껴져 스스로가 정말 콩알 만한 존재가 된 기분이었다. 이런저런 대화를 하며 식사하는데 밥이 목으로 들어가는지 도저히 알 수가 없었다. 말로 설명할 수 없는 기분이 하루 종일 나를 감쌌다.

과연 나는 무엇 때문이었을까? 압도적인 그의 숫자에 무기력감을 느꼈을까? 나도 그처럼 거대한 부를 이루고 싶은 기분이었을까? 또는 이 사회에 이바지할 수 있는 내 능력을 고민했을까? 나의 옹졸함을 볼 수 있었던 이날 이후로 조금씩 삶의 태도가 바뀌기 시작했다.

재물로 행복해지려는 것은 미련한 짓이다. 물질적인 만족은 끝이 없고, 결국 자기만족이 없다면 허망함의 연속일 뿐이다. 10억 원이 있으면 100억 원을 가진 사람이 보이고, 100억 원이 있으면 1,000억 원을 가진 사람이 보인다. 인간의 욕심은 끝이 없고, 타인과의 비교가 시작될 때 내 자신을 제대로 돌아볼 수 없다.

불행의 원인 또한 비교

찰스 토마스 멍거는 억만장자이자 버크셔 해서웨이의 부회장으로 알려진 인물이다. 향년 99세로 2023년 11월에 별세했다. 살아생전 〈데일리 저널(Daily Journal)〉에서의 인터뷰가 굉장히 인상 깊었다. 짧게 요약하면 다음과 같다.

"생활 수준, 자유, 인종 불평등의 감소 등 모든 것들이 지난 몇백 년간 엄청나게 개선됐습니다. 엄청난 진보가 있었죠. 하지만 사람들은 상황이 훨씬 더 힘들었을 때보다 덜 행복해합니다. 사람들은 '더 잘 사는 것'보다 '쟤보다 잘 사는 것'을 더 중요하게 생각하니까요. 하지만 내 옆에 돈이 더 많은 사람을 보면서는 불행을 느껴요, 아이러니죠. 도대체 롤렉스가 왜 필요합니까? 강도당하려고요? 모두가 명품을 갖고 싶어 합니다. 그리고 자본주의는 발전하죠. 젊은이들에게 하는 조언은, '거기 가지 마세요'입니다. '명품 사치품 지옥'에 가지 말라는 말입니다. 행복이 거기에 있지 않거든요."

나는 가치가 없어 보이는 일을 찾아서 하는 사람이다. 누군가가 보면 의미 없어 보이는 것까지도 굳이 한다. 누군가 '꼭 그렇게까지 해야 해?'라고 물을 수 있다. 그럼에도 굳이 한다. 무엇이든 꾸준히 하면 장인이 된다고 믿기 때문이다.

며칠 전 굳이 산속에 숨어 있는 갈매기살 집이 있다고 해서 '북한산 인수재'라는 곳을 다녀왔다. 개인적으로 야외에서 먹는 음식을 좋아하는데 특히나 도심 한가운데에 북한산 깊은 산자락에서 구워 먹는 갈매기살이라니 듣기만 해도 군침이 돌았다. 한 시간을 운전해서 진관사에 도착하여 진달래 능선을 걸었다. 20분 정도 천천히 산길을 오르니 정말 산속에 작고 허름한 판잣집이 나온다. 멀리서부터 사람들 말소리와 분주한 고기 굽는 소음이 마치 성탄절 거리에서 들리는 캐롤같다. 식당에 들어서니 숯불에서 나오는 연기가 테이블마다 솟구친다.

갈매기살을 주문하고 메뉴판을 보니 심지어 술도 판다. 도로도, 케이블카도 없는 산 중턱에서 음료를 판다는 것 자체가 신기한데 값도 싸서, 사장님께 물었다.

"사장님 술값이 너무 싼 거 아니에요?"

"요새 손님이 너무 많이 와서 우리도 힘들어."

할아버지가 지게에 음료를 담아 나르고 계신다. 덕분에 산을 찾는 나같은 방문객들에게 더할 나위 없이 고마운 시간을 선사받는다.

고기를 굽는데 초록초록 나무들 사이에 서울이 한 눈에 보인다. 고양이도 냄새를 맡고 옆에서 슬쩍 지나간다. 돌아오는 하산 길에는 청설모도 마중을 나왔다. 하루 한 번 먹는 점심을 굳이 북한산까지 와서, 흙을 밟고, 나무를 짚고 올라 고기를 먹고 나니 포만감을 넘어 소소한 행복감이 온몸을 휘감았다.

굳이 하는 이유는 그깟 효율성 따위에 내 취향을 버리고 싶지 않기 때문이다. 굳이 이런 산속에 올라 숯불 갈매기살을 먹는 이유는 그냥 내가 이걸 좋아하기 때문이다. 효율적이고, 합리적인 것을 뛰어넘는 고귀한 '가치'가 담겨 있다.

힘겹게 산 정상에 올라 굳이 커피 그라인더를 들고 가서 원두를 손으로 갈아 먹는다. 이 얼마나 비효율적이냐 할 수 있겠지만 그게 곧 취향이다. 산 정상의 찬 공기와 내가 직접 달그락거리며 곱게 간 원두와 힘들게 지고 온 뜨거운 물이 닿을 때 일어나는 김과 향은 하나의 예술 작품이다. 등 뒤로 류이치 사카모토의 음악까지 들려오면 그 험난한 산행도, 고난도, 고민도, 걱정거리도 모두 다 잊게 된다.

산에서 잠에 취할 때도 때로 텐트가 있어도 굳이 텐트 밖에서 매트를 깔고 침낭 들고 비박한다. 그래야 하늘의 수많은 별을 단 몇 분이라도 누워서 더 감상하며 그대로 잠이 들 수 있기 때문이다. 자는 내내 텐트보다 더 춥고, 불편할 수 있다. 그래도 아침에 다람쥐가 얼굴 옆을 지나가며 모닝콜 해주는 서프라이즈를 만끽할 수 있기 때문이다.

지금은 취향 존중의 시대

우리는 인생 대부분을 '나'를 찾기 위해 많은 시간을 쏟지만, 사실

이미 '나'라는 사람은 고유의 취향을 풍기며 살아가고 있다. 사회의 규격이 아닌 나만의 경험을 통해 진정 내가 좋아하고, 매력적으로 느끼며, 아름다움을 감상하는 이런 시간이 곧 우리 삶을 더 즐기도록 해 준다.

이제는 취향의 시대다. 사업이든, 장사든, 마케팅이든 고객의 취향을 저격하면 그곳에 시장이 존재한다. 더 이상 사회가 원한다고, 남들이 다 한다고 그걸 쫓아봐야 모두가 똑같은 굴레에 들어가 결국 경쟁만 있을 뿐이다.

'오글거린다'라는 말이 나오고 사람들에게서 감성이 사라졌다. 그래서 더욱이 현대 사회의 빠른 삶 속에서 굳이 나만의 낭만을 되찾으려 노력한다. 이 시간이 곧 내 하루로, 삶으로 돌아올 것을 알기에.

〈굳이 프로젝트〉 오늘의 미션

1. 내 잣대로 타인을 함부로 판단한 적은 언제인지 생각해 보기.
2. 내가 평소 질투하는 대상은 누구일까? 그 이유는? 생각해 보기
3. 내가 직접 실험하고 싶은 굳이 프로젝트 미션 5개 구상하기

/
참는 자가 승자라는 말은 옛말

몇 년 전 비행 중 아내에게 문자가 왔다.

"아이가 팔이 아파서 A 병원에 왔는데 팔이 빠졌데요."

퇴근하고 집에 와서 보니 퍼렇게 멍이 들어 있고 팅팅 불어 있었다.

"팔이 빠졌는데 왜 이렇게 멍이 들지?"

혹시 몰라 다음 날 다른 B 병원에 가서 검사를 받았다.

"이건 팔이 빠진 게 아니라 실금이 간 것으로 보입니다. 보호대 드리겠습니다."

순간 '이건 뭔가 잘못됐다'라는 생각이 들었다. 다음 날 C 대형 병원으로 갔다.

"이건 골절입니다."

"동네 병원에서는 팔이 빠졌다고 했는데요."

"그래요? 이건 골절상이고, 깁스 제대로 해야겠습니다. 조금만 늦었으면 수술할 뻔 했어요."

A 병원 원장은 골절된 팔을 그저 팔이 빠진 줄 알고 잡고 당기고 끼우는 행위를 한 것이다. 집에 돌아와서 A 병원에 바로 전화했다.

"안녕하세요, A 병원 원장입니다."

"네, 지금부터 통화는 녹취하도록 하겠습니다. 동의하시나요?"

"네…."

"B 병원, C 병원 둘 다 골절이라 하는데 거긴 왜 팔이 빠졌다고 하고 끼워 맞추려 했나요?"

"그 당시 저희는 그렇게 판단했고, 그에 따라 최선을 다한 것입니다."

"그럼 앞으로 A 병원에 골절 환자가 가면 팔이 빠졌다고 볼 수 있다고 확인하면 되겠네요? 그럼, 그렇게 알겠습니다. 저도 제가 할 수 있는 최선의 방법을 진행하겠습니다. 이만 끊겠습니다."

그러자 5분 뒤 상담 실장이란 사람이 전화가 왔다.

"고객님, 안녕하세요. 저는 상담 실장입니다. 먼저 정말 기분이 안 좋으시죠. 얼마나 속상하셨을까요. 저도 아이가 있는 부모라 얼마나 걱정하셨을지 제가 다 마음이 아픕니다. 이번 일은 정말 죄송합니다."

"네, 알겠습니다. 근데 아까 원장님은 절대 사과 안 하시던데요?"

C 대형 병원에서 3개월간 모든 치료를 마친 후 A 병원에서는 모든 치료비를 지원해주고 결국 사과를 받았다. '그냥 좋은 것이 좋은 거

지' 하고 그러려니 넘어가면 고객을 호구로 보는 이들이 언제부터인가 이 사회에 너무 많아졌다.

보호자로서 할 수 있는 일

며칠 전 아내가 말했다.

"민석(가명)이란 아이가 있는데 어린이집에서 그렇게 아이들을 때리고 괴롭힌다고 하네."

"그래?"

"만약에 누군가 우리 애들도 그렇게 때리면 어떻게 해?"

"충분히 그럴 일이 있지. 나중에 학교 입학하고 나서도 그런 일이 있을 수 있고, 그래서 이런 부분을 아이들하고 미리 이야기도 많이 해야 해. 그렇지 않으면 아이들이 막상 닥쳤을 때 부모한테 말을 잘 안 하거든."

혹여나 부당한 일을 당하게 되면 보호자는 절대 흥분하면 안 된다. 첫째는 증거 수집이고, 둘째는 제대로 된 처벌 집행, 셋째가 진정성 있는 사과다.

이 세 가지가 없으면 피해 학생은 자신의 상처와 트라우마를 고치지 못하고 평생 안고 갈 수도 있게 된다.

가해자가 잘못한 점에 대해 제대로 된 처벌을 받고, 주변에 그러면 절대 안 된다는 경각심을 심어줘야 한다. 모두에게 잘못된 점에 대해 인지할 수 있는 결과를 만들어줘야 이 상처를 덮고 성장할 수 있다.

'참는 것이 이기는 것이다'는 다 옛말이다

참다가 화병 난다. 감정은 자유롭게 배출되어야 한다. 그러나 절대 흥분하면 안 된다. 될 일도 감정싸움으로 번져버리면 모든 일이 더 안 좋은 결과를 낳는다. 인간은 모든 행위에 대한 책임이 있음을 잊으면 안 되는 이유다.

참아야 하는 것은 내가 발전하기 위한 노력에 해당한다. 부당하게 착취당하거나 피해를 보는 것까지 참으라는 말이 아니다. 그런 것까지 참으면 오히려 이용당하고 호구가 되는 세상이다.

〈굳이 프로젝트〉 오늘의 미션

부당한 상황에서 참지 말고 지혜롭게 대처하기

/
허무한 꿈도 꿈이다

해병대 복무 시절 상병의 날이라 해서 상병이 되면 훈련소 퇴소 이후 전국의 부대로 흩어진 동기들과의 만남이 있는 1박 2일 연수 시간이 주어진다. 김포의 어느 부대 안에서 다양한 프로그램을 진행했는데 그중 하나가 바로 '20년 후 내 모습 그리기'였다. 흰 종이와 펜 그리고 30여 분의 시간이 주어졌다.

그때 무슨 생각으로 그렸는지 잘 모르지만, 무대 위에서 강의하는 모습을 그렸다. 아마 교수가 되어 후학 양성을 위해 애쓰는 사람이 되고 싶었나 보다. 공부하기를 싫어하면서 교수가 되고 싶었다니 이해가 되지 않지만, 아마도 그저 타인에게 내가 알고 있는 지식과 지혜를 나누는 일을 하고 싶었던 것 같다.

그렇게 시간이 흘러 그림을 까맣게 잊었는데 약 20년이 지나 지금을 돌아보면 신기하게도 내가 그 일을 하고 있다. 학교뿐만 아니라 기업, 기관, 단체 등 전국에서 강연을 진행하고 있다.

오늘의 습관이 내일의 선물이 될 때

얼마 전에는 1,500명이 참석한 한 기업의 대형 행사에서 특강을 진행했다. 10명도 아니고, 100명도 아닌 1,000명이 넘는 큰 행사의 강연은 스피치의 질도 바뀐다. 내용, 말하기 속도, 자세, 시선 등 모든 것이 달라져야 한다.

가장 뒤에 앉은 분들은 워낙 멀어서 강연자의 얼굴이 보이지 않기에 스크린의 화면만을 본다. 대중 앞에서 스피치를 할 경우 내가 주의하는 네 가지는 아래와 같다.

1. 강연을 한다는 생각을 버린다

강연이 아니라 친구에게 진심으로 이야기한다는 마음으로 진행하면 진심이 더 잘 전달된다. 무엇이든 어색한 행동은 금물이다.

2. 평소에 내가 자주 말하는 주제, 내용, 말투여야 한다

실제로 자주 말해야 문장이 간결해지고, 논리가 더해진다. 단순 일회성 강연을 위해 새로운 내용을 많이 준비하면 전달이 잘되지 않는다.

3. 주눅이 드는 순간 끝이다

청중 입장에서 주눅이 들어 자신감 없어 보이는 강연자는 신뢰가 없다. 당연히 내용도 잘 들어오지 않는다.

4. 대형 홀은 스피치의 극악 난이도 수준이다

10명 대상 스피치보다 100명 대상 스피치가 더 어렵다. 마찬가지로

100명 대상 스피치보다 1,000명 대상 스피치가 몇 배는 더 힘들다. 청중이 많을수록 강연장의 크기가 커지고, 강연장의 크기가 커질수록 무대와의 거리가 멀어지기에 내용 전달력이 떨어진다. 그러기에 조금만 방심해도 바로 분위기가 어수선해져서 더 어려울 수밖에 없다.

결국엔 자신감이 큰 몫을 차지하는데 누구와 어디서 맞붙더라도 기죽지 않는 자신감과 깡다구가 필요하다. 이는 생활에서 얻을 수 있는데 누구도 해내지 못한 경험을 많이 가지면 가질수록 자신감뿐만 아니라 자존감이 오르게 된다. 결국 생활 습관 하나하나에서 좋은 강연으로 이어진다.

설렘은 전염된다

강연 마치고 무대를 내려오는데 한 여성분이 뛰어 오며 편지와 상자 하나를 건넨다.

오현호 대장님께.
강의 들으면서 오늘 또 제 꿈 너머의 꿈을 하나 더 품었습니다. 지금까지와 다른 속도로 모터 하나 장착하겠습니다. 강의도 숨소리도 감사합니다. 대장님 강의 듣다가 얼마나 많은 강의를 하셨을지 목소리에서 느껴집니다. 목도 아프실 텐데 목을 아끼지 않으시죠? 강의 들으며 필기하며 메모 남기며 제 숨이 뜨거워지는 느낌이 듭니다.

다시 질문한다. 당신의 20년 뒤는 어떤 모습인가?

시련이 후광이 될 수만 있다면

20세기를 대표하는 사상가이자 정신 의학자인 빅터 프랭클의 에세이 『죽음의 수용소에서』에는 이런 문구가 있다.

> 삶에 의미가 있다면, 그것은 시련이 주는 의미이다.
> 시련은 운명과 죽음처럼 삶의 빼놓을 수 없는 한 부분이다.
> 시련과 죽음 없이 인간의 삶은 완성될 수 없다.

돌이켜보면 시련이 없는 이는 단 한 명도 보지 못 했다. 일상을 매일 행복하게만 즐겁게 보내는 이도 보지 못 했다. 살다 보면 현실은 좌절하고, 힘들고, 지루한 일이 더 많다. 지금의 나는 그동안의 고난 덕분일 텐데 과연 다 잊고 다시 꺼내지 말아야 한다는 강박은 과연 내게 이득일지 한 번쯤 생각해 볼거리다.

사실 지난 나에 대한 기사나 인터뷰 같은 것들을 보면 분명 동일한 내용인데도 제목을 얼마나 자극적으로 만드느냐에 따라 댓글의 반응이 천차만별인 것을 경험해 보았다.

그 뒤로 내가 경험한 이야기들이 어쩌면 누군가에게는 그저 '성공팔이'처럼 보일 수 있겠구나' 하고 생각했다. 결국 내가 힘든 과정을 이겨냈고, 얼마나 고생했으며, 그 과정이 소개될 때 이런 편견들을 이길 수 있다는 점은 알지만 굳이 이 편견을 이겨내기 위해 과연 어느 지점까지 이야기할 수 있을지는 큰 고민이다. 나는 누군가에게 어떤 힘이 될 수 있을까?

좌절 앞에서 제일 먼저 해야 할 일

K 기업 특강을 했을 때였다. 강연 중에 한 여성분이 손을 들었다.

"작가님, 실은 제가 얼마 전 큰일을 겪어 온 가정이 무너졌습니다. 인생이 망했다고 할까요. 그러다 보니 무언가 도전하기가 두렵고, 무엇을 할 힘이 없습니다."

먹먹했다. 이미 말을 꺼내기 전부터 눈빛에 슬픔이 보였다. 어떤 일을 겪으셨는지 자세히는 모르지만, 손을 들기까지 고민의 흔적이 드리워졌다.

언제부터인가 서점에 가면 '대충 살아도 괜찮아'라는 메시지, 파스텔 톤 색상 커버의 지친 여성 독자 대상으로 서로를 위로하는 책들이 쏟아져 나왔다. 유행을 타며 많은 출판사들이 그런 패턴을 따라 하기 시작했다.

지친 자들에게 가장 먼저 필요한 것은 위로가 우선이다. 공감할 누군가가 있다면 그 순간 누구나 이겨낼 힘이 생긴다. 그렇다면 위로 후에는 무엇이 필요할까?

절망의 끝은 늘 잘 보이지 않지만, 극복하는 방법은 반드시 존재한다는 것은 확실하다. 시련 앞에 두 부류의 인간이 존재한다. 시련이 왔을 때 수단과 방법을 가리지 않고, 이겨내고 극복하여 자신만의 이야기를 만들어 나아가는 사람과 시련에 굴복하여 포기하고 우울해하는 사람이 있다.

강연을 다니다 보면 내가 히말라야를 등정하고, 사막 250킬로미터를 완주하고, 파일럿이 되어 무엇이든 쉽게 도전하고 이룬다고 착각하는 사람들이 많다. 그 이면에 나는 수없이 많은 거절과 좌절을 경험했고, 외국에서 지낸 날이 많으니 인종차별과 무시당하는 일은 일상이었으며, 비굴한 경험이 얼마나 많았는지는 다 기억하지 못한다. 구구절절 내가 얼마나 고생했는지 굳이 말하기도 싫고, 이미 까먹은 지 오래라 그저 다시 떠올리기 싫을 뿐이다.

우리는 타인의 삶을 볼 때 단면만을 보고 판단한다. 사람들은 긴 시간 고생하고, 넘어지고, 다시 일어나고, 웃으려 노력하던 고된 시간을 주목하지 않는다. 눈에 보이지 않으면 그럴 일은 아마 없었다고 착각한다.

주저앉고 싶을 때 다시 일어나는 기간은 보통 오래 걸린다. 그래서 하나씩 천천히 그저 한 발 앞으로 나가는 자세가 무엇보다 중요하다. 오늘 한 보 앞으로 나가지 않으면 내일은 두 보 차이가 난다. 일주일 뒤는 더, 한 달 뒤는 더 격차가 벌어질 수밖에 없다.

불안한 시기도 끝은 존재한다

한국과 미국에서 근 5년을 고생하며 비행 관련 자격증을 취득하고, 인턴을 해서 마침내 항공사에 부기장 채용에 지원했을 때가 생각이 났다. 전 재산을 쏟아 부었고, 5년이라는 긴 시간을 입사를 위해 달려왔다. 그러나 내게 온 것은 최종 면접 불합격이라는 소식이었다. 당시 나는 당연히 합격할 것이라고 자만하고 준비를 전혀 하지 않았고, 결국 고배를 마셨다.

당시 여자 친구(지금의 아내)와 결혼을 앞두었고, 입사하고, 교육 마치고 멋지게 결혼을 하려 했는데 모든 계획이 물거품이 되었다. 그뿐만 아니라 부모님, 친구들 모두에게 면목이 없었다. 다른 동기들 모두 순탄하게 잘 입사하는 것 같은데 왜 나에게만 이런 일이 벌어지는지 믿기지 않았다. 분노와 억울함으로 하루하루를 살았다.

설상가상으로 다음 채용 시험에 지원했는데 또 최종 면접에서 탈락의 고배를 마셨다. 아직도 그때의 그 불안했던 감정들이 기억난다. 아무도 만나고 싶지 않아서 혼자 집에서 숨어 있던 시절들, 당시 나의 표정은 늘 잿빛이었다. 눈은 이미 총명함을 잃었고, 힘이 없어 쳐져 있었다. 그 당시를 생각하면 사람들 만나기 싫어서 집에 혼자 있을 때가 참 많았다. 동시에 그런 면을 티내기 싫어 괜히 행복한 척했고, 아무렇지 않은 척 행동을 하곤 했다.

그럼에도 밖으로 나간다

결국 기나긴 터널을 벗어나기 위해 내가 한 행동은 '하루를 바쁘게 살기'였다. 갈 곳이 없어도 새벽 일찍 일어나 운동하고, 공부하고, 도서관에 출근하고, 책 읽고 하루 종일 딴생각이 들지 않도록 부지런히 하루를 보냈다.

바깥으로 나오니 자연스럽게 햇빛을 쐴 일이 많았다. 모니터 대신 나무, 꽃, 구름, 하늘 광활한 것들이 하나둘씩 시야에 들어왔다. 바쁘게 움직이는 사람들의 숨소리를 들으며, 활기를 조금씩 찾았다. 그렇게 1년의 세월을 보내고, 항공사 부기장 공채에 최종 합격하여 결국 에어라인 파일럿이 되었다.

모든 것을 잃고, 내 편은 하나도 없고, 무기력 속에서 허우적거릴 때 가장 먼저 이렇게 했다.

1. 새벽 일찍 일어나 집 밖을 나섰다.
2. 조금이라도 햇볕을 더 쬐고, 하늘을 더 보았다.
3. 더 많이 걷고, 몸을 더 움직였다.

하루가 바쁘니 쓸데없이 SNS를 하며 타인의 삶에 기웃거릴 시간이 없었다. 내 할 일이 바빠지니 남의 이야기가 궁금하지 않았다. 하루가 바쁘면 잡생각 할 시간이 없다. 바쁘지 않을 때 우리는 쓸데없는 생각을 한다. 그리고 대부분의 시련은 그저 일시적일 뿐이다.

〈굳이 프로젝트〉 오늘의 미션

1. 20년 후 내 모습 그리기
2. 누군가에게 도움이 될 수 있는 내가 겪은 시련 한 가지 찾아보기
3. 하루를 더 바쁘게 보낼 방법 한 가지를 찾아보기

/
더러워져야 배울 수 있는 지혜

첫째 아이는 남한산 깊은 곳에 있는 숲 어린이집으로 다닌다. 이곳 아이들은 매일 밧줄 놀이를 하고, 나무줄기로 미용실 놀이를 하며, 아카시아꿀을 빨아 먹어보며 하루를 보낸다. 물론 흙으로 덮여져 집으로 돌아오니 매일 옷은 거지꼴이다. 얼굴은 시커멓게 그을렸지만, 놀랍게도 아이 표정은 시간이 지날수록 너무나 밝아졌다.

몸을 움직이면 우리는 생각하기 시작한다. 이를 '고통의 기준을 높이는 과정'이라 말한다. 고통의 기준이 높아지면 쉽게 지치지 않고, 쉽게 울지 않는다. '포기하지 않는 끈기'만 배울 수 있다면 그보다 더 좋은 교육은 없다. 불편해지는 일상은 늘 옳다.

둘째 아이가 올해 네 살이 되어 드디어 첫째가 다니는 남한산 속에 위치한 숲 어린이집에 같이 다닐 수 있게 되었다. 네 살 꼬마들 역시 눈이 오나 비가 오나 매일 숲으로 떠난다. 아이가 드디어 숲을 가게 된 첫 주를 보내고 우연히 선생님의 기록을 보게 됐다.

이번 주 가장 잘 논 언이 모습이에요.

흙 묻은 옷, 흙 묻은 손, 더러워진 얼굴은 최고로 잘 놀이한 모습이라며 오히려 칭찬을 받는답니다. 앞으로 빨래 숙제가 정~말 많을 거예요. 그럴 때마다 "오늘 정말 신나게 놀았구나"라는 응원해 주는 마음으로 늘 함께 해주세요.

사진을 보자마자 통쾌함이 몰려왔다. 물론 그날 하원하고 더러워진 윗옷을 보고, "어디 넘어졌어?"라고 물었는데 알고 보니 '이렇게 잘 놀았던 거구나' 싶어 뿌듯했다.

더러워지면 혼나는 것이 아니라 도리어 신나게 잘 놀았다고 칭찬받을 수 있는 환경은 누가 만들 수 있을까? 어른들이 환경을 만들어줄 때 아이들은 눈치 보지 않고, 마음껏 본성에 따라 생각하고 행동한다.

"너 옷이 이게 뭐야?"

"이런 거 묻히지 말랬지!"

이런 말을 자주 들은 아이는 과연 자연을 어떻게 받아들일까? 흙이나 모래는 피해야 하는 곳, 비는 맞으면 큰일 나는 행위, 나무나 바위에 기대면 안 된다고만 한다면 아이는 자연에서 어떤 감정을 갖게 될까?

둔한 자가 사랑받는다

산에서는 깔끔함이 피곤하다. 청결은 중요하지만, 유난스러운 깔끔함은 피곤하다. 히말라야 등반을 가게 되면 하루 며칠간 씻지도 못하는 상황이 닥친다. 해발 3,000미터 이상만 돼도 머리를 감으면 안 된다. 샤워는 물론 머리를 감으면 순식간에 열을 빼앗길 수 있어 고산병이 유발될 수 있기 때문이다. 그래서 도착지에 도착하면 제일 먼저 하는 일이 비니를 써서 체온을 보호하는 일이다. 머리도 감지 못하고, 비니를 계속 쓰고 있으니 머리가 얼마나 심하게 떡이 지는지 기름에 반짝반짝 빛이 나기도 한다.

일교차가 큰 고산지대는 한낮엔 30도가 넘지만, 새벽이면 영하로 떨어진다. 실제 고산병으로 인한 사망 사고도 워낙 잦기에 깔끔함은 진즉에 버리는 것이 현명한 방법이다.

깔끔함의 기준을 낮추면 무엇이든 편하다. 넘어져서 바지가 더러우면 툭툭 털고 일어나면 되고, 비를 맞으면 털고 말리면 그만이다.

결혼하고 가정을 이루고 나니 새롭게 깨달았다. 배우자의 덕목으로 배려, 성실함, 다정다감함 등 많은 요소가 있겠지만 나는 그중 제일은 '일희일비하지 않는 마음가짐'이라 생각한다. 배우자가 양말을 빨래통에 넣는 것을 깜빡하더라도, 치운 접시를 물에 담가 놓지 않더라도, 일어나야 하는 시간에 늦잠을 자더라도 짜증 내지 않고 '그럴 수도 있지'라고 웃으며 대화할 수 있는 마음을 말한다.

인간은 완벽하지 않기에 누구나 실수하고, 부족할 수 있는데 그 모든 순간에 예민하게 반응하면 함께 하는 팀원은 지칠 수밖에 없다.

"더러워?"

"I don't care"

완벽을 요할수록 깨닫는다. 우리의 불완전함을.

"그럴 수도 있지"라고 매일 말하면 일어나는 변화

몇 년 전부터 새로운 말버릇이 생겼다. 모든 일에 '그럴 수도 있지'를 붙이는 것이다. 이 마법 문장은 어떤 일에도 적용이 가능해서 일차적으로 내 짜증과 화를 즉각 멈출 수 있게 해준다.

나는 스스로에게 엄격한 편이라 남에게도 높은 잣대를 주곤 했었는데 그것은 되려 나를 피곤케 한다는 사실을 깨달았다. 그럴 때마다 이 문장을 수도 없이 되뇌었다.

"그래, 그럴 수도 있지."

나는 그동안 왜 남들의 실수를 용납하지 못했을까? 그들이 타인을 배려하지 않고, 노력하지 않았을 것이라고 착각했을지도 모른다. 그렇다면 나는 언제부터 실수하지 않고 살았을까? 그렇게 살고 있기는 한 것일까? 누군가는 나를 보고 혀를 차고 있을 수도 있지 않을까?

이런 나에게 언제나 손을 뻗어 주었던 해병대 선임 이재훈 해병님, 늘 기회를 주셨던 스쿠버 다이빙 스승님 존, 묵묵히 지켜봐 주셨던 김창호 대장님, 첫 직장의 홍범석 부사장님 등 모두 기다릴 줄 아는 지혜가 풍부한 분들이었다.

셰익스피어도 이렇게 말했다.

"오늘 저지른 남의 잘못은 어제 저지른 나의 잘못이었음을 생각하라."

누군가에게 욕먹는 일이 전혀 두렵지 않다

나는 어릴 적부터 혼나고 욕먹는 일이 잦았다. 그래서인지 커서도 누군가에게 혼나는 일이 익숙하다고 해야 할까.

『부시파일럿, 나는 길이 없는 곳으로 간다』가 출간되고 KBS 아침마당에 초대되었다. PD님에게 물었다.

"저 며칠 전에 출간했는데 잠깐 책 홍보 좀 해도 될까요?"

"저희는 공영방송이라 개인 광고는 좀 그렇습니다."

억울했다. KBS도 영화, 음반 홍보 다 하면서 왜 나만 안 해주는 걸까. 문득 그때 아이디어가 떠올랐다. 당시 해당 프로가 〈생방송 화요초대석〉이었다. 생방송은 편집을 할 수 없지 않는가. 방송 1시간 동안 최소한 한 번은 "부시파일럿이 무슨 뜻이에요?"라는 질문이 나올 것을 예상했다. 그래서 그 질문이 나오면 책을 꺼내려고 무사가 칼을 숨기고 가듯, 재킷 속에 책을 준비해 갔다.

아니나 다를까 실제로 시작하자마자 진행자 이금희 님이 "근데 부시파일럿이시라고…?"라는 말을 던지셨다. 마치 기다렸다는 듯이 너무나 태연하게 재킷에서 책을 꺼내 당당하게 소개를 했다. 방송이 끝나자마자 PD님, 작가님이 뛰어왔다. '오늘도 욕을 먹겠구나' 싶었는데 첫 마디가 "작가님 감사합니다. 오늘 방송 대박 났어요"였다.

돌이켜보면 이런 나의 행동은 늘 있었고, 그럴 때마다 주변에서 늘 이해해주는 바다 같은 사람들이 존재했다. 그들이 없었다면 중간에 포기했을 수도 있다. 한 사람의 관용은 누군가의 삶을 바꿀 수 있다.

인간은 누구나 이상한 점 하나씩은 있다. 완벽한 사람은 본 적도 들어본 적도 없다. 누구나 주변에 한 명씩은 꼴도 보기 싫은 사람이 있을 것이다. 그를 미워할 시간에 "오히려 좋아!" 하고 외치자. 결국 최고의 수혜자는 스트레스를 받지 않는 나 자신이다. 없애고 싶은 지인이 있다면 그는 내 이해심을 키울 최고의 선생이다.

다시 셰익스피어의 말을 인용한다.

"오늘 저지른 남의 잘못은 어제 저지른 나의 잘못이었음을 생각하라."

유현준 교수도 이렇게 말했다.

"저는 이런 분 좋아해요. 심지가 굳세지 않은 사람들. 심지가 굳세면 고집이 세고, 발전이 없을 수 있어요. 저는 갈대같은 사람을 좋아합니다. 제가 제일 싫어하는 사람들이 너무 소신이 강한 사람이에요. 제일 좋아하는 사람은 합리적인 설명을 들으면 생각을 바꿀 줄 아는 사람이에요. 과학자들이 주로 그러죠. 엄청나게 싸우다가도 증명하면 "내가 틀렸네" 하고 인정을 딱 하잖아요. 그런 게 이 시대의 지성이라 생각합니다."

〈굳이 프로젝트〉 오늘의 미션

1. 더러운 순간이 온다면 "괜찮아, 상관없어!" 하고 말해 보기
2. 짜증이 날 것 같은 순간에 "그럴 수도 있지" 하고 마법의 문장 외쳐 보기

/

사실 한 명도 제대로 만들기 어려운 것이 진짜 친구다

초등학교 시절부터 함께하는 총 아홉 명의 패거리 친구가 있다. '양서 아파트'에 살다 보니 자연스레 '양서파'라고 이름 지었다. 중학교에 올라가며, 양서 아파트에 살지 않던 나 혼자 다른 학교로 배정받았다. 그럼에도 방학 때마다 항상 함께 여행 다니며, 때로 가족보다 더 가까운 사이로 자랐다.

대학에 진학하며, 모두 뿔뿔이 흩어졌지만 그럼에도 주말마다 모여 수다를 떨었다. 각자 입대하며 3, 4년 동안은 또 서로 휴가 나올 때만 보는 사이가 되었다. 가족보다 가까운 친구가 있다 보니 늘 사람에 대한 욕심이 크게 없었다. 누군가와 친해지려 굳이 애쓰지 않았다. 그렇다고 혼자 있는 것을 좋아하는 편은 아니었다. 늘 친구를 곁에 두려 했고, 친구와 함께 하기를 스스로도 즐겨 했다. 그러나 결혼하고 아이를 낳고 보니 상황이 바뀌었다. 더 이상 친구를 만날 시간이 없었다. 내가 만약 일 마치고 친구를 만나면 아내가 홀로 갓난아기를 내내 보살펴야 한다.

그렇게 몇 년을 친구 없이 지내니 사실 친구가 딱히 없어도 사는 데 큰 지장이 없음을 깨달았다. 최고의 친구는 가족만 있어도 사는 데 하등 지장이 없었다. 때로 전화상으로라도 안부 전할 사람이 몇 명만 있어도 충분했다. 설령 오랜만에 만나도 마치 어제 만난 것처럼 스스럼없이 대화하곤 했다.

공자가 말했다.

酒食兄弟 千個有 주식형제 천개유
(술 마실 때 형, 동생 하는 친구는 많아도)
急難之朋 一個無 급난지붕 일개무
(급하고 어려울 때 도움을 주는 친구는 하나도 없다)

'세 명의 친구를 가지면 성공한 인생이다'라는 말은 그저 옛말이다. 지나고 보니 사실 한 명도 제대로 만들기 어려운 것이 진짜 친구다.

친구가 많지 않은 사람들의 장점

반면 아내는 친구가 많지 않다. 초등학교는 중국에서 중국인 학교, 화교 학교, 국제 학교를 다녔고, 중학교는 예중을 다녔고, 고등학교는 아예 제대로 다니지를 않고 검정고시를 봤다. 그래서 그런지 '혼밥'을 참 잘한다. 요새도 여기저기 다니면서 늘 혼자 맛있는 곳을 찾아 혼밥을 하러 다닌다. 이게 얼마나 큰 장점이 되냐면 클래식 바이올린 전공자이지만 길거리에서 버스킹 연주를 하는데 거리낌이 없다. 요새도 혼자 수서역에 있는 피아노에서 가끔 버스킹 연주를 한다.

도전정신이 뛰어난 편인 나도 혼자 길에서 연주하라 하면 부끄럽고, 쑥스럽고, 선뜻 못할 것 같은데 혼자서도 조용히 담담하게 해내고 오는 아내를 볼 때면 '누가 이런 사람이 친구가 많지 않다고 생각이나 할 수 있을까?'라고 생각한다.

결혼하고 보니 '친구가 많다'라는 특징은 전혀 장점이 아니었다. 친구가 많으면 자연스레 모임이 잦고, 모임이 잦으면 아무래도 가정에 소홀할 수 있기 때문이다.

친구가 많지 않은 점은 쓸데없이 사람들과 패를 지어 어울리는 행위를 안 할 가능성이 크고, 즉 인생에서 무엇이 소중한지를 잘 아는 사람이란 뜻이다.

내 아이가 만약 친구가 없다면

친구란 모름지기 없는 것보다 있는 편이 낫다. 그러나 친구가 없는 것보다 더 중요한 점은 아이의 자존감이 무너지지 않도록 이끌어 주는 점이다. 그러기에 먼저 아이의 마음에 공감해주고, 대수롭지 않은 듯이 자연스레 대안을 찾는 노력이 필요하다.

사춘기에 접어들면 누구나 학교에서 적응하기란 쉽지 않은 순간이 한 번쯤은 찾아온다. 친구란 있다가도 싸우고, 없다가도 생긴다. 친구 없어도 학교생활 잘할 수도 있고, 많다고 해서 항상 행복하게 잘 지내는 것도 아니다. 쓸데없이 에너지 쏟고 남의 비위만 맞추다 하루를 보내는 것보다 나을 수 있다.

부모로서 우선 아이의 기질을 파악하는 것이 우선이다. 좋아하고, 잘하는 것이 있다면 맘껏 응원하고 지원하여 장점을 더 키우면 친구는 자연스레 생기게 된다. 다만 아이가 친구들과 어울릴 때 이기적인 모습이 나온다거나 유독 지기 싫어한다거나 하는 성향이 있는지 등을 파악하는 것이 먼저다.

친구가 없는 것은 성향이지 문제는 아니다. 혼자 놀아도 충분히 즐거운 아이라면 '사회성이 떨어진다'라고 보기도 어렵다. 친구가 적고, 많다는 기준도 애초에 없다. 인생에 친구는 과연 몇 명이면 충분할까?

〈굳이 프로젝트〉 오늘의 미션

1. 오늘 생각나는 친구 한 명은 누구인지 생각해 보기
2. 그 친구에게 '친구야, 밥이나 한 번 먹자'라고 문자 보내기

/
'언젠가는'이란 말은 없다

TV 광고 성공 사례에 자주 등장하는 할리 데이비슨 광고에 이런 문구가 있다.

Someday I'll do it someday.
Monday Tuesday Wednesday Thursday Friday Saturday Sunday.
See? There is no someday.
It's time to ride.

2017년의 일이다. 『부시 파일럿, 나는 길이 없는 곳으로 간다』 출간 1주년 기념으로 나에게 선물을 주고 싶었다. 그것은 나의 'Someday'에 하고 싶은 일을 시작하기인데 바로 '나만의 장학금 만들기'다. 출간 직후 한 해 동안 독자로부터, 강연하며 만난 이들로부터 많은 메시지를 받았는데 재미난 사람들이 참 많았다.

그중에서도 가장 인상 깊은 이는 바로 대구 강연 후 나에게 메시지를 보낸 한 여고생이다. 그는 내게 이렇게 문자를 보냈다.

안녕하세요, 어제 했던 말이 생각나서 탐험가님 블로그에 들어가 봤어요. 친구 분이 암으로 천국으로 갔죠. 저도 암에 걸렸거든요. 지금은 이식한 지 1년 반 됐어요. 탐험가님의 글을 읽으면서 제 친구 생각이 났어요. 제 친구도 암으로 천국으로 갔어요. 탐험가님도 빨리 결혼하세요. 소원이 결혼하는 것이라고 했잖아요.

이 학생의 이야기가 궁금해서 지난 1년간 지속해서 연락을 주고받았다. 어린 시절 할머니와 밀양에서 중학교 시절을 보내던 중 우연히 몸이 안 좋아서 검사를 받다가 급성 골수 백혈병 진단을 받았다. 각종 골수검사, 척수 검사를 하고 몸에 케모포트를 심고, 항암 치료를 받으며, 사춘기 소녀의 머리는 다 빠져버리고 말았다. 너무 아파서 약도 다 버리고 심지어 죽고 싶은 생각도 했다는 그 소녀는 기적처럼 건강하게 학교로 복귀했고, 수능을 마치고 마침내 17학번 대학생이 되었다.

행복은 나눌 때 배가 된다

학생에게는 소원이 하나 있는데 바로 병마와 싸우며 우울했던 시절 자신을 어둠 속에서 끄집어내고 밝게 바꾸어준 친구와 함께 여행을 가는 것이었다. 2017년 새해, 나는 이 두 학생에게 꿈을 이룰 수 있는 장학금을 선물하기로 했다. 때마침 제주도에서 재미난 여행상품을 만들고 있는 동생 동우가 생각이 났고, 동우도 함께 아이들을 돕는 데 기꺼이 동참했다.

대한민국 장학금 제도에는 알게 모르게 사각지대가 존재한다. 교묘

하게 다양한 곳으로부터 이중으로 혜택을 받는 이들, 서류상으로 대상자가 되어 장학금을 받는 이들도 많다.

사회적 약자인 장애인이나 암 환자들을 위한 장학금은 또한 존재하는지조차 알기 어렵다. 성적이 우수해야 받을 수 있는 대부분의 장학금 제도는 지긋지긋한 이 경쟁 사회에서 숫자로 다시 경쟁을 부추기는 것 같다. 성적이 우수한 학생들은 대치동에 제일 많지 않은가. 장학금이 필요하지 않은 아이들에게 단지 성적이 우수하단 이유로 장학금을 줄 필요는 없다.

그래서 나는 만들고 싶었다. 성적 우수자에게 집중되는 상보다는 정의와 봉사에 모범을 보이는 이들을 위한 '바른 생활상'을 말이다. 경쟁에서 이겨서 성적이 우수한 사람들만이 상을 받기보다는 시련을 이겨내고 약자를 배려하고 성숙한 시민 의식을 키워가는 이들도 축하받고 용기를 주어 그 힘을 더 많은 이들에게 전달하는 세상이 오면 더 좋겠다.

서울대 최인철 교수는 이렇게 말했다.

"사람이 행복감을 느끼는 건 내가 가치 있는 인간이라는 생각이 들었을 때이다. 그래서 오늘 내가 얼마나 좋은 일을 했는지가 내 행복감이다. 그러니까 아이들에게 시험 점수가 아니라 "오늘 어떤 좋은 일을 했어? 몇 번 웃었어?" 이런 걸 물어야 한다."

〈굳이 프로젝트〉 오늘의 미션

나의 'Someday'에 하고 싶은 일을 시작하기

/
이왕이면 유쾌한 끝인사를 만들자

우리는 언제 어떻게 이 세상을 떠날지 모른다. 우리는 '삶'을 이어나가고 있지만, '죽음'을 향해 나아가는 존재다. 죽음을 생각하면 오늘 하루가 더욱 값지다는 말이 있다. 나 역시 죽음을 생각하다가 '내 영정 사진을 미리 골라야겠다'라고 생각했다. 막상 영정 사진을 고르다 보니 '마지막 내 목소리로 끝인사를 해야겠다'라는 생각으로 이어졌다. 그렇게 녹음하다 보니 내 장례식에 누가 울고 있을지 한 명씩 그려졌다. 울고 있는 사람들을 위해 우울하지 않게 밝게 마지막 인사를 해야겠다고 다짐했다. 다시 녹음했다. 마지막 인사만큼은 웃으면서. 우리는 죽음으로써 생을 마감하는 것이지, 관계를 마감하는 것은 아니다.

내일 당장 새로운 도전을 하지 못할까 봐 오늘도 쓴다

나는 죽기 한 시간 전까지 새로운 도전을 하고 싶다. 아직도 내가 찾지 못한 내 잠재력이 무궁무진하다고 생각한다. 나는 내 스스로 도전하는 사람이라고 생각하기 때문에 예전부터 '100명의 오현호 찾기'와

같은 혼자만의 프로젝트를 진행하고 있다. 이렇게 결심한 덕분에 많은 일을 이룰 수 있었다. 여전히 나는 요리사가 될 수도 있고, 가방 만드는 사람이 될 수도 있다. 죽음에 대해 이야기했지만, 물리적인 죽음 이외에 변화를 거부하는 사람 역시 이미 죽은 사람이라고 생각한다.

포드 자동차를 만든 헨리 포드는 자신의 저서 『나의 산업론』에서 이렇게 말했다.

이 나라에서 우리가 아는 유일한 안정성은 변화뿐이다. 만약 목표를 성취하는 데 방해가 된다면 모든 시스템을 뜯어고치고, 모든 방법을 폐기하고 모든 이론을 던져버려라.

나는 영원히 건강하게 살 거라는 망상

우리 시대 가장 위대한 동기부여가 웨인 다이어 박사는 생에 마지막으로 남기고 간 책 『우리는 모두 죽는다는 것을 기억하라』에서 이렇게 말했다.

삶이 바뀌는 유일한 순간이 있다. 우리는 모두 죽는다는 것을 알아차렸을 때다. 그리고 마침내, 잠들어 있던 내 영혼이 천천히 눈을 뜰 때다.

삶의 마지막 순간에 무슨 말을 하는지 들어보면 알 수 있다. 대부분 후회와 미안함으로 가득 차 있다. 아무리 사죄하고, 후회해도 되돌릴 수 없는 것이 시간이다. 내 죽음이 머지않았다라고 생각한다면 무엇이든 주저할 필요가 없게 된다. '나는 영원히 건강하게 살 거야'라는 망상이 있다면 당장 오늘 없애버리자.

나는 내 마지막 인사를 이렇게 녹음했다.

안녕!

다들 내가 이렇게 갈지 상상하지 못했지? 이렇게 갑작스럽게도 가는 게 인생이라는 생각을 하게 되네. "맞아, 그 자식 개쩌는 인생을 살았었지" 하는 생각 정도로 남았으면 좋겠다. 즐겁게 살고 재미있게 즐기다 갑니다.

모두 안녕!

〈굳이 프로젝트〉 오늘의 미션

1. 굳이 영정사진 미리 고르기
2. 마지막 인사 녹음하기
3. 가족과 함께 음성 들어보기 (배경 설명 없는 메시지 전달 방식은 가족을 놀라게 할 수 있습니다. 함께 앉아 같이 들으세요. 옆에 없다면 영상 통화하며 미리 설명하세요.)
4. 내가 녹음한 유쾌한 끝인사 듣기

"멋지게 시작하려 하지 마라.
대신 멋지게 살기 위해선 일단 시작해야 한다."

Chapter 4

습관

유혹에도 흔들리지 않는 이유

/
일상이 건강하면 작은 유혹에도
쉽게 무너지지 않는다

남들이 좋다고 하는 것들을 본능적으로 거부하자. 이 훈련이 되어 있지 않으면 어느새 나도 남들과 똑같은 곳에 가서, 똑같은 같은 사진을 찍고, 똑같은 음식을 먹으며, 똑같은 삶을 살게 된다.

내가 무얼 좋아하는지 알게 되면 내가 무얼 잘하는지가 보인다. 내가 무얼 잘하는지 보이면 나 자신을 신뢰하기 시작한다. 스스로를 신뢰할 때 우리는 무엇이든 할 수 있다.

내가 무엇을 왜 원하는지를 알고, 어떻게 이룰 수 있는지 알면 그때부터 진짜 삶이 시작된다. 진심으로 나를 알고 싶다면 매일 글을 쓰고, 책을 쓰면 도움이 된다. 그것이 생각이든, 삶이든, 어떤 형태로든.

그리스어 γνῶθι σεαυτόν '너 자신을 알라'는 소크라테스의 명언으로도 유명하다. 나를 알아간다기보다는 나도 모를 수 있음을 인정하고, 알아채는 것. 그러므로 나의 부족을 발견하고 채워나가는 것에 가깝다. 모른다고 자책할 필요가 없다는 뜻이다. 명심하자. 자신의 무지

(無智)를 아는 것이 진리를 깨달을 수 있는 출발점이다.

심장이 마구 뛸 정도로 마음이 움직이는 순간

일상이 건강하면 사회의 유혹에 쉽게 빠지지 않게 된다. 일상의 건강함이란 즉 본인만의 사소한 재미가 하루 24시간에 가득 차 있음을 이야기한다. 누군가에게 똑같은 출근길이라 하더라도 어떤 사람에게는 음악을 감상할 수 있는 30분 재즈 타임이 될 수가 있다.

이처럼 사소한 재미가 하루를 가득 차면 우리는 더 이상 자극적인 것을 찾지 않게 된다. 사회가 만들어놓은 틀에서 조금 벗어나 나만의 사고를 중심으로 나만의 하루를, 삶을 개척하게 되는 아주 좋은 계기를 만들어준다.

일상이 즐거우면 남이 어떻게 사는지 신경 쓸 겨를이 없다. 나는 전작 『부시파일럿, 나는 길이 없는 곳으로 간다』에서 이렇게 썼다.

> 무의식적으로 내뱉는 불평에 내 하루가, 내 모습이, 내 주변이 힘들어질
> 수도 있다는 생각이 들었다. 의식적으로 좋아하는 것을 떠올리며 살자.
> 말하는 대로 이루어진다는 노랫말처럼 내가 좋아하는 것을 계속 만들다
> 보면 언젠가 나의 하루도 좋아하는 것으로 가득 차는 날이 오지 않을까.

일상이 건강하지 않을 때 우리는 더 자극적인 것을 쫓게 된다. 그러나 일상이 건강한 사람은 작은 유혹에도 쉽게 무너지지 않는다. 일상

이 건강하다는 말은 즉 하루에 내가 느끼는 소소한 재미가 많음을 뜻한다.

'나만의 소소한 재미'를 하루 24시간에 가득 넣을 수만 있다면 우리는 어디서 무얼 하든 나다운 삶을 헤쳐나갈 힘이 있을 것이라 믿는다. 사실 내 인생에 있어 도전은 수단에 불과하다. 일상의 소소한 재미를 알아가는 것이 내 삶의 목표다.

"오현호 님, 오늘 달리기 한 번 해보시겠어요?"

반월상 연골 파열 수술 이후 6주 만에 처음으로 러닝머신 위에서 달리기했다. 1킬로미터 조금 넘는 거리였는데 의외로 다리가 아무렇지 않았다. 땀구멍에서 땀이 뽀송뽀송 튀어나오는 기분이 오랜만이었다.

"오현호 님, 이제 슬슬 농구 다시 하셔도 괜찮아요."

믿기지 않았다. 아직도 다리가 100퍼센트 다 펴지지도 않고, 의자에 앉았다 일어날 때 찌릿하는 통증이 가끔 있는데 농구라니? 기쁜 소식을 바로 농구팀에 알렸다.

"저, 농구 할 수 있습니다."

사실 농구를 제대로 하진 못하고 그냥 혼자 연습하는 정도로 할 수 있는 상태였다. 어찌 됐든 다시 농구할 수 있다는 생각에 어린아이처럼 설레었다. 농구 때문에 다리가 이 지경이 되놓고 다시 농구할 수 있단 말에 금세 또 실실 웃고 있다니 한심하기도 하면서 기쁨을 숨길 수 없었다. 삶에는 이런 설렘 가득한 흥분 요소가 필요하다.

소확행의 달인 어린이의 행동을 관찰하라

어느 책에서 읽었다.

초등학생이야말로 소확행의 달인이다. 일상의 어느 부분에서도 소확행을 찾아낸다. 교실로 제일 먼저 뛰어들면서 '내가 일등이다!'라고 외치는 순간이라든가.

어릴 때 롯데월드로 소풍 가기 전 날은 설레어서 잠이 안 왔다. 무슨 옷을 입을지 고민하면서 미리 꺼내놓기도 하고, 롤러코스터를 15번 타자고 친구들과 미리 약속하기도 하고 말이다. 중학교 때는 반찬으로 감자튀김이 나오는 날이면 노래를 부르며 줄을 섰던 기억도 있다. 어릴 때는 작은 것에도 흥분하며 행복감을 느꼈는데 나이가 들어가며 행복을 느끼는 능력마저 퇴보된 느낌이다.

서울대학교 행복 연구 센터장 최인철 교수는 저서 『굿 라이프』에서 이렇게 말했다.

작은 것도 귀하게 여기는 행복한 사람들의 삶의 기술을 '음미하기 (savoring)'라고 한다. 음미하기란 소소한 현재의 즐거움을 만끽하는 마음의 습관을 의미한다. 무라카미 하루키의 수필 「랑게르한스 섬의 오후」가 유명해지면서 우리 사회에서 자주 인용되기 시작한 소확행(작지만 확실한 행복)이라는 단어는 이 음미하기의 중요성을 환기시킨다. 갓 구운 빵을 손으로 찢어 먹는 것, 정결한 면 냄새가 풍기는 하얀 셔츠를 머리에서부

터 뒤집어쓸 때의 기분, 겨울밤 부스럭 소리를 내며 이불 속으로 들어오
는 고양이의 감촉 등 소소하게 음미할 것들은 이처럼 우리 일상 곳곳에
있다.

//

〈굳이 프로젝트〉 오늘의 미션

나를 감동하게 만드는 것들 50가지 작성하기
(『부시파일럿, 나는 길이 없는 곳으로 간다』 참조)

[나를 감동하게 만드는 것들]

1. 시속 55 노트가 지나 비행기가 기울면서 지면과 내가 조금씩 멀어지는 순간
2. 예의 바른 사람들과 인사할 때 나누는 눈빛
3. 바닷가에서 실컷 수영하고 비치 타월에 누워 온몸으로 햇살을 받을 때
4. 아침에 눈뜨자마자 먹는 과자
5. 느긋한 일요일 점심에 랩톱으로 보는 영화
6. 하얀색 면 티셔츠
7. 웃을 때 보이는 하얀 치아
8. 뭐 한 것도 없는데 받는 돈
9. 마라톤 피니시 라인
10. 부모님과 함께 먹는 소박한 식사
11. 아침에 눈떴을 때 어딘가에서 들려오는 새소리
12. 흰 종이에 조심스레 쓰는 잉크 펜의 촉감
13. 모든 사물에 그림자를 만들어 주는 은은한 조명 빛
14. 예상치 못한 손편지
15. 한눈에 봐도 정성이 가득 담긴 도시락
16. 김연아를 향해 외치는 ESPN 앵커의 외침 "Remarkable!"
17. 약자의 승리

/
버리기를 잘하면 바라기가 사라진다

'환경을 가꾸는 일이 곧 나를 가꾸는 일이다.'

결혼하고 처음으로 힘들었던 점은 바로 물건에 대한 서로의 철학이었다. 아내는 어떤 물건이든지 쟁여놓고 버리지 못하는 습관이 있고, 반대로 나는 무엇이든 사는 것도 좋아하지 않고, 집 안에 들여놓는 것은 더 싫어하는 성격이었다. 살면서 스스로 깔끔하다고 생각하지 않았는데 처음으로 내가 깔끔한 성격임을 알았다. 청소업체도, 정리 전문가도 섭외해 보고, 다양한 방법으로 집안 정리를 했지만 크게 소용이 없었다. 그래서 찾은 방법은 '그냥 버리기'였다.

처음에는 책을 버렸다. 지난 2년 동안 한 번도 보지 않은 책은 다 버리기로 했다. 아내는 버릴 책이 더 많았다. 버리고 깨달았다. 아내는 내가 책을 버린 줄 1년이 지나도 모르는 것이었다. 아무리 좋은 책도 있는지 없는지 모른다면 결국 다 욕심이다. 아무리 좋은 구절도 자주 읽고 되뇌어서 내 것으로 만들지 못한다면 쓸모없는 지식에 불과하다.

아이들 장난감도 버렸다. 아이가 태어나고 귀하게 산 책, 교구, 옷,

장난감 하나하나 애틋해서 버리기 아까웠지만 대부분 작고, 흩어져서 조합이 안 되는 것들이라 더 이상 효과가 없는 것들도 많았다. 마찬가지로 아이들도 장난감이 없어져도 아무도 찾지도 않고, 알지도 못했다.

집 안에 새로운 가전제품을 놓거나, 예쁜 장식을 놓으면 기분이 좋기도 하고, 새로운 기분도 나기 마련이다. 문제는 그마저도 결국 유효기간이 존재한다. 시간이 지나면 익숙해지고, 때로 고장이 나거나 상처가 나서 골치 덩어리가 되기도 한다.

결국 나는 아무 것도 사지 않는 사람이 되었다. 지난 1년간은 옷을 한 번도 사지 않았다. 비행할 때는 유니폼을 입기도 하고, 기존에 샀던 옷이 많아서 딱히 필요가 없기도 했다. 무엇보다 살림에 필요한 물건은 아내가 미리 다 사기 때문에 굳이 내가 무언가를 더 살 이유가 없었다.

호텔이 좋은 이유는 아무 것도 없기 때문이다

호텔에 가면 방이 작아도 뭔가 예쁘고, 책상은 또 깔끔하다. 그런 책상 앞에 앉으면 일도 잘될 것 같고, 침대에 누우면 잠도 잘 올 것만 같다. 그 이유는 방에 아무것도 없기 때문이다. 난잡한 물건들이 하나도 없을 때 우리는 집중할 것만 같고, 좋다고 느끼곤 한다. 그래서 나는 정리할 때 물건 버리기를 먼저 시작한다. 눈에 보이는 것을 모두 버리고 나면 한결 깔끔해진 주변을 느낄 수 있다.

리조나 대학의 미생물학자 찰스 거바(Charles Gerba) 박사에 따르면 책상 위 마우스, 전화기, 노트북에서 화장실 변기보다 400배나 많은 세균이 검출된다고 한다. 결국은 욕심이 세균을 낳는 꼴이다. 먼저 다 버리고, 닦으면 모든 게 변한다. 비워야 채워진다. 책상은 내 마음의 거울이다.

1982년 서울 돈암동의 한 작은 미용실에서 시작하여 국내 최대 미용 그룹을 일군 준오헤어 강윤선 회장님은 '정리 정돈'에 대해 이렇게 말했다.

"청소는 업무에 대한 마음상태다."

"성공과 실패는 청소로 결정된다."

"지저분하면 직원들은 그걸 치운다는 생각을 하지 않는다. 더 집어 던져서 더 지저분하게 만들기 때문이다."

작은 미용실을 치열한 경쟁 속에서 살아남게 한 원동력 중 하나를 '정리'로 꼽은 것이다.

글쓰기는 책상 정리에서부터 시작한다

한참 전작을 쓸 때 주로 가던 도서관과 카페가 있었다. 그곳 책상은 내 노트북 하나만 있었기에 글을 쓰기에 최적의 장소였다. 노래를 틀고, 이어폰을 귀에 꽂고, 좋아하는 작가의 책 한 권을 옆에 두고, 지난 인생을 돌아보는 시간은 늘 주저하던 글쓰기 시간을 설레는 행위로 바꾸었다.

그렇게 글쓰기가 싫고, 늘 미루며 살았는데 매일 깨끗한 장소로 가는 루틴을 만드니 저절로 미루던 일들을 해내기 시작했다. 이때 깨달았다. 집에 있는 책상을 늘 지저분했기에 무언가 일할 욕구조차 들지 않았다는 것을. 그렇다면 왜 나는 책상을 정리하지 못했을까?

바로 버리지 못한 습관 때문이다. 이걸 버리면 언젠가 또 필요할 것만 같고, 서랍에 넣어두면 또 어디 있는지 찾지 못할 것만 같고 이런 쓸데없는 생각들로 인하여 결국 쓰지도 않는 것들이 책상에 늘 널브러진다.

버리지 못하는 욕심은 결국 나를 더럽히고 만다. 내가 더럽혀져 버리니 내 주변은 늘 집중하지 못하는 환경이 되었고, 결국 오랜 시간 나의 버릇이 되고 말았다.

뉴욕 타임즈에서 정리되지 못한 책상이 일상에 어떤 영향을 주는지 살펴보는 기사를 썼다. 〈What a Messy Desk Says About You〉라는 기사는 이렇게 말한다.

스티브 잡스, 마크 저커버그, 아인슈타인의 평소 책상 사진을 보면 그렇지 않다. 미네소타 대학교의 연구진이 발표한 연구 결과에 따르면 '책상이 어지러운 사람은 창의성이 높고 위험부담(Risk taking)을 하려는 경향이 강한 반면, 책상을 깨끗이 정리하는 사람은 엄격한 규정을 준수하고 새로운 것을 시도하지 않으려는 경향이 있으며 위험부담을 하지 않는다'고 한다. 연구를 지휘한 캐슬린 D. 보스 박사는 '무질서한 환경이 전통과의 단절을 촉진하고, 이는 새로운 통찰력의 원동력이 된다'고 결론 지었다.

하지만 어디까지나 예외적인 상황을 일반적으로 대입하면 오류가 발생한다. 마치 '우리 아이는 매일 게임하는데 전교 1등입니다'라는 말과 크게 다르지 않다. 주변이 지저분한 사람과 정리된 사람을 볼 때 누구와 함께 일하고 싶은지 생각해 보면 무엇이 나은지 알기 쉽다.

새로운 관점으로 새로운 환경에서 일하는 계기를 마련해 보는 것 자체로 하루를 달리하는 계기가 된다.

〈굳이 프로젝트〉 오늘의 미션

1. 대용량 쓰레기 봉지 또는 박스 구하기
2. 버릴 것들 한가득 채워보기

/
타인의 시선에서 자유로워지기

무언가 정해진 틀에서 새롭게 제안하기란 너무나 어렵다. 타인을 설득해야 하고, 그 과정을 설명해야 하고, 자연스레 따라오는 시선이 부담스럽기 때문이다. 특히 대한민국 공교육 사회에서 나고 자란 사람이라면 남들보다 튀면 안 된다는 사고를 은연중에 강요받기에 더욱이 어렵다. 수업 시간에 "질문 있는 사람?"이란 대답에 많은 한국인이 쉽사리 손을 들지 못하는 이유 중의 하나다.

나는 프랑스에서 약 1년간 중학교를 다녔다. 가장 놀라웠던 점은 수업 시간이 시끌시끌했던 점이다. 물론 이론적이거나 설명을 들을 때는 한국의 여느 교실과 다르지 않지만 미술, 음악 등 수업 시간에는 학생들의 코멘트가 정말 많았다. 자유롭다기보다 그게 일상처럼 보였다. 선생님도 학생들이 한마디씩 거드는 것을 크게 개의치 않았다.

질문하지 않는 사회
오래전에 오바마 전 미국 대통령이 한국에서 연설한 적이 있다. 전 세계에서 연설을 하며 큰 인기를 끌던 오바마는 한국에서 난생처음 보는 일을 겪었다. 연설 말미에 "자 그럼, 이제부터 질문을 받겠습니다"라고 했는데 아무도 손을 들지 않은 것이다. 통역이 잘못되었나 하고 재차 물었지만 아무도 손을 들지 않아서 한 중국인 기자가 마침내 손을 들었다.

　그 장면이 오래도록 기억에 남았다. 왜 한국인들은 손을 드는 것에 인색할까? 무엇이 군중 속에서 튀면 안 된다는 사고를 하게 할까? 내가 그 자리에 있었다면 어떻게 해서든 손을 들었을 것이다.

　"한국에서 글을 쓰는 오현호라고 합니다. 내년에 경비행기 세계 일주 프로젝트를 기획 중인데 최종 목적지가 백악관입니다. 혹시 초대해주시겠습니까?"

　당연히 대답은 'YES or NO'일 것이다. 터무니없는 질문이라며 정색하더라도 그 순간의 승자는 내가 될 수밖에 없다. 오바마 대통령은 한국에서 만난 수많은 이들 중 터무니없는 질문을 한 오현호란 이름 석 자를 기억하고 갈 가능성이 크다. 내 이름 석 자를 만인에게 가장 빠르고 쉽게 각인시키는 방법이다. 이것이 우리가 비즈니스에서 흔히 말하는 브랜딩이다.

　시간이 흘러 "그때 손들었던 사람입니다" 하고 백악관과 운을 띄울 수 있는 이야기가 생겨 나중에 어떤 일을 할지 아무도 모른다. 인생은 아주 작은 순간이 이어져 큰 사건이 만들어지기 마련이다.

일하는 법, 사람 사귀는 법 모두 나로부터

최근 내게 가장 큰 영감을 준 1인을 꼽는다면 방송 프로그램 〈유퀴즈〉에 나온 '신순규'님이었다. 300억 원 이상 고객만 받는 월가 애널리스트가 된 영화 같은 스토리의 주인공인 그의 이야기는 굳어 있던 내 심장을 마구 뛰게 만들었다. 시각 장애인으로서 삶을 대하는 그의 태도는 영상을 보는 내내 나의 온몸에 전율을 흐르게 했고, 영상을 보자마자 바로 그에게 메시지를 보냈다.

신순규 작가님, 안녕하세요, 저는 오현호라고 합니다. 출근길 작가님의 이야기를 듣고, 너무나 큰 충격에 꼭 한번 뵙고 싶다는 생각이 들었습니다. 언젠가 제가 뉴욕에 가게 된다면 커피 한 잔 대접할 기회를 주시겠습니까? 짧은 시간이었지만 작가님의 이야기는 제게 큰 울림을 주었고, 삶을 살아가는 방향을 다시금 짚어주셨습니다. 감사합니다.

오현호 드림.

오현호 부기장님, 안녕하세요? 답장이 매우 늦어 죄송합니다. 저의 미국 아버님도 37년간 여객기를 몰던 파일럿이셔서 더욱 반갑네요. 제가 청소년 때는 아버지 오른편에 앉아 경비행기 조종하기도 했었으니까요. 꿈과 계획이 많으시네요. 다 이루시기를 바랍니다. 그리고 뉴욕에 오시면 연락주세요. 감사합니다.

신순규 드림.

더는 타인에게 소비되지 말자

한국의 공교육 사회에서는 모두가 같은 옷을 입고, 같은 머리를 유지하고, 똑같은 목표를 가지고 오랜 기간 생활하기에 남들과 다른 길을 가는 것 자체를 매우 큰 모험이라고 은연중에 생각한다. 이것은 개개인의 상황에 전혀 맞지 않을뿐더러 누군가의 잠재력을 억제하는 부작용을 일으킨다.

인간은 누구나 실수한다. 나 역시 수많은 실수를 일으켰다. 앞으로도 수많은 실수를 할 것이다. 하지만 실수를 두려워하지 않는 것, 그것이 바로 온전히 나의 삶을 사는 유일한 방법일 것이다.

조선 중종(1488~1544) 때 조광조란 인물이 있었다. 당시 조광조는 관직에 오르자마자 젊은 혈기로 중종에게 과감한 개혁을 진언한다. 신하들이 부패했기 때문에 전부 갈아엎어야 한다고 주장했다. 예를 들어 조광조가 정 6품 사간원의 대간이 된 지 이틀 만에 왕에게 올린 상소문이다.

"사간원은 바른말을 하는 자리인데, 아직 제대로 바른말을 한 자가 없으니, 사헌부와 사간원 전부를 파직해 주시기를 바랍니다."

그의 개혁 몇 가지를 보면 노비법을 고쳐 노비들이 양인이 될 수 있는 길을 열어줬다. 서열법을 바꿔 능력 있는 서얼들이 나라를 위해 일할 수 있도록 해야 한다고 주장했다. 양반이든 천민이든 인재 등용에 차별을 없애자고 한 것이다.

시간이 지나고 나서야 그의 용기는 인류의 진보에 필요한 것이었음을 깨닫는다. 그럼에도 우리의 현실은 개혁에는 언제나 저항이 따른다. 기득권자들에게는 눈에 거슬리고, 도리어 역공을 당할 위기에 처하는 것은 눈에 뻔하기 때문이다. 바른말이라며 때로 남에게 상처를 주기도 했던 나는 어느새부터인가 적을 만들지 않기 위해 노력했다. 어쩌면 스스로 부족한 점이 많기에 그럴 수도 있지만, 그에 따른 피해가 득보다 더 크기 때문이라 생각했을지 모른다. 하지만 돌이켜보면 중요한 순간에는 늘 용기 내서 말하는 것이 좋았다.

　나는 무엇을 바꾸었나? 그리고 나는 무엇을 바꿀 것인가?

〈굳이 프로젝트〉 오늘의 미션

1. 일터에서, 가정에서 또는 만나는 사람에게 "이건 어때요?"라고 제안하기
2. "저는 이렇게 해보겠습니다" 하고 말해 보고 거절도 당해 보기.

/
하루의 시작을 다르게 하는 이들의 비밀

    몇 년 전 노스캐롤라이나의 한 초등학교 선생님이 학생들에게 하는 독특한 인사법 영상을 보고 신선한 충격에 빠졌다.
    '세상에 이런 멋진 선생님이 계신다니!'

    학생 한 명 한 명에게 각자 다 다르게 손 인사를 했다. 그 인사 시간이 다 합치면 몇 분은 걸릴지 모른다. 그러나 자기 인사를 기다리는 학생에게는 설렘을, 인사하는 학생에게는 짜릿함을, 하고 난 뒤의 학생에게는 사랑받음을 안겨줄 수 있다. 이 선생님은 진짜 교육을 몸으로 직접 체화하고 있었다.
    영상을 두 번, 세 번 보면서 새로운 장면을 발견했다. 선생님의 역동적인 모습 뒤 자신의 차례를 기다리는 아이들의 표정이다. 쑥스러운 웃음을 짓는 아이부터 설렘 가득한 장난꾸러기 모두의 표정이 하나같이 다 아침 햇살처럼 싱그럽고 밝기만 했다. 이 아이들은 자라면서 선생님을 절대 잊지 못할 것이다. 기억에서 지우고 싶어도 결코 지워지지 않을 것이다. 누군가에게 매일 동기부여를 안겨준다는 것은 정말 최고의 직업이다.

진정한 교육이란 기술과 지식을 알려주는 것을 넘어 학생들이 배움을 통해 사회에 이바지할 수 있는 인물로 자라게끔 돕는 일이다. 무언가를 가르치기 위한 첫 번째 요건은 바로 '상대에게 얼마나 진심으로 대했는가?'이다. 만나기 전 상상들, 만나는 동안의 인사, 눈빛, 대화 모두 그에 속한다. 내 중학교, 고등학교 선생님들은 과연 내 이름이나 기억하셨을까?

친한 이들과 하는 감정 스킨십

놀라운 점은 악수하기 시작하면 포옹하기 시작하고, 작은 일에도 서로 안아주고 격려해주는 문화가 생긴다. 사람들은 잘 모르지만, 한국인들은 의외로 스킨십이 꽤 많은 민족이다. 손잡기, 팔짱끼기, 어깨동무, 어깨 안마 해주기, 백허그 등 동성끼리도 서슴없이 접촉한다. 해외에 나가면 외국인들이 꼭 말한다.

"한국인들은 왜 그렇게 만지고 비비기를 좋아해?"

동성애 문화가 확산한 다른 나라에 비하면 우리나라 사람들 특유의 정이 담긴 몸짓이 있었다. 만날 때마다 이산가족 상봉하는 가족처럼 멀리서 손을 크게 흔들고, 포옹을 하며, 손을 맞잡는 친구가 있다. 그를 만날 때면 나 역시 몸짓이 커진다. 나도 모르게 테스토스테론 수치가 급상승하는 기분이다. 자연스레 분위기가 유쾌해지고, 활력을 얻는다. 사람으로부터 얻는 힘이란 이런 것이다. 이런 이들은 만나기 전부터 설렘이 폭발한다. 인사는 사람의 인격을 말한다.

　전화 걸 때마다 새롭게 나를 불러주는 친구가 있다.

　"오, 오 파일럿!", "오, 오 작가!"

　그래서 전화하기 전부터 나 역시 그를 어떻게 부를지 자연스레 미리 고민하는 나를 발견한다. 통화버튼을 누르고 신호음이 가는 내내 여러 수식어를 떠올린다. 그러다 보면 자연스레 목소리 톤이 조금 올라간다. 한 글자 한 글자에 힘이 담긴다. 말에 '에너지'가 느껴진다. 별것 아닌 일도 흥미로운 사실처럼 말하게 되고, 작은 것도 크게 반응하게 되고, 작은 소식에도 크게 축하하게 되고, 슬픈 이야기에 내 일처럼 함께 슬퍼한다.

　행동에 작은 변화를 주려는 시작은 곧 공감 능력을 극대화시켜 준다. 이 작은 패턴이 상대와의 유대관계를 더 깊게 만들어준다.

　누군가 당신에게 전화했을 때 첫 마디가 무엇인가? 그들은 당신과의 통화로부터 힘을 얻나? 나는 누구와 통화할 때 가장 기분이 좋은가? 한번 생각해보자.

진짜 강한 자들만이 지니는 특권, 부드러움

　영화배우 '이병헌'을 떠올리면 가장 먼저 그의 치아가 잔뜩 보이는 웃음이 떠오른다. 그는 왜 그렇게 환하게 웃어 보일까? 나는 그의 목소리와 톤, 춤, 연기, 몸짓, 행동 등을 지켜보며 후천적으로 노력했음을 알아차렸다. 아마도 배우로서 작은 키, 까무잡잡한 피부 등 부족한 부분들을 다른 장점으로 극대화하기 위함이엇을 것이다.

그가 대한민국 최초로 헐리우드에서 성공한 배우가 될 수 있었던 가장 큰 이유는 그러한 습관과 노력의 결실이라 생각한다. 습관을 만들기 위한 노력이 곧 능력임을 증명해 보인다.

불과 7년 전 만해도 내 인상은 날카로운 편이었다. 실제로 지는 것을 싫어했고, 승부욕이 쓸데없이 강했고, 승부에선 늘 이겨야 하고, 뒤처지기를 싫어했다. 그러다 우연히 깨달았다.

진짜 강한 사람들은 승부에서 져도 '허허' 하고 웃는다는 것을. 본인이 정말 강한 사람임을 알기에 승부에서 져도 대수롭지 않은 것이다. 나처럼 실제로는 약한 자들이나 승부에서 졌을 때 속상해하고, 반드시 이기려고 아등바등하는 것이었다.

나약해 보이지 않기 위해 인상 쓰고, 쉬워 보이지 않기 위해 과묵한 척하고, 혹여나 크게 웃으면 가벼워 보일까 봐 손으로 입을 가리며 웃는 등 이 모든 습관이 결국 내 그릇이 작음을 증명하고 있었다.

주변에 유독 잘 웃는 사람들을 보면 모두 그 자체로 내면의 힘이 있는 자들이다. 즐거워서도 웃지만 웃기 때문에 즐거워진다. 웃으면 나도 좋지만 상대는 그 모습을 지켜봄으로서 더 좋다.

이왕이면 치아가 환히 보이도록 웃어 보자.

"나는 이병헌이다."

"나는 줄리아 로버츠다."

처음에만 어렵지, 습관이 들면 너무나 쉬워진다. 365일 그렇게 웃으면 자연스레 주변이 밝아진다. 놀라운 것은 처음에 거울을 보고 치아 열개가 보이도록 입꼬리를 올리니 경련이 일어날 정도로 어색했다. 무엇보다 눈은 부라리면서 입꼬리만 올라간 모습이 흡사 영화 속 조커처럼 보였다. 언제부터인가 이 행위가 자연스러워지면서 내가 먼저 웃으니 주변에서 더 많이 웃는 변화가 생겼다.

웃는 얼굴은 전염이 강하다. 내가 한 번 주면 두 배로 돌려받는다. 모두가 나를 보고 웃음을 짓기 시작하는 마법같은 날도 있었다. 비싼 옷을 입기보다 먼저 활짝 웃는 것이 먼저다. 특히 많은 곳에서 강연을 하면서 깨달았다. 사람들은 내가 좋은 옷, 멋진 구두를 신고 간다고 환호하지 않는다. 그러나 내가 먼저 웃음 짓고, 활짝 웃을 때 더 공감하고, 박수친다. 돈으로 절대 살 수 없는 것이 바로 웃는 얼굴이다.

이 모든 것은 무료다. 그럼에도 아직도 무표정으로 일관하는 자들이 있다면 수많은 기회를 숨 쉬듯이 버리고 있는 것이나 마찬가지다.

크고 또 자주 웃자. 누군가의 마음을 열고 싶다면 가장 먼저 웃어 보인다. 따뜻하면서 섹시한 지구상 유일한 무기이다. 이제 더 이상 더 크게, 자주 웃어 보이자. 살인 미소는 살인을 절대 하지 않으니.

〈굳이 프로젝트〉 오늘의 미션

1. 거울을 보며 치아가 환히 보이는 건치 웃음 짓기.
2. 동료, 가족, 지인을 만나기 전, 통화하기 전 새로운 인사말 고민하기.

/
적극적으로 아무것도 하지 않는 법

직업상 수많은 사람들을 대면하면서 느낀 점이 하나 있다. 바로 인간은 누구나 자신만의 고초를 겪는다는 사실이다. 단지 표현을 하지 않고, 이겨내는 방식이 다를 뿐, 시련이 없는 사람은 단 한 사람도 보지 못 했다.

매일 해맑게 웃는 사람도 '사실은' 하며 자신의 괴로움을 토로할 때 보면 '이런 면이 있었나?'라고 놀란 적이 한두 번이 아니다. 즉 삶에서 고난은 필연적인 것이다. 어쩌면 삶이란 매일 행복을 만끽하는 것이 아니라, 고난을 어떻게 이겨내는지에 달렸을지도 모른다.

우리는 누구나 크고 작은 정신병을 앓고 산다. 실제로 미국 위스콘신주의 로렌스 대학에서 '아무것도 하지 않는 법(Doing Nothing)'을 가르치는 교양 수업이 학생들로부터 큰 인기를 끌었다. 현대 사회에서는 너무나도 많은 이들이 정신적, 정서적 스트레스를 호소하고 있음을 증명한다. 때로 아무것도 안 하기는 가장 효율적인 방법이 된다.

혼자 있을 때만이 알게 되는 것

대학생 시절 처음 산악 훈련을 받을 때였다. 청태산 인근에서 강사님께서 '솔로 타임'을 알려주셨다. 잔디, 흙, 바위 위에 작은 매트 하나 깔고 30분 동안 휴대폰 없이 자신만의 시간을 가지는 것이었다. 처음 경험하는 혼자만의 시간이라 뭘 어떻게 해야 할지 몰라 처음에는 아등바등했다. 아무것도 하지 않는 시간을 부여받으면 처음에는 당황스럽다. 그만큼 일상에서 멍 때리는 시간조차 가진 적이 없었기 때문이다.

우리는 매일 완벽할 수 없다. 24시간 내내 쉴 틈 없이 달릴 수도 없다. 전속력으로 달렸다면 꼭 쉬어야 다시 또 정진할 수 있다. 아무것도 하지 않는 시간이 곧 가장 높이뛰기 직전의 시간이 될 것이다.

『당신이 생각하는 모든 것을 믿지 말라』를 쓴 조세프 응우옌 작가는 이렇게 말했다.

당신이 완전한 몰입의 상태에 돌입해서 최고의 능력을 발휘하는 순간, 사람과 일의 구분은 사라지고 아무런 생각이 없는 상태가 됩니다. 설령 뭔가 생각이 떠올랐다고 해도 마음을 잠시 스쳐 지나갈 뿐입니다. 즉 사람이 최고의 성과를 거두는 상태는 아무것도 생각하지 않는 상태입니다. 미친 소리처럼 들릴지 모르지만, 방금 당신이 본인의 경험을 통해 입증했듯이 사람은 아무것도 생각하지 않을 때 최고의 성과를 달성합니다.

오늘이 바로 아무것도 안 하기 최고의 날이다

시간이 흘러 새벽 기상 습관을 가지며 아무것도 안 하는 시간의 힘을 배우기 시작했다. 처음에는 새벽에 일어나면 가장 먼저 그 고요함이 낯설었다. 그러다 자연스레 몸을 일깨우기 위해 눈을 감고 아무것도 안 하는 시간을 가졌는데 이때 내 호흡이 얼마나 크고 깊은지를 처음 알았다. 호흡을 하루 24시간 중 제대로 신경 쓴 일이 한 번도 없었기에 내 몸에서 숨이 이렇게 들어오고 나오는지 처음 깨달았다.

들숨을 크게도 쉬어보고, 날숨을 크게도 쉬어보고, 들숨을 두 번 날숨을 한 번 쉬어도 보고 다양한 방법으로 내게 맞는 호흡법을 익혀갔다. 잠깐 멈춰 마음을 숨 쉬게 하자. 우리 마음도 숨을 쉴 호흡이 필요하다. 설사 오늘 하루 종일 한 일이 숨 쉬는 것이었더라도 문제 없다.

스웨덴 속담에 이런 말이 있다.

두려움은 적게, 희망은 많이. 먹기는 적게, 씹기는 많이. 후념은 적게, 호흡은 많이. 미움은 적게, 사랑은 많이 하라. 그러면 모든 좋은 것이 당신의 것이다.

///

〈굳이 프로젝트〉 오늘의 미션

1. 2분 동안 아무것도 하지 않기
2. 도움을 주는 사이트 Do nothing for 2 minutes

모든 생각은 잊히지만 글은 남는다

아무리 좋은 글도, 감명 깊은 영화도, 인상 깊은 장면도 모두 시간이 지나면 사라진다. 기록하지 않으면 모두 기억에서 지워지기에 지속해서 재독하고, 재시청하고, 재청취해야 한다. 결국 '기록'만이 일상을 시각화할 수 있는 유일한 수단이다. 기록이 없는 삶을 상상해 보자. 과연 죽음 이후에 무엇이 남을까?

기록하다보면 자연스레 '생각'하게 된다. 짧은 찰나의 순간이지만 하루 중 생각을 정리하는 시간을 절로 가지게 된다. 이 습관이 형성되면 첫 번째 변화는 내 말이 간결해진다. 전날 내 생각을 정리하는 시간을 가졌기 때문에 언제 어디서 무슨 대화를 하든지 사람들이 내 말에 귀 기울이게 되는 효과가 있다. 이 모든 것은 굳이 시간을 내어 기록했기 때문이다.

기록을 누구나 쉽게 하기 위한 여덟 가지 팁이 있다.

1. 짧게 쓴다

20~50자 사이의 문장을 말한다. 긴 문장은 읽을 때 숨이 찬다. 두

줄을 넘긴다면 좋은 문장이 아닐 가능성이 크다. 두세 문장으로 나눠야 한다. 짧은 문장은 속도감이 생겨 빠르게 읽힌다.

2. 첫 문장이 얼굴이다

최근 모든 콘텐츠의 트렌드가 첫 도입부에 온 힘을 쏟는다. 영상도, 음악도, 글도 마찬가지다. 제목과 첫 문장에 핵심이 들어간다. 먼저 시작을 잘하면 쓰기가 편해진다. 평소 모든 것을 '한 문장으로 표현하기' 습관이 들여진다면 첫 문장 쓰기에는 최고의 연습이 된다.

3. 글 버릇을 고치자

어떤 이는 '너무~', '매우~'를 자주 쓴다던가, '-것이다'를 남용하곤 한다. 내 글 버릇이 무엇인지 검열해 보면 말끔한 문장으로 변한다.

4. 단어 구조를 변형하자

'도전의 가장 큰 적은 경험하지 않은 자들의 조언이다'와 '경험하지 않은 자들의 조언이 도전의 가장 큰 적이다', '경험하지 않은 자들의 조언을 피하자' 등의 차이점을 보면 알 수 있다. 같은 뜻이더라도 문장의 구조, 순서, 단어를 지속적으로 바꾸어 보는 실험을 해본다. 낯선 단어의 조합이 주는 쾌감이 있다. 읽기 좋은 글을 쓰던가, 글쓰기 좋은 삶을 살자.

5. 퇴고는 여러 번 한다

퇴고는 글을 쓸 때 여러 번 생각하고 고치고 다듬는 행위다. 퇴고를 두세 번 하면 더 나은 글이 완성된다. 기억하자. 모든 초안은 쓰레기다.

6. 경험은 최고의 글감이다

내 경험만큼 좋은 글감이 없다. 글에는 내 주관과 생각, 철학 등이 담겨야 몰입하게 되는데 이왕이면 직접 경험한 이야기가 독자를 더 끌어들인다. 곧 남들이 쓸 수 없는 글이 되기 때문이다.

7. 뻔뻔한 놈이 승자다

처음부터 일류 작가는 존재하지 않는다. 누가 뭐라 해도 '나는 베스트셀러 작가다'라는 생각으로 더 자주, 눈치 보지 말고 매일 써야 한다. 결국 자주 쓰는 자가 좋은 글을 쓰게 된다. 글쓰기는 용기다.

8. 대화 글을 넣어서 목소리가 들리듯이 생생하게 쓴다.

입에서 나온 말 그대로 따옴표를 사용하여 적으면 입체적인 표현이 된다. 읽는 이도 생동감 있게 느껴진다.

〈굳이 프로젝트〉 오늘의 미션

1. '지난 한 주, 굳이 이렇게 해봤다'라는 주제로 글쓰기
2. 맞춤법 검사기 사용하기

/
내가 아무리 달려도 숨이 차지 않는 이유

2014년 미국 플로리다 시골에서 비행을 공부했다. 할아버지, 할머니만 사는 그런 비로비치라는 작은 동네였다. 비행학교 학생들은 학교에 위치한 기숙사에서 생활했는데 기숙사 환경이 너무나 열악했다. 어머어마한 학비를 받으면서 이런 생활을 하는 현실에 당시 스트레스가 이만저만이 아니었다. 하루 24시간이라도 달리 써야겠다 싶어서 새롭게 할 도전을 종이에 적어 책상 앞에 덕지덕지 붙였다.

처음에는 '10 things to start doing'를 붙였다. 그러자 놀라운 일이 벌어졌다. 매일 아침 이 종이를 보고 운동을 다녀오는 횟수가 눈에 띄게 늘어나는 점을 보고 효과가 있음을 깨달았다. 그 뒤로는 기억하고 싶은 부분들을 화장실, 거울, 현관문, 침대 머리맡에 계속 써 붙였다.

종이 한 장 붙였을 뿐인데 행동하게 되었다. 그 이후로는 자꾸 잊게 되는 부분들을 계속 적어 화장실, 거울, 현관문, 침대 머리맡에 계속 붙여 두었다. 원하는 것들을 종이에 적고, 머릿속에만 있던 생각들이 눈에 보이면 그때부터 또 다른 관점으로 그 생각들을 바라보게 된다. 막히는 부분이 있다면 눈에 보이게 종이에 적는 이유다.

지독할 만큼 상세한 하루 루틴

당시 나에게 가장 큰 영감을 준 인물은 일본 야구 선수 '스즈키 이치로'였다. 일본에서 최고의 자리에 오르고, 야구의 성지 미국에서조차 최고의 자리에 오른 것도 모자라 40대 중반까지 현역에서 최고의 자리를 유지한 유일무이한 선수다.

그가 특별했던 이유는 지독할 만큼 디테일한 그의 하루 루틴이었다. 너무나 신기해서 그의 발상을 훔치고 싶었다. 도대체 뭐 때문에 이렇게까지 철저하게 수도승처럼 하루 24시간을 쪼개어 보내는 것일까? 그의 지독할 정도로 디테일한 루틴을 보고 깨달았다. 결국 스스로 내 것으로 만들었던 대부분의 습관들은 나름의 루틴화에 성공한 것들이었음을.

예전에 축구를 잘 하고 싶어서 달리기를 매일 밤 하루도 쉬지 않고 10킬로미터 이상씩 뛰던 시절이 있었다. 몇 달 하니 20킬로미터도 매일 거뜬히 뛰었다. 아무리 달려도 숨이 차지 않았다. 내가 흘린 땀의 양만큼이나 놀랍게 내 몸도 강인해지고 있었다.

하루도 쉬지 않고 그저 글을 끄적이던 시절이 있었다. 누가 보든 말든, 쓰레기 같은 글을 매일 적고 나서야 알았다. 독자를 의식하는 순간 글이라는 것은 쓸 수가 없었다. 그냥 '주기적으로 계속 쓰는 것'이 바로 글쓰기였다. 결국은 루틴이 우리를 움직이게 한다.

이치로는 어느 인터뷰에서 이렇게 말했다.

"나는 그저 특별한 하루 없이 매일을 똑같이 살아가면서 연습처럼 경기하고 연습처럼 경기를 끝낸다. 그렇게 하기 위해 피나는 훈련을 하고 준비를 한다. 나는 과거의 업적 때문이 아니라 미래에 내가 달성할 것들 때문에 나 자신이 자랑스럽다. 그게 나의 삶의 모토다."

이치로의 루틴

▶ 경기 시작 5시간 전에는 경기장에 들어간다. 같은 방식으로 스트레칭을 하고 타격 준비를 한다. 비가 올 때도 똑같다.

▶ 타격 연습 때는 늘 볼카운트를 '3(볼)-0(스트라이크)'으로 생각한다. 배팅 훈련 때 투수들이 외야에서 뜬공을 잡으려고 할 때면 "저리 비켜라"라고 소리치기도 한다.

▶ 더그아웃에 있을 때는 1인치 나무 막대기로 발바닥을 문지른다. 발이 건강해야 몸도 건강하기 때문이다.

▶ 집에서 텔레비전을 볼 때는 시력을 유지하기 위해 선글라스를 낀다.

▶ 시즌 시작 전 마라톤 선수처럼 각 지점(일정)에서 해야 할 것을 세밀하게 짠다. 다달이 목표가 다르다. "쉽지 않은 목표를 세우기는 하지만 과대목표는 아니다."(이치로)

▶ 매일 아침 같은 음식을 먹는다. 한때는 카레였고, 한때는 식빵과 국수였다.

〈굳이 프로젝트〉 오늘의 미션

나만의 '10 things to do'를 만들고, 포스트잇 벽에 붙이기

/
항공기 조종사들은 절대
지각을 하지 않는 이유

    항공기 조종사들에게는 시간 강박이 있다. 비행 이륙 시간이 오전 8시 정각이라면 항공기에 들어가는 게이트에는 7시 15분에는 도착해야 한다. 게이트에 7시 15분 전에 도착하려면 브리핑 사무실에 늦어도 6시 50분 전에 도착해야 한다. 사무실에 6시 50분 전에 도착하려면 집에서 출발 시간이 5시 30분이어야 한다. 그러기 위해서는 5시에는 일어나야 하고, 전날 밤 10시 전에 잠이 들어야 한다.

    그중 단 하나라도 틀어지는 경우에는 나 하나 때문에 수십, 수백 명의 승객들이 목적지로 가는데 지연이 될 수 있다. 나 한 명 때문에 말이다. 대체 이 얼마나 비효율적인 일인가?

    그뿐만 아니라 항로 중에 기상 악화가 있어 우회해야 하거나, 선행 항공기가 많아 도로가 막히듯이 항로가 막혀 있는 경우에 도착 시간이 지연될 수밖에 없다. 그럴 경우 수많은 승객들의 귀한 시간이 지체되는 일을 초래할 수밖에 없게 된다.

    그러기에 대부분의 항공기 조종사는 시간 강박이 있을 수밖에 없다. 어떤 일을 하든지 대략적인 소요 시간을 미리 계획하는 습관은 당연하다. 반대로 타임라인이 명확하지 않은 상황에 봉착하면 상당한 불안감을 느끼기도 한다.

약속 시간에 늦는 이들은 남의 시간을 도둑질하는 것

A는 약속마다 늦는다. 왜 늦을까 가만 보니 나와의 약속뿐만 아니라 일, 취미, 가정, 모임 등 모든 곳에 시간관념이 없었다. 도착 시간만 늦는 것이 아니라 업무 관련해서도 늘 시간에 쫓기는 버릇이 있음을 발견했다.

"차라리 뭐든 미리미리 하면 마음이 더 편하지 않아?"

"미리 하면 좋은데 난 늘 닥쳐야 집중이 되더라고."

그의 패턴을 자세히 보면 약속 장소 먼저 가서 기다리기, 차에서 먼저 내려서 기다리기, 출근해서 먼저 준비하기 등 먼저 무언가를 할 생각 자체가 아예 없었다. 본인의 능력이 뛰어나서일까, 아니면 늦어도 괜찮다고 생각해서일까? 후자인 경우가 태반이다. 이걸 알고 나서 이런 부류의 이들과는 절대 일을 같이하지 않는다. 한 번, 두 번 경험할 수 있지만, 매번 타인을 기다리는 데 힘을 써버리면 결국 단합을 망가뜨리는 결정적 요인을 하게 된다.

인간관계에서 가장 중요한 것은 신뢰다. 내 시간은 중요하고 남의 시간은 중요하다 생각하지 않는다면 이미 신뢰받기 힘든 사람이다.

어떤 길이든 10분 일찍 가보는 습관이 생기면 평소에 보이지 않던 것들이 보이기 시작한다.

출근길 급하기 뛰지 않아 여유를 가질 수 있고, 사무실에 일찍 도착해서 미화 아주머니와 안부를 더 주고받기도 하며, 울타리에 적힌 희미한 낙서, 간판의 글씨 하나하나 모두 새롭게 눈에 들어온다. 10분 미리 움직이면 시간을 버리는 것 같아도, 되려 더 많은 시간을 할애받게 된다.

살다 보면 변수가 늘 존재한다. 때로 내비게이션이 길을 잘못 알려줘서 길을 잃어 더 늦게 되는 경우가 존재한다. 이럴 때 미리미리 시간을 앞당겼던 이들은 도착시간이 조금 지연된다고 해서 크게 스트레스를 받지 않는다. 늦어도 여유를 찾는 방법이 있다. 스트레스를 받을 일을 미리 관리할 수 있다면 결국 우리는 원치 않는 상황에도 웃을 수 있는 진짜 힘을 선물 받는다.

데일 카네기는 이렇게 말했다.

"아무리 보잘것없는 약속이라도 상대방이 감탄할 정도로 지켜야 한다. 신용과 체면 못지않게 약속도 중요하다."

〈굳이 프로젝트〉 오늘의 미션

1. 10분 일찍 출발하기
2. 천천히 걷기
3. 천천히 보기

/
데드라인 없는 목표는
브레이크가 고장 난 트럭과 같다

2023년 반월상 연골 파열 판정을 받았다. 당시 농구하다 처음으로 왼쪽 무릎에 통증을 느꼈다. 그때 쉬었어야 했다. 아프면 멈추고, 회복이 우선임에도 그 작은 이치를 무시했다. 심지어 그 주에 산을 올랐다. 무려 30킬로그램에 가까운 무게의 배낭을 메고. 내가 250킬로미터도 달리고, 히말라야도 오른 사람인데 이 정도는 금방 나을 거라 착각했다. 오만을 넘어 멍청한 생각이었다.

지금 생각하면 정말 미친 짓인데 그때는 아파도 농구가 그렇게 하고 싶었고, 통증이 있어도 산에 오르고 싶었다. 그야말로 농구공 중독자였다.

친구 동진이와 산에서 비박을 하는 것은 무려 8년 동안 이야기한 버킷 리스트였다. 농구하다 다친 무릎 때문에 또 다음으로 연기하기엔 지금의 기회를 놓칠 수 없었다. 하산 길에 무릎에 통증이 더 심하게 느껴졌다. 이때만 해도 배낭이 무거워서, 나이가 들어서 그런 줄만 알았다. 대체로 이러한 통증은 며칠 지나면 나아졌기 때문에 내 몸을 과신했다. 그렇게 다섯 달을 계속 동네 작은 병원을 다니며 운동을 했다.

다섯 달이 지난 어느 날, 농구 리그를 마치고 집에 돌아왔는데 다리가 잘 펴지지 않았다. 땅에 발이 닿을 때마다 욱신거렸다. 계단을 올라가기가 벅차기도 하고, 제대로 걷기가 힘들어졌다. 분명 며칠 지나면 다시 나아야 하는데 도저히 나을 기미가 보이지 않았다.

현직 의사인 지인에게 물었더니 그가 말했다.

"형, 그거 얼른 MRI 사진 찍어보세요. 연골은 MRI로만 볼 수 있어요."

결국 반월상 연골이 찢어져버려 수술이 불가피하다는 이야기를 들었다.

무한 긍정은 독이 될 수도 있다

결국 지인의 추천으로 운동선수 전문 병원에 입원해서 수술을 받았다. 막상 수술을 위해 입원을 하니 주차가 2시간뿐이다. 차를 빼러 발을 절뚝이면서 주차장에 가니 주차 관리소장님이 '그냥 내일 아침까지만 여기에 주차하라'고 배려를 해주신다. 추운 날씨에 그의 말이 너무나 따뜻해 차 한 잔을 대접해 드렸다.

간호사 분들은 수술 후 거동이 불편한 나를 위해 화장실 갈 때 휠체어로 옮겨주기도 하고, 물을 떠다주고, 모든 시중을 웃으며 다 받아주셨다. 방을 청소해주시는 미화 선생님들이나 식사 담당 선생님들도 약은 먹었는지, 아프진 않은지 늘 내 안부를 물으시며 심적으로 위로를 주셨다. "주차 관리소장님이 그렇게 칭찬하셨다"면서 배려에 친절을 더해주셨다.

재활 훈련을 담당하는 선생님은 걷지도 못하는 날 온몸으로 받아가며 "할 수 있다", "괜찮다"라고 격려하며 하루 만에 걷게 만들어주셨다.

우리 가족도 나를 이렇게 안 대할 텐데 하는 마음이 들 정도로 기분 좋은 배려와 친절이었다. 무엇이 그들을 이렇게 웃으며 일할 수 있게 만들었을까.

한계를 인정해야 한계에 부딪히지 않는다

작은 병실 안에 생활하며 거동이 안 되니 여러 생각이 들었다. 내가 좋아하는 운동들은 대부분 격렬하거나, 몸의 한계를 넘어가서 카타르시스를 느끼는 운동이 대부분이었다. 그러다 보니 무리할 때도 있고, 어릴 때는 몸이 따라주었지만, 어느 순간부터 회복력이 더디다는 생각을 뒤늦게 하기 시작했다.

처음 다쳤을 때 과감하게 스스로 진단할 용기는 왜 없었을까? 나는 운동이 주는 쾌락에 빠져 스스로를 복기하지 않았다. 그렇게 중독이었다면 최소한 데드라인을 주고, 몸을 관찰했어야 한다. 몇 주가 지나도 통증이 있다면 바로 병원을 갔어야 이때 연골은 MRI로만 관찰이 가능하다는 지식을 알아냈어야 한다.

작은 정형외과 가기 전 최소한 유튜브나 구글에 검색을 해봤더라면 다섯 달 동안 다친 연골로 통증을 참아가며 무리하게 운동하지 않았을 것이다. 그로 인해 연골은 더 심하게 찢어져 버렸고, 나는 결국 걷지도 못하는 현실을 받아들여야 했다.

어떤 일이든 내 한계를 맞이할 때가 있다. 그때 무식하게 부딪히기보다 스스로 데드라인을 주면서 단계별 솔루션을 준비해야 한다. 미래에 대한 준비와 지식이 없다면 결과는 뻔하다. 모든 일에 스스로가 약속한 데드라인이 필요하다. 그래야 위기 대처가 가능하고, 대비책을 마련할 수 있다. 결국 데드라인이 있어야 행동력에 더 불이 붙는다.

〈굳이 프로젝트〉 오늘의 미션

현재 시도하는 모든 일들에 데드라인 정하기

Chapter 5

체화

체화되지 않는
지식은
그저 생각에
불과하다

/
몸으로 배운 것은 절대 잊히지 않는다

자전거 타기, 밝게 인사하기, 대중 앞에서 연설하기, 오지 여행하기 등 모두 경험을 하며 배울 수 있는 것들이다. 수업이나 책으로 습득하기가 어렵다. 분명한 사실은 몸으로 배우면 절대로 까먹지 않는다는 점이다. 나는 이것을 '직접 경험'이라 말한다.

다만 시간적, 환경적 이유로 세상을 직접 경험만 하기란 어려운 현실이다. 이럴 때 간접 경험이 필요하다. '간접 경험'의 대표적인 예는 '책'이다. 모든 책에는 저자의 철학, 생각, 경험 등이 녹아져 있기에 시공간적 차원을 넘어 누구나 집에서 누워서 쉽게 체험할 수 있다.

그런데 독서는 간접 경험이지만 깊은 경험은 가능하다. 간접적이지만 단순히 읽기가 끝이 아니다. 책에서 배운 지혜를 삶에 적용하면 체화되기까지 한다. 그렇게 되기에 가장 유용한 수단이 바로 '기록'이다. 이것이 바로, 책을 읽고 단순히 교훈을 얻는 것에서 그치지 않고 서평을 반드시 써야 하는 이유다.

책만 읽고 덮으면 절반만 읽은 것이다. 시간을 내어 서평을 적어야 한 권을 온전히 읽게 된다. 글 쓰는 습관이 들면 어느새 누구나 작가가 되어 있다. 단 한 줄이라도 기록하면 수정할 거리라도 생긴다. 그러나 아무런 기록도 안 하면 수정할 것도 없는 삶을 살게 된다.

우리 모두가 고민해 볼 만한 것

서평은 단순한 독후감과는 다르다. 개인적인 감상을 넘어 조금 더 넓게 우리 모두가 주목하거나 고민해 볼 만한 내용을 다룬다. 스스로가 비평가가 되어 한 권의 책을 또 하나의 글로 재탄생시켜 보는 작업이다.

이 작업을 하려면 온전히 내 것으로 만드는 노력이 필요하다. 단순히 콘텐츠를 만드는 것을 넘어 한 권의 책을 이해해야 한다. 서평을 쓰면 시간이 지나도 잊었던 부분이 상기되기도 하고, 자신의 관점에서 무엇이 중요한 포인트였는지 생각나게 한다. 그러다 다시 책을 재독하게끔 한다. 좋은 책은 한 번 읽기로 부족하다. 재독할 수 있는 최고의 계기를 마련해주는 행위가 바로 서평 쓰기이다.

대한민국 대표 만화 작가 이현세 교수는 말했다.

"책을 읽을 때 인사이트를 내 것으로 만드는 가장 좋은 행위는 바로 필사다. 나는 주로 사진을 찍고 나중에 한꺼번에 옮겨 적기도 하는데 전에는 읽으면서 바로바로 적을 때도 있었다. 아무리 좋은 책도 시간이 지나면 기억에서 사라지기를 몇 번 경험하고 나니 그때 그 감정, 인사이트를 기록한다."

글쓰기 형식을 바꿔보는 행위

대학생 시절, 세계 일주 후원을 받기 위해 후원 제안서를 쓰다가 도중에 막힌 기억이 있다. 잠시 후원 제안서를 접어두고 우연히 발견한 《대학 내일》 해외 기자 공모에 지원했다. 난생처음 기사를 써보았는데 글 쓰는 법을 배우지도 않았고, 글쓰기에 소질이 없으니 짧은 기사 하나 작성하는데도 상당히 애를 먹었다. 신문 기사가 이렇게 어려운 글쓰기인지 그때 깨달았다.

어찌 됐든 우여곡절 끝에 몇 개의 기사를 완성하긴 했다. 당연히 형편없는 수준이었다. 그런데 놀라운 일이 몇 개월 뒤에 벌어졌다.

당시 세계 일주 후원 제안서를 많은 여행사 마케팅 담당자에게 직접 보냈었는데, 최종 답변을 받은 곳이 바로 '내일 여행'이었다. 바로 이전에 기사를 썼던 '대학 내일'의 모회사인 것이다. 새로운 형태의 도전이 결국 큰 기회의 물꼬를 틀어준 것이다.

요즘에는 유명인이나 기자가 아니어도 자신이 쓴 글이 언제든지 네이버, 카카오, 인스타그램 같은 미디어 메인에 노출될 수도 있다. 한 권의 독서로 인해 내 글이 수많은 사람들에게 영향을 줄 수 있다고 생각하면 오늘 당장 서평을 쓰지 않을 이유가 하나도 없다. 서평을 쓰기 위해 그 책으로 한 달 동안 직접 체험까지 했다면 분명 남다른 생각이 존재할 것이다.

두 발 없이도 여행할 방법이 있다. 바로, 오늘 당장 책을 펼치는 것이다. 책을 펼치면 언제 어디서든 자신이 원하는 곳으로 갈 수 있다.

마이크로소프트 창업주 빌 게이츠는 말했다.

"오늘의 나를 있게 한 것은 우리 마을의 도서관이었다. 하버드 졸업장보다 소중한 것은 독서하는 습관이다."

세상에서 우리가 누릴 수 있는 큰 기쁨은 '시작하는 것'이다.

〈굳이 프로젝트〉 오늘의 미션

1. 매일 하루 책 1페이지 읽는 루틴 만들기
2. 재독한 책 서평 작성하기

/
국민 브랜드 대표님들의 공통점

대한민국 대표 한식 브랜드 대표님을 만날 일이 있었다. 만나기 전 그와 그의 기업에 대해 살짝 찾아봤더니 오랜 시간 동안 구설수 없이 브랜드를 키워냈다. 나는 그 점이 참 궁금했다. 그는 내 강연 내내 메모를 하며 자리를 빛내 주었다. 최고의 자리에 올라도 늘 공부하고 배우려는 자세가 임직원에게 하나의 솔선수범이 된다. 그의 노트에 메모가 빼곡했다.

그런 면에서 가장 대표적인 인물이 한 명 더 있다. 바로 준오헤어 강윤선 대표님이다. 워낙 언론에서 소개가 많이 되었기도 하고, 그의 강연과 메시지에 인사이트가 많기에 두꺼운 팬층을 거느리기도 했다. 준오 아카데미에서는 매달 연사 분들이 3,500여 명의 임직원 대상으로 강연하고, 해당 연사의 책을 모두가 함께 읽기도 한다. 그런 그녀가 어느 날 내 강연을 듣고 내게 말했다.

"올해 들은 최고의 강의였습니다."

그렇게 다시 뵐 일이 있었고, 여러 대화를 나누며 '나는 남자 강윤선

이구나' 할 정도로 평소에 내가 하는 생각을 그대로 말씀 주셔서 참 놀랄 때가 많았다.

"저는 오 작가님의 책과 강연이 필요해요."

단정함의 기술

사회적으로 성공한 브랜드를 일군 기업인 분들을 만나다 보면 느끼는 점 중 하나는 많은 훈련을 거쳐 한 치의 빈틈이 나지 않는 점이다. 목소리 톤, 자주 쓰는 단어, 말투, 말의 속도, 눈빛, 리액션, 매너, 옷차림, 걸음걸이, 머리 정돈 등 수없이 많은 파도에 깎이고 깎인 바위 같이 반짝이면서도 단단하다. 그중 외모와 옷차림이 참 정갈하다. '내면이 중요하다'라는 말은 즉 그만큼 외모의 중요성을 말해주는 것이라 생각한다.

많은 기업에서 강연을 하며 느낀 점은 같은 내용을 말하더라도 말끔한 재킷에 단정하게 입을 때와 후줄근하게 다닐 때와 사람들이 내게 대하는 태도가 극명하게 다르다는 것이다. 제아무리 훌륭한 메시지를 지녔더라도 외관이 좋지 않으면 내면을 보여줄 기회조차 얻기 힘든 것이 현실이다. 이는 외모를 휘황찬란하게 가꾸라는 말이 아니다. 창이 더러워 보이는 신발을 신기보다 이왕이면 깨끗이 닦인 신발을 신고, 얼룩이 묻어진 옷보다 깨끗이 다려진 셔츠를 입는 습관을 들여다 보면 안다. 이런 별것 아닌 습관으로 또 다른 나로 만들 수 있다는 것을. 사람들은 이 쉬운 것을 의외로 굳이 하지 않는다.

'복장이 행동을 지배한다'라는 말이 있다. 군인, 파일럿 두 직업을 거쳐보며 뼈저리게 느낀다. 인간은 제복을 입는 순간 행동거지가 마법처럼 달라질 수밖에 없다. 단정함은 내면을 더 빛나게 해주는 최고의 도구다.

잘 나온 사진 한 장이 인생을 바꾼다

코로나를 기점으로 비대면 사회 속 일상이 점점 확대되고 있다. 카카오톡으로 회의하고, 줌으로 수업을 들으며, 슬랙으로 업무를 진행한다. 처음에는 이런 삶이 얼마나 갈까 의구심이 들었지만, 시간이 흐를수록 그 비중이 점점 커지고 있다는 사실을 깨달았다.

온라인 모임의 특징은 직접 대면하지 않기에 첫인상을 심어주는 방식이 결국 그가 설정한 프로필에 달렸다는 점이다. 우리가 온라인으로 새로운 이를 만날 때 가장 먼저 하는 일도 역시 그의 프로필을 눌러보는 것이다. 사진, 소개 글, 톤앤 매너를 보며 그가 어떤 사람인지를 상상한다.

오래 전 결혼 준비할 때 찍었던 사진이 잘 나와서 얼굴 부분을 잘라서 여러 형태의 프로필 사진으로 사용하기 시작했다. 이력서, 강연가 프로필, 각종 소개 자료 메인 사진으로 그 사진을 드렸더니 수많은 형태로 변형이 되며 나를 브랜딩하기 시작했다. 나는 그때 깨달았다.

'잘 나온 사진 한 장은 인생을 바꾼다.'

스스로 '나는 베스트셀러 작가가 될 거야'라고 말하고, 생각하고, 행동해야 그런 사람이 될 수 있다. 그런 모습으로 나 자신을 가꾸어

놓을 때 주변에서 '이 사람은 뭔가 베스트셀러 작가 같아, 글을 한 번 읽어 볼까?' 하고 관심을 갖기도 한다. 이미지 메이킹은 그래서 중요한 것이다. 내가 대단하다고 생각해야 대단한 사람이 될 기회를 얻는다. 우리 삶은 의외로 말하는 대로 이루어질 때가 많다. 잘 찍은 오늘의 사진은 5년 뒤, 나에게 선물이 될 것이다. 10년 뒤, 나를 이끌어주는 계기가 된다. 15년 뒤, 내가 오늘의 사진을 보고 그리워할 수 있으니 미래의 나를 위해 기록한다.

시선으로도 마음을 살 수 있다

굳이 프로젝트에서 스피치 미션을 주었더니 스토리, 발성, 목소리톤, 속도보다 더 놓치고 있는 부분이 있다. 바로 '시선 처리'였다. 스피치 도중 시선이 계속 움직인다던가, 대본이 적혀 있는 한 곳만 응시한다던가, 손에 쥐고 있는 순서 표를 보느라 고개를 숙인다던가 하는 실수를 생각보다 많이 했다. 그 이유를 찾다 보면 한국에서 대화할 때 상대의 눈을 뚫어져라 쳐다보는 것은 뭔가 예의에 어긋난다는 고정관념에서 시작되었을 수 있다.

지난해 비행이 한창 많은 시기가 있었다. 하필 항공기마저 연일 이곳저곳에서 결함이 생겨 이 항공기로 운항을 하네 마네 이슈도 굉장히 많은 터라 매 비행마다 스트레스가 이만저만이 아니었다. 그 시기에 우연히 오랜 친구들과의 식사 자리가 있었는데 몇 년 만에 본 친구가 말했다.

"야, 현호야 너 왜 이렇게 피곤해 보이냐?"

사실 내가 놀란 점은 그날 쉬는 날이어서 집에서 푹 쉬고 간 데다, 나름 꾸미고 간 날인데 예전에 비해 기력이 딸려 보인다나, 예전의 날카로움이 사라졌다나 뭐라나. 하여튼 상당한 충격을 받았다. 매일 빡빡하게 돌아가는 비행 스케줄에 안전으로부터 위협을 받는 다양한 요인들로 인하여 스트레스를 받으니 나도 모르게 얼굴에 피곤이 절어 있던 것이다. 다만 매일 반복되니 스스로는 인지를 못 하고 있었지만, 오랜만에 나를 만난 이들은 단번에 알 수 있었다.

주위를 둘러보면 의외로 동태 눈깔을 하고 하루를 살아가는 이들이 생각보다 꽤 많다. 반대로 무의식적으로 나 역시 동태 눈깔을 하며 살아가고 있는 것은 아닌지 돌아본다.

대학생 시절 친구 한 명이 있었다. 집에 여유가 있던 터라 하고 싶은 걸 마음껏 하고, 사고 싶은 걸 주저 없이 사던 친구다. 한의사가 되겠다며 20대 후반에 한의대를 준비하더니 어느 순간 보이차와 요가에 매진하기 시작했다. 결국 대한민국 요가의 성지 제주 시에 위치한 '한주훈 요가원'에서 수련을 하기 시작했다. 한주훈 선생님은 하타요가의 세계적인 지도자로서 전설적인 '요기'이다.

그는 8살 때부터 자연스럽게 스스로 요가를 독학하기 시작해서 20대에 간 인도에서는 도리어 유럽인들에게 요가를 가르치고 왔다. 본래 요기들에게 전설적인 존재였지만, 몇 년 전 이효리의 제주도 요가 선생님으로 방송에 잠깐 나오며 대중들에게도 알려지기 시작했다.

10년 전 그 친구가 한주훈 요가원 1층에 작은 차방을 열었다길래 한 번 찾아갔다. 그때 한주훈 선생님을 처음 뵈었다. 한눈에 봐도 도인 같은 외모에 우렁찬 목소리와 자세는 흡사 호랑이 같은 기운이 돌았다. 당시 그의 연세가 58세였는데 몸의 근육이 옷 밖으로 넘쳐흐를 정도에 눈빛이 꼭 패기 있는 20대 초반의 사내 같았다.

나이가 들어도 총명한 눈빛을 가질 수 있는 가장 큰 이유는 끊임없이 자기 신체를 고통 속에 던지고, 그 안에서 심신을 단련했기 때문일 것이다. 오늘의 불가능한 동작은, 내년의 몸 풀기 운동이 된다.

관심은 표현해야 드러난다

유독 상대의 말이 잘 들리고, 진정성 있게 느껴지는 이들의 공통점은 바로, 말할 때 상대의 눈을 보는 이들이다. 눈이 마주침을 두려워하지 않고, 시선에 흔들림 없이 아이 컨택을 하는 이들의 말은 신뢰감을 준다.

누군가의 말을 들을 때에도 눈을 피하지 말아야 한다. 그 쑥스러움과 낯섦을 이겨낼 줄 알아야 상대에게 호감도 줄 수 있고, 신뢰도 안길 수 있게 된다. 곁눈질하거나 고개를 숙이게 되면 자연스레 대화에 집중하지 않는 것처럼 보일 수 있다.

허준의 소설 『허생전』을 보면 그 옛날 허생이 사업자금을 빌리고자 장안에서 가장 부자라는 변진사를 찾아가는 대목이 있다. 이때 변진사는 차용증도 없이 허생의 말 몇 마디만 듣고 이름도 묻지 않은 채 선뜻 2만 냥이라는 거금을 빌려준다.

주변에서 그 까닭을 물으니 돌아온 대답이다.

"그 선비가 비록 행색이 남루하고 꾀죄죄해 보여도 말에 신의가 있고 눈에 빛이 살아 있었다. 그러한 당당함은 보통의 재주를 가진 자에게는 나오지 않는 법이다. 두고 봐라. 이 투자는 반드시 성공한다."

매사에 거리낄 것 없이 당당한 사람은 눈빛 역시 당당하다. 눈에는 그 사람의 삶과 인품이 담긴다. 여기 눈 뜨는 힘에 대한 운동이 있다.

- 지그시 눈을 감고 눈동자에 힘을 준다. 3초간 유지하며 천천히 눈을 뜬다. 3번 정도 반복한다.
- 눈을 감고 있는 상태로 눈동자를 좌우로 3회씩 천천히 돌린다.

〈굳이 프로젝트〉 오늘의 미션

1. 가장 단정한 옷을 입고, 신발을 깨끗이 닦아 보고 하루를 보내기. 집에서도 후줄근한 옷보다 말끔한 옷으로 갖춰 입기.
2. 주변 무인 사진관 또는 사진관을 찾고, 집에서 미리 표정, 포즈를 연습하고, 프로필 사진 찍기
3. 하루 3번 거울을 보며 내 눈빛 보기. 동태 눈깔은 피하고, 대화할 때 상대와 아이 컨택을 시도한다.
4. 총명한 눈을 위해 눈 운동하기

/
실수도 언젠가 빛을 발한다

레바논 베이루트 인근 어느 산 정상에 있는 스키 리조트로 여행한 경험이 있다. 레바논 출신 회사 동료 왈리드 차장과 호텔 로비 카페에서 대화를 나누던 때였다. 어느 날과 다름없는 재즈가 잔잔하게 들리며 창밖에는 흰 눈이 내리고, 관광객들이 여유 있게 웃으며 시간을 보내는 평범한 밤이었다.

갑자기 약 10미터 정도 떨어진 한 바 테이블에서 어느 여성이 갑자기 팔을 휘젓는 모습이 눈에 들어왔다. 그 모습이 너무나 기이해서 눈을 뗄 수가 없었다. 여성은 팔이 경직된 채 일직선으로 두 팔을 마치 강시처럼 허공을 향해 피더니 2초 뒤 의자에서 바닥으로 내팽개치듯이 "쾅" 하고 넘어졌다. 모든 것이 5초 안에 벌어진 일이었다.

넘어지며 난 소리가 꽤 컸다. 갑자기 멀쩡한 여성이 넘어지니 모두가 당황했다. 웅성웅성 소리가 들렸다. 그 순간 나도 모르게 자리를 박차고 일어나 전속력으로 그녀를 향해 달려갔다. 무슨 정신으로 달려갔는지 모른다. 제일 먼저 다가가서 바닥에 떨어진 머리를 보호하고, 호흡하는지 눈으로 확인했다. 문제는 호흡이 상당히 불규칙했다. 입 주변에 거품이 일기 시작했다. 발작 환자였다. 침이나 구토물이 기도로 넘어가 더 심한 호흡 곤란이 올 수 있어 그녀를 옆으로 눕혔다.

누구나 영웅이 될 기회가 한 번은 온다

그제야 왈리드와 주변 몇몇 사람들이 환자 옆에 다가와서 발작을 일으키는 그녀의 몸을 지켜주고, 달래주기 시작했다. 그렇게 1분 정도 지났을 무렵 여성의 상태가 조금씩 나아졌다. 보호자는 그녀가 원래 간질 환자였다고 말했다. 워낙 정신이 없기도 했고, 상황이 긴박했던지라 환자와 보호자에게 따로 감사 인사는 받지 못했다. 그러나 그 자리에 있던 몇몇 사람들이 홀로 외국인인 나에게 되레 감사하다고 인사를 건넸다. 왈리드가 말했다.

"현호, 그래서 내가 항상 널 슈퍼맨이라 부르는 거야, 나도 빨리 뛰어가긴 했지만 너는 무슨 소방관인 줄 알았다."

말도 안 통하고, 얼굴색도 다른 환경에 있으면 우리는 보통 소극적으로 변한다. 익숙하지 않기 때문이다. 낯설기에 더 움츠러든다. 그러나 그녀가 내 가족이었더라면 소극적인 태도로 방관할 수 있었을까?

프린스턴 대학교에서 '기업가정신'을 강의했던 유명 작가 팀 페리스는 저서 『지금 하지 않으면 언제 하겠는가』에서 이렇게 말했다.

소중하게 간직해온 일이 있는가? 꿈꿔온 삶의 방식이 있는가? 그렇다면 지금 시작하라. 지금 하지 않으면, 대체 언제 할 것인가?

자동적으로 굳이 한다

굳이 달려가서 기도를 확보해 준다. 말이 안 통해도 영어로 그녀를 다독인다. 이러한 행동은 그녀를 위한 행동이 아니다. 나를 위한 행동이다. 언젠가 내 가족에게, 친구에게, 동료에게 같은 상황이 벌어지면 더 빠르고 효율적인 대처를 할 수 있는 나로 인도해주는 일이다.

나는 매 순간을 내 시간으로 산다. 내가 굳이 영어를 배워야겠다고 마음먹지 않았더라면, 내가 굳이 호주에 가지 않았더라면, 내가 굳이 스쿠버다이빙 강사가 되겠다고 마음먹지 않았더라면, 아마도 응급 구조 강사 자격증을 취득할 기회는 없었을 것이다. 오래전 굳이 했던 도전이 시간이 흘러 오늘날 누군가에게 힘이 되어 주었다. 당신도 이런 상황이면 굳이 먼저 달려가서 도움을 줄 수 있다.

2022년 가을, 대한민국은 이태원 참사로 인해 모두가 깊은 슬픔에 잠겨 있었다. 그로부터 며칠 뒤, 나는 산을 다니던 친구들과 설악산 대청봉 무박 2일 일정을 계획하고 자정에 모여 설악산으로 향했다.

어둠 속 새벽부터 오르기 시작해 오전 8시쯤 마침내 중청 대피소에 도착하고, 우리는 식당에서 아침 삼겹살을 구워 먹었다. 밤새 산을 올라 일출을 보고, 대피소에서 먹는 삼겹살은 그 어떤 말로도 표현이 불가하다. 입을 벌리는 순간 함께 들어오는 해발 1,700미터의 차가운 공기도 맛이 느껴질 정도다.

우리 옆 테이블에는 동호회처럼 보이는 30~40대 남녀 10여 명이 함께 시끄럽게 밥을 먹고 있었다. 곱창과 야채에 크게 한 상을 차려 온 듯 보였다. 평화로운 식사를 하는 도중 갑자기 옆 동호회 테이블에서 큰 폭발음과 동시에 엄청난 불길이 치솟았다. 곱창 기름을 담아놓던 컵에서 버너로 불이 옮겨 붙어 폭발한 것이다. 순간 불길은 천장까지 치솟았고, 그 테이블 등산객들은 비명을 지르며 뒷걸음질을 쳤다.

당황해서 아무런 행동도 못 하고 얼어 있는 그들에게 누군가가 위험을 감지하고 소리쳤다.

"얼른 버너 잠그세요!"

그러나 불길이 더 크게 치솟으며 그들은 차마 버너 쪽으로 손을 내밀지 못했다. 당시 식당에는 약 스무 명 정도의 등산객이 옹기종기 모여 있었고, 갑작스레 불길이 치솟는데 모두가 얼어서 아무것도 못 하는 상황이었다. 이런 광경은 처음 접하다 보니 모두가 당황스러워하면서 상황을 지켜보기만 했다. 순간 나도 모르게 소리쳤다. 사실 당시에는 내가 소리친 줄 몰랐고, 나중에 친구들이 알려줘서 그마저도 알았다.

"다 밖으로 나가!"

이 한마디에 우리 일행은 물론 주변에 있던 모든 등산객이 야외로 이어진 출구로 하나둘씩 탈출했다. 그러고 나서 나는 바로 소화기를 찾으러 나섰다. 식당에 들어올 때 복도에 소화기를 어렴풋이 본 기억이 났다. 정확히 그곳에 소화기가 있었다.

나가는 사람들을 뒤로 하고 소화기에 핀을 빼고 불이 난 테이블을 향해 호스 입구를 향했다.

"수건 같은 것 있으면 덮으세요!"

소화기를 발사하기 직전, 누군가가 수건으로 불길을 덮으며 산소를 차단해 더 큰 피해를 막을 수 있었다.

일 년이 지나 우연히 친구들과 그날을 회상하는데 한 친구가 말했다.

"야, 근데 현호가 파일럿이라 그런지 그때 그 상황에서 확실히 상황 판단이 빠르더라."

"맞아, 다 나가! 소리쳐서 우리 그때부터 나가기 시작했잖아. 이태원 사고가 이랬겠다 싶더라."

당시 내가 "다 나가"라고 소리친 줄 그날 처음 알았다. 사실은 내가 파일럿이라서 상황 판단이 빠른 것은 아니었다. 어릴 때부터 '소화기'는 나와 아주 밀접한 도구였다.

나쁜 경험도 교훈이 된다

초등학교 4학년 때 일이다. 당시 나는 남열이라는 친구와 함께 '등용문'이라는 작은 학원을 다녔다. 어느 날 친구에게 말했다.

"남열아, 내가 재밌는 거 보여줄까?"

나는 호기롭게 소화기를 들고 친구를 화장실로 데려갔다. 자신 있게 당긴 소화기 때문에 어마어마한 일이 벌어졌다. 당시 내가 든 소화기는 한 번 분사하면 모든 용량을 소진할 때까지 멈추지 않는 소화기였다. 순식간에 학원 화장실이 하얀 분말로 가득 찼고, 친구는 이미 도망가 사라진 지 오래였다. 부모님은 새 소화기를 들고 사과를 하러 학원에 오실 수밖에 없었다.

결국 이 사건으로 어린 시절 수없이 꾸중을 들었지만, 이 사건은 나중에 시간이 흘러 중청 대피소 화재 사건에서 빛을 발했다. 한번 소화기를 분사했던 기억을 지닌 내 몸은 조금이나마 빠른 움직임을 보였다.

영웅은 갑자기 우연처럼 만들어지지 않는다. 사람을 구하는 사람은 따로 없다. 그저 한 번이라도 실험해 본 사람이 미래에 한 생명을 구하는 구조자다. 나쁜 경험조차도 경험이 된다. 언제 어디서 나의 행동력 때문에 누군가의 생명을 구할지 아무도 모른다.

〈굳이 프로젝트〉 오늘의 미션

1. 심폐소생술 영상을 가족, 지인들과 함께 보기

2. 가족들과 실제로 역할 바꿔가며 시뮬레이션 해보기
3. 집, 일터, 헬스장, 도로 주변 소화기, 소화전 위치 확인하기
4. 실제 손잡이, 핀 직접 만져 보기

/
내 생에 꼭 한 번
다시 만나고 싶은 사람이 있다면

2007년 뜨거운 여름, 나는 캄보디아 씨엠립에서 차를 타고 한 시간 정도 거리에 있는 빈민가 마을에 있었다. 그곳은 공동 우물로 다 같이 씻고, 빨래하던 그런 마을이었다.

캄보디아는 우기가 길어 홍수로 집이 잠기는 경우가 많기에 집들이 대부분 나무로 높게 진다. 마치 아파트 필로티처럼 말이다. 그런데 그 나무마저 촘촘하지 못해 나무 사이사이가 다 벌어져 바람이 들어왔다. 야생 뱀이나 곤충들이 들어오기도 했다. 어떤 아이들은 신발도 없이 다니고, 옷이 없는 아이들도 간혹 있었다.

당시만 해도 그 마을에 아직 외지인들의 손길이 많이 닿지 않았다. 그래서 마을 사람들이 우리에게 굉장히 호의적이었다. 나는 마을 센터에서 아이들 영어를 가르치는 일을 했다. 실은 가르친다기보다는 그냥 함께 노는 수준이었다.

그중 나는 스레이누라는 아이와 빠르게 친해졌다. 원래 아이들을 좋아하기도 했지만, 이 아이는 유독 나를 잘 따랐다. 아침에 내가 트럭을 타고 마을에 도착하면 제일 먼저 다가와서 내 손을 잡고 교실로 들어갔다. 늘 자기가 어제 무슨 일이 있었는지 조잘조잘 캄보디아 언어로 말했다. 스레이누는 참 정이 많았다.

아이는 아침마다 센터로 오는 길에 꽃을 따다가 팔찌를 만들어 내 팔에 끼워주었다. 내가 탄 트럭 소리가 들리면 버선발로 뛰어나와 미리 따놓은 과일을 살며시 건넸다. 무언가 도움을 주러갔지만 정작 매일 받는 사람은 나였다.

그곳 마을 사람들은 가진 것이 없어도 줄 게 많은 이들이었다. 나는 가진 것이 많아도 줄 것이 없는 이였다. 과연 누가 더 행복한 삶을 산다고 말할 수 있을까?

지구라는 작은 행성에서 다시 볼 수 있다면

나는 스레이누를 한국에 데려와 교육받게 하고 싶었다. 입양이라도 하고 싶었지만, 대학교 2학년에 불과한 나는 아이를 양육할 수 있는 여건이 되지 않았다.

몇 년이 지나고, 한 여성이 싸이월드로 메시지를 보내왔다.

"혹시 2007년도에 캄보디아 다일공동체에 계셨었나요? 저는 이번 여름에 그곳을 다녀온 OOO라고 합니다. 스레이누라는 아이를 만났는데 그 친구가 현호 씨를 애타게 찾고 있어요. 고이 쓴 편지를 제가 보내주겠다고 들고 왔는데 현호 씨 집 주소 좀 알려주시겠어요?"

며칠 뒤, 도착한 봉투 안에는 캄보디아 말이 빼곡한 편지 두 장이

들어 있었다. 그렇게 우리는 서로 이해하지 못할 몇 통의 편지를 주고받았다.

또 다시 몇 년이 지나, 스레이누가 합창단 공연을 위해 한국을 방문했다고 들었다. 당시 나는 해외에 있었기에, 결국 다시 만날 수 있는 기회를 놓치고 말았다. 그때 친구로부터 사진만 건네받았는데 스레이누가 마치 어딘가를 슬픈 눈으로 보는 듯했다.

행하지 않는 생각은 그저 생각에 불과하다

17년이 지나 두 아이의 아빠가 되고 나니 문득 그 마을과 아이들이 생각이 났다.

'스레이누는 잘 지내고 있을까? 아직 그 마을에 살고 있을까? 다들 결혼은 했을까?'

'늘 그곳을 다시 가야지'라고 생각만 하고 살다가 벌써 17년이 지났다. 생각만 하다간 이번 생에 다시는 가지 못할 것 같았다. 서둘러 가족회의를 열었고 그곳을 다시 가기로 했다.

이왕이면 스레이누를 찾기로 결심했다. 어떻게 찾아야 할지 몰라 당시 캄보디아에 함께 갔던 친구들에게 수소문했다. 마침 부산에 사는 동생 진성이가 불과 몇 년 전에 그곳을 방문했고, 다행히 마을 아이 중 한 명과 연락을 하고 있었다.

"진성아, 그럼 스레이누라는 아이 소식 아는지 물어봐 줄래?"

그러자 진성이는 몇 시간 뒤에 놀라운 소식을 전해주었다.

"형, 그거 알아요?"

"뭐?"

"형이 찾던 그 친구 한국 사람이랑 결혼해서 한국에 있다는데요."

세상에! 이렇게 가까운 곳에 살고 있었는데 영영 못 찾을 거라 착각하고 살았다니 한 대 얻어맞은 기분이었다. 소식을 듣고 가장 먼저 든 생각은 '그래도 한국인이랑 결혼해서 한국에 산다니 정말 다행이다'였다. 캄보디아에서 학교는 제대로 갔을지도 걱정이었고, 일자리는 구해서 경제활동은 하는지 궁금했는데 한국에서 잘살고 있다니 천만다행이란 생각이 먼저 들었다.

스레이누의 페이스북 프로필을 받아서 바로 메시지를 보냈다. 내 이름을 쓴 팻말을 든 스레이투의 사진을 함께 보냈다. 오랜만에 인사하니 갑자기 설레었다. 몇 분이 지나고 답장이 왔다. 바로 답장을 열었고, 스레이누의 답장은 가히 충격적이었다.

"누구세요? 저 아세요? 한국 사람인가요?"

아뿔싸, 내 사진을 같이 안 보낸 것이다. 사진이 많지 않았지만 얼른 찾아서 한 장 보내주었다. 그러나 슬프게도 스레이누는 나를 전혀 기억하지 못했다. 충격의 연속이었다. 개인적으로 입양을 생각했을 정도로 너무나 각별했고, 한국에 있는 내게 손 편지를 보냈을 정도로 애틋했는데 아예 기억을 못 한다니 도무지 믿기지가 않았다.

생각해 보니 스레이누는 그 당시 아홉 살이었다. 심지어 많은 봉사자들이 매년 그 마을에 다녀갔기에, 그 많은 한국인 중에서 나를 기억하는 것은 엄청나게 어려울 것이었다.

그 와중에 스레이누와 스레이누 동생과도 연락이 닿았는데 둘 다같은 말을 했다.

"이렇게 긴 시간 우리를 기억해주고, 사진도 보관해주셔서 정말 감사합니다."

설령 아이들이 나를 기억하지 못한다고 하더라도 이렇게라도 찾길 정말 잘했단 생각이 들었다. 아이들의 소식을 듣는 것만으로도 속이 시원했다.

나는 한 번이라도 누군가에게 그리운 사람이었을까?

〈굳이 프로젝트〉 오늘의 미션

1. 내 생에 꼭 한 번 다시 만나고 싶은 사람이 있다면 한 명 찾아보기
2. 구글, 페이스북, 인스타그램, 링크드인에서 이름, 지역, 학교 검색해 보기

/
누군가의 희생으로 오늘이 만들어졌다

영화 〈서울의 봄〉을 보고 민주화 운동을 처음 접했다는 10대의 리뷰를 보았다. 나 역시도 막연하게 알았던 사실들을 영화를 보고 나서 더 파헤쳐보기도 했다. 당시의 사건을 알아보면서 지금 알려진 부분도 극히 일부일 텐데 실제로는 얼마나 많은 일들이 있었을지 가늠이 안 갔다. 전쟁은 어딘가에서는 크고 작게 아직도 반복되며, 아직도 지구 반대편에서는 더한 일도 행해지고 있다.

'만약 1980년 당시 내가 대학생이었다면 어떻게 대처했을까?'라고 스스로에게 질문하니 할 말이 없었다. 내 대학생 시절에도 사회에 큰 관심이 없었는데 그때라 한들 달랐을까? 영화를 보는 내내 부끄러웠다. 내게 드리워진 지난날의 무관심과 오늘날의 개인주의에 대해 자랑스러울 리가 없었다.

플라톤은 이렇게 말했다.

"정치를 외면한 가장 큰 대가는 가장 저질스러운 인간들에게 지배당하는 것이다."

내가 무지한 만큼이나 누군가의 욕심이 내 환경마저 조종했을지 모른다.

먼 이야기가 아닌 가까운 이야기

몇 년 전 우리 집 앞에 새 아파트 입주가 시작됐다. 얼마 후 해당 아파트 주민들이 근거리 배정 A 초등학교를 거부하고, 훨씬 먼 B 초등학교로 배정해달라고 교육청에 시위하기 시작했다. 상대적으로 집값이 저렴하고, 주거 선호도가 낮은 신도시 외곽 학교들을 기피하는 모양새였다. 결국 교육청이 슬그머니 새 아파트 편을 들어주기 시작했다. 공교롭게도 당시 당선된 새 구청장이 해당 아파트 입주민이었다.

문제는 그럴 경우 우리 집 바로 옆에 위치한 B 초등학교는 과밀 학급이 되어 우리 아이가 초등학생이 되었을 때 집 앞 학교로 가지 못하고 멀리 떨어진 학교로 배정받을 수 있는 상황이 벌어졌다. 결국 우리 단지 주민들이 모여 교육청에 항의 차 방문했다. 그러자 해당 직원들이 몸으로 바리게이트를 치며 진입을 막았고, 심지어 아기띠를 한 엄마를 밀쳐 넘어뜨리는 사태까지 발생하고 말았다.

A 학교 배정을 반대하는 새 아파트 주민들이 굳이 더 먼 B 학교로 배정받고 싶은 이유는 단 하나였다. "우리 집에서 이 학교로 다닐 수 있습니다"라고 하면 집값 상승효과를 기대할 수 있었기 때문이다. 뉴스에서나 보던 일이 실제로 눈앞에서 일어나는 모습을 보니 기가 찼다. 어른들의 이기심에 아이들은 무슨 죄가 있다고 이런 일이 벌어지는가.

결국 나는 지역 국회의원에게 직접 항의했다. 아무 명쾌한 답변도 듣지 못했지만 민원에는 민원으로 대응할 수밖에 없던 순간이 불쾌했다. 내가 관심을 두지 않으면 누군가가 내 자유를 빼앗아간다.

한 번 항의하기 시작하니 내 안에서 잠자고 있던 '문제 제기력'이 올라갔다. 아파트 내 절차에 문제가 있으니 입대의 회의에 참가하고, 아이 어린이집에 누가 말도 안 되는 민원을 넣어서, 그에 대응하는 민원의 민원을 넣기도 했다. 도로에서 무법 운행을 하는 10대 오토바이 운전자를 서울 스마트 불편 신고로 신고했다.

소리 내야 누군가는 관심을 가져준다. 참여하는 만큼 세상은 돌아간다. 결국 주변을 아무도 신경 쓰지 않을 때 권한을 가진 누군가는 웃고 있을 것이다.

미얀마(버마) 민주화의 꽃, 아웅산 수치 여사는 이렇게 말했다.

"부패한 권력은 권력이 아니라 공포다. 권력을 잃을지 모른다는 공포는 권력을 휘두르는 자를 부패하게 하고, 권력의 채찍에 대한 공포는 거기에 복종하는 사람을 타락하게 한다."

〈굳이 프로젝트〉 오늘의 미션

내가 속한 지역, 단체를 위해 할 수 있는 작은 일 해보기. 예를 들면, 지역구 국회의원 SNS에 제안 사항 글을 써보거나 안전신문고에 신고하는 일(도로 제설, 가로등 미설치, 복도, 계단 등 장애물 적치, 악취 등)을 할 수 있다.

진심은 글이 될 때 비로소 빛난다

문명이 발전하면서 우리는 아주 소중한 것을 잃었다. 그것은 바로 '사랑하는 이에게 진심을 전달하는 방법'이다. 곱게 접힌 종이를 펴서, 한 글자씩 읽으며 누군가의 마음을 깊이 이해하는 기회를 통째로 날려버렸다.

나는 내가 아주 좋은 사람이라 생각하지 않는다. 그래서 내 주변 이들에게 '이런 나와 함께 해주어 고맙다'라는 표현을 종종 하려 한다. 주로 엉성한 그림이 담긴 손 편지로 마음을 담아 꾹꾹 눌러쓴다. 이 작은 감사 표시 뒤에는 더 큰 배려와 사랑이 파도처럼 밀려올 것을 알기 때문이다. 혹시 자녀, 배우자 또는 직장 동료가 문제를 일으키거나 내 마음 같지 않다면 손 편지를 써보자. 진심을 전달하기에 때로 열 마디 말보다 온 맘 다해 남긴 글이 제일이다. 사춘기를 심하게 보낸 나는 그 시절 유일하게 기억나는 것이 하나 있다. 그것은 바로 어머니가 종종 써 주시던 편지 말미에 적힌 문구다.

필요한 게 있으면 아줌마한테 말씀드려. 진형이 형 말대로 애들이 '차

이나'라고 놀리면 당당하게 '코리아'라고 해. 코리아에서 가장 잘생긴 미남이라고. 당당해야 한다. 항상 자신감 있게 생활하고. 넌 나중에 큰일을 할 사람이라 믿는다. 우리 아들, 파이팅.

'넌 나중에 큰일을 할 사람이라 믿는다'라는 이 말은 평생 잊을 수 없을 것이다.

전화는 다시 들을 수 없지만 1996년 가을, 중학교 시절 받은 어머니의 저 편지는 두고두고 수도 없이 보았다. 손 편지는 단 한마디의 말없이도 마음을 전달하는 최고의 매개체다.

남들보다 기회를 더 많이 잡는 법

해병대 시절 90퍼센트의 동료들이 매사 불평했다. 누군가는 군대를 버리는 시간이라 불평하지만, 나는 다리미라도 배울 수 있음에 감사했다. 해병대에서는 일병이 되면 전역하는 선임들 전투복, 동료들의 휴가복 등 다리미를 매일 하다 보니 다리미 전문가가 된다.

일병이 되면 동료들 이발을 하게끔 배운다. 바리깡을 자유자재로 사용할 수 있게 되었다. 10년 후 내 머리도 혼자 스스로 자르게 되었다.

전방 작은 소초에서 지내다 보면 부대원이 총 스무 명이 채 안 된다. 누군가는 요리사가 돼야 한다. 1년 후 결국 난 한식 조리사가 되었다. 지나고 보니 모든 일은 '태도'에 달려 있었다.

우리는 누군가를 평가할 때 실력이 아니라 태도를 먼저 본다. 바른 태도의 시작은 곧 감사하는 마음에서 비롯된다.

감사는 생각이 아닌 표현

〈세바시〉 영상이 400만 조회 수를 기록한 뒤로, 주변의 많은 이들에게 기업 강연 기회를 연결해주었다. 어떤 이는 "감사합니다"라는 단 한 마디로 마음을 전했고, 어떤 이는 할 수 있는 모든 역량을 발휘하여 감사를 표했다. 어느 분은 유명한 사진 작가셨는데 감사 표시로 우리 가족사진을 찍어주셨다. 어머니와 장모님은 몇 년이 지나도록 그날의 사진을 카카오톡 프로필 사진으로 해두신다.

감사의 마음을 전달하고자 한다면 오늘 당장 글로 옮겨 보자. 이왕이면 '당신이 있어 감사한 이유 25가지'로 쓴다면 더 좋다. 글을 쓰면서 상대가 얼마나 감사한지 다시금 깨닫고, 받는 역시 본인을 얼마나 아끼고 사랑하는지 한눈에 알 수 있어 두고두고 생각하게끔 한다.

애처가로도 유명했던 김환기 화백은 아내에게 이렇게 편지를 썼다.

> 아내에게,
>
> 나 지금 들어왔어요. 아까까지 먹었던 것이 금방 또 배가 고파요. 아이스박스를 열어보니 (이 아이스박스는 아주 조그만데 참 실속이 있어. 우리 이런 거라도 서울서 하나 가졌더라면) 핑크빛 포도 한 송이가 남아 있어요. 참, 포도를 보면 포도를 먹으면, 우리들의 파리가 생각나요.
>
> 1963년 11월 13일 김환기

〈굳이 프로젝트〉 오늘의 미션

당신이 있어 감사한 이유 25가지라는 주제로 손 편지 쓰기

/
누군가에게 좋은 멘토가 되어 보기

오래 전 어느 호텔에서 진행된 기업 행사에서 1,500명 대상으로 강연을 한 적이 있다. 강연 중 질문 하나를 했다.

"이 곳에서 마라톤 대회를 연다면 혹시 나는 3킬로미터, 5킬로미터 말고, 이왕 하는 거 풀코스에 도전하겠다는 분 계시나요?"

청중 뒤쪽 희미한 곳에서 말이 끝나기도 전에 "저요!" 하며 번쩍 일어나 마치 태평양 한가운데에서 조난당한 사람처럼 손을 크게 휘젓는 여성 분이 있으셨다.

"제일 먼저 손드신 저 뒤에 계신 여성 분, 지금 연단으로 나오세요."

무대에 올라 그분이 소리쳤다.

"안녕하세요, 사실 최근 제가 너무 힘든 일이 있어서 정말 죽어버릴까 하기도 했어요. 그런데 오늘 강연 들으면서 뭔지 모르는 용기가 생겼습니다. 저는 제2의 오현호가 되겠습니다!"

그녀는 1,500명으로부터 열화와 같은 박수를 받았고, 우리는 지속적으로 연락하며 지내기 시작했다. 내 첫 아이가 태어났을 때, 생일날 등 내 일상의 중요한 순간마다 찾아와 지난 날 정말 감사했다며 정성 담긴 편지와 선물들을 주곤 했다.

타인에게 기회를 만들어주는 사람이 되자

나중에 알았지만, 그 당시는 그녀에게 인생 최악의 암흑기였다. 늘 씩씩한 모습이어서 그 정도로 힘들었을지는 상상도 못 했다. 그럼에도 내가 해준 작은 조언들이 그 당시 길고 길었던 어둠의 방을 나올 용기가 되었고, 어디로 가는지 모르지만, 묵묵히 걸어 보는 끈기가 되었다.

그녀는 어느 날 내게 물었다.

"작가님, 실은 제가 예전에 유명 배우 팬클럽 회장이었거든요. 작가님 정말 곧 유명해지실 것 같아요. 제가 오현호 팬클럽 만들어도 될까요?"

당시는 너무 뜬금없기도 하고, 딱히 유명해져서 팬클럽을 만들고 싶은 욕심이 없다 보니 정중히 거절할 수밖에 없었다. 그로부터 몇 년이 지나고, 그녀는 '소상공인의 SNS 과외 선생님'이란 타이틀로 전국 5,000여 곳 이상의 소상공인들에게 온라인 마케팅 교육을 하는 인물로 발전하게 되었다. 네 번째 〈세바시〉 강연이었던 군이 프로젝트 촬영 날, 그녀는 물었다.

"작가님 〈세바시〉 강연에 방청 가도 될까요?"

"당연하죠, 오세요."

촬영이 끝나고 보니 그녀는 오시는 분들 모두를 위해 샌드위치와 디저트를 준비해왔다. 무거웠을 텐데 어떻게 혼자 들고 왔을지, 금액도 만만치 않을 텐데 정성이 정말 고마웠다.

나는 누군가에게 무언가를 받는 것이 사실 무안하다. 그래서 괜스레 거절하고, 미안하다. 하지만 기분이 내심 좋은 것은 어쩔 수 없나 보다. 집에 와서 그 샌드위치 상자와 편지를 읽는데 지난 7년의 시간 동안 그녀가 흘렸던 눈물이 떠올랐다.

사실 그녀를 위해 했던 내 행동과 말, 배려들 모두 나를 위한 것이었다. 누군가에게 도움이 되는 말을 해보니 어떤 사람들에게 내가 다가가야 할지 보인다. 누군가에게 도움이 되는 손을 뻗으면 내가 어떤 말을 해야 할지 알게 된다.

누군가에게 그의 속마음을 들어보려 귀를 기울이면 그 시간 자체로 상대에게 치유가 된다는 사실을 알게 된다. 읽고, 배우고, 가르침 받는 것도 좋지만, 직접 손을 잡고, 경청하고, 용기를 주는 것을 따라올 수 없다.

〈굳이 프로젝트〉 오늘의 미션

1. 주변에 도움이 필요한 누군가를 찾아보기
2. 누군가의 멘토가 되어 보기

/
프로는 우물쭈물하지 않는다

    얼마 전 가수 이은미의 콘서트에 다녀왔다. 무대 위에서 맨발로 공연을 하는 모습이나 음역대가 높지 않아도 목소리와 호흡, 흡입력만으로 관객을 빨아들이는 카리스마는 그를 더 궁금케 하곤 했다. 첫 곡을 부르는데 컨디션이 좋지 않은지 중간 중간 멈칫하며 노래를 완벽하게 소화하지 못했다. 이내 첫 곡을 마치고 말했다.

    "이 곡 알바트로스를 이렇게 불러본 적은 처음이네요. 며칠째 감기로 고생 중인데 오늘 제 컨디션이 아닌 것 같습니다. 회복할 수 있도록 최선을 다하겠지만 목소리가 돌아오지 않는다면 여러분께 콘서트 티켓을 환불 드리겠습니다."

    곳곳에서 "괜찮아요" 하며 가수를 응원하는 팬들의 목소리가 들렸다. 이제 겨우 한 곡 불렀는데 대뜸 환불을 해주겠다는 그의 빠른 다짐이 꽤 인상적이었다. 콘서트홀 대관료, 수십 명의 스태프 등 당장 오늘 콘서트 준비 비용만 해도 어마어마한데 큰 그림을 그릴 줄 아는 대범함에 놀랐다.

그리고 세 곡을 연달아 불렀는데 목 컨디션은 더 안 좋아지고, 설상가상으로 고음은 전혀 소화하지를 못하는 지경에 달했다.

"너무 죄송합니다. 목소리가 나오지 않아 더 이상 콘서트를 진행하지 못할 것 같아요. 30년 넘게 무대에 서면서 이런 경험은 처음이라 저도 당혹스럽습니다. 정말 죄송합니다."

잠시 주최 측 대표와 대화를 하더니 몇 곡 정도를 더 불러보고 더이상 공연을 이어 나가는 것은 의미가 없다고 판단했는지 콘서트를 한 시간 만에 종료시켰다. 이내 모든 관객은 수수료 없이 환불 처리되었다.

승부에 연연할 필요 없다

나는 승부욕이 강한 성격 탓에 성적이 나오거나 승부를 하게 되는 상황에서 과욕을 저지르는 경우가 종종 있었다. 결과가 좋으면 그마저도 열정으로 포장이 될 수 있지만, 시간이 흘러서 그 과정에서 누군가에게 피해를 끼치거나 불편함을 주었다면 옳은 방법이라 할 수 없다.

내가 4년에 한 번 출전하는 올림픽 국가대표도 아니고, 이번에 좋은 성적이 아니어도 다음에 더 좋은 결과로 만회할 수 있는 기회는 도처에 깔려 있기 때문이다. 다만 애초에 스스로 자질이 뛰어나지 못해 주어진 한 번의 기회라도 최선을 다해 잡고자 했던 자신을 돌아본다. 즉, 그릇 자체가 크지 못하니, 큰 그림을 그리지 못한 습관이 있었다.

마음 비우는 삶이란 말이 쉽지 현실에 적용하기란 어렵다고 느꼈다. 진짜 강자들은 승부에서 져도 웃을 수 있는 자들이다. 당장의 이익보다 멀리 볼 수 있는 눈을 가진다면 승패는 중요치 않게 된다.

기회가 주어지면 최선을 다하는 것이 아니라 최선을 다하면 기회가 저절로 주어진다. 마음을 비우면 놀라운 일들이 일어난다.

만화 〈빨간 머리 앤〉에 나오는 명대사가 있다.

"정말로 행복한 나날이란 멋지고 놀라운 일이 일어나는 날이 아니라 진주알들이 하나하나 한 줄로 꿰어지듯이 소박하고 자잘한 기쁨이 조용히 일어나는 날들인 거 같아요."

막돼먹은 사람과도 언제든지 한 팀이 될 수 있다

한국에서 작은 항공사에 처음 입사하고 재밌는 일들이 많았다.

"야, 오현호 너 왜 이제야 와?"

입사 첫 날 초면인 내게 이렇게 무례하게 말하는 사람을 군대 이후로 오랜만에 봐서 잠시 당황했다. 그런들 이제 막 입사한 나는 다른 선택권이 없었다. 그저 다른 분들처럼 헤헤거리며 권력층에 맞춰주는 쪽을 택했다. '그래 그럴 수도 있지'라고 말이다.

처음부터 유독 나를 미워하던 모 기장은 쉬지 않고 내내 나를 괴롭히고, 모함하고, 뒷담화하기 일쑤였다. 처음에는 내가 정말 무언가 큰 실수를 한 줄 알았다. 그게 아니면 나이도 한참 많은 그가 굳이 내게 그럴 이유가 하나도 없었다.

그와의 비행이 있는 날이면 간식을 사서 미리 가져다주기도 하고, 먼저 기다리며 바르게 인사하기도 하고 오해를 풀고자 노력했다. 말 한마디라도 최대한 조심스럽게 건네고, 인사를 할 때도 진심을 담아 상냥하게 전했다. 시간이 지나고서야 깨달았다. 누군가가 나를 미워하는 이가 있다면 그냥 놔둬야 한다.

그렇게 내가 애쓴다고 그가 나를 다르게 볼까? 전혀 아니었다. 나 혼자 속상해하고, 나 혼자 발버둥 치고 있던 것을 알게 됐다. 즉, 내가 아무리 잘하려고 발버둥 쳐도 누군가는 나를 이유 없이 미워한다. 그것은 내가 잘하고 못하고, 선하고 악하고, 성실하고 게으른 문제가 아니었다.

뭐 특별한 이유가 없다. 그러니 쓸데없이 귀한 내 시간과 에너지를 그런 존재를 위해 허비할 이유가 없다. 우리의 소중한 하루는 다시 돌아오지 않는다. 조종사라는 직업이 뭐라고 이 일을 하기 위해 상사에게 그렇게 잘 보이려 아등바등했을까. 인간 대 인간으로서 기본적인 선을 지키지 못하는 이에게는 내 하루의 1분도 소요가 되어서는 안 된다.

문제적인간과 상종하는 방법

그래서 그날부터 결심했다.

'O 기장 넌 나의 반면교사다. 내가 기장이 되면 절대 너처럼은 되지 말아야지!'

어느 날 놀라운 사실을 발견했다. 누군가가 나를 미워한 어느 날 괜히 억울해하고, 속상했는데 다음 날이 되니 그는 나 말고 다른 부기장을, 다른 일반 직원을 모두 욕하고 험담하고 다녔다. 눈 하나 깜빡이지 않고 마치 숨 쉬듯이 아무렇지 않게. 그에게는 그냥 일상이었다.

그들은 누군가가 속상해하고, 하루 종일 불편한 마음으로 시간을 보내는 것을 알 리가 없다. 그저 오늘 누군가를 흉보고, 내일은 또 다른 누군가를 욕하는 것이 유일한 일상이자 취미인 것이다. 자신의 일상이 재미가 없으니, 남의 일상에 자꾸 관심을 가지는 것이다.

그리고 주위를 둘러보니 모두 나를 존중하고 배려하는 선배, 동료들뿐이었다. 영원한 고통은 없다. 모두 시간이 지나면 터널 끝으로 나와 환한 빛을 비추는 것이 인생이다.

사실 죽을 만큼 사랑하는 사람과도 때로 다투고, 토라지고 헤어지는데, 가끔씩 죽이고 싶을 만큼 미운 사람이 오는 것도 어쩌면 당연한 일이다. 모두 시간이 지나면 언제 그랬냐는 듯이 또 별일 아닌 일이 된다.

누군가 나를 미워한다면 그는 사포와 같다. 그는 시간이 흘러 닳아 없어질 것이고, 나는 닦이고 닦여 매끄러운 자태를 뽐내게 된다.

〈굳이 프로젝트〉 오늘의 미션

1. 냉장고 비우기, 비워질 때까지 장보지 말기
2. 내 주위에 나를 미워하는 이가 있다면 오히려 더 웃어 보이기
3. 주변에 아무 이유 없이 미움받는 이가 있다면 괜스레 말 걸어 보기

/
15년 전 나는 누구와 대화했을까?

    대학생 시절 충격적인 인물을 한 명을 만났다. 앞에서 잠깐 이야기했지만 2008년 대한 산악 연맹에서는 처음으로 일반 대학생들을 선발하여 국내 산악 훈련을 통해, 해외 등반을 시도하는 아주 혁신적인 프로그램을 만들었다. 대상지는 아프리카 우간다 르웬조리, 알래스카 등 살면서 꼭 한번 가보고 싶을 만한 그런 곳이었고, 각 팀 대장으로는 엄홍길, 유한규 등 내로라하는 인물들이 함께했다. 발대식에는 모든 언론사 및 유명 국회의원들도 함께하며 국내에도 이런 모험을 할 수 있는 기회가 누구에게나 주어짐을 축하했다.

    발대식 연회장에서 작은 남성이 보였다. 해맑은 미소가 인상 깊었다. 그는 한 편의 시를 읊는 것 같다가도 용맹한 호랑이의 모습도 보이는 그런 다채로운 면을 지닌 분이었다.

    산에서는 보통 거칠고, 투박한 이들이 대부분이었지만 이분만큼은 달랐다. 특유의 생각과 언행의 여유가 몸에 배어 있었다. 알고 보니 그는 바로 한국 리서치 회장이자 당시 대한 산악 연맹 부회장, 청소년

오지 탐사대 추진위원장 노익상 회장님이었다.

과거로 돌아가기

대한민국에 마케팅이 필요 없던 시절이 있었다. 1970년대 국내 기업은 전부 독과점 형태였다. 1980년대 들어 기업 간 경쟁체제가 만들어지며 기업들도 수요 조사 같은 리서치 업무를 하기 시작했다. 1978년 한국 리서치를 창업한 그는 그야말로 대한민국 마케팅 1세대라 할 수 있다. 남산 인근 작은 사무실에서 직원 한 명과 창업한 회사를 국내 리서치 업계 1위로 만든 신화는 놀라우리만큼 대단하다.

어린 대학생이었던 내게 사회에서 만난 멋진 어른이어서 그에게 많이 배우고 또 닮고 싶었다. 당시에는 그저 히말라야처럼 높은 분이었지만, 늘 동네 형처럼 우리를 아껴주었다. 운이 좋게도 함께 하는 시간이 많아지며 그는 문자나 전화보다 언제나 글로 써서 이메일로 소통하는 분이라는 사실을 알게 되었다. 그래서 내가 캐나다 유콘, 두바이 등 해외로 떠날 때마다, 해외에서 머무는 중에 종종 그에게 내 소식과 근황을 전하며 메일을 주고받았다. 마치 팬레터를 적는 열성팬의 마음으로 그에게 세계 속에서 도전하던 내 작은 근황들을 보내주었다.

며칠 전 그를 오랜만에 만나 식사를 했다.
"현호야 내 가방 어디 있니?"
"이건가요?"

당연히 무슨 좋은 가방일 줄 알았는데 허름한 대한 산악 구조 협회 가방이었다. 그는 현재 대한 산악 구조 협회장이다. 나는 그의 이런 면에 끌린다. 가방 따위가 그의 삶을 증명할 수 없다.

집무실에 오랜만에 가니 1980년도부터 매년 쓰던 노트가 매년 기록되고 수집되어 무려 43년의 기록이 장식되어 있다. 몇 권을 꺼내 읽다 한 구절을 발견했다.

'신뢰는 의지다.'

"이게 무슨 뜻일까요?"

"내가 누군가를 믿어야겠다고 생각하면 이것저것 생각하지 말고, 계산하지 말고, 그냥 무조건 신뢰하는 것. 신뢰는 의지의 문제다."

2015년에 그가 내게 보낸 구절이다.

요새 목민심서를 읽는데, 이런 구절이 있더라.

화가 날 것 같을 때, 급해질 것 같을 때
- 상대방을 존중하라 (마음속에서부터)
- 조금만 기다려라. 적어도 3초를.
- 그리고 온화한 표정을 갖고자 노력하라.

미국 사람들과 살면서 도움이 될 것 같아서 보낸다.

지난 시간 시간을 거꾸로 돌려가며 그와 나눈 메일을 전부 읽어 보았다. 무려 15년 전부터다. 15년이라는 시간 동안 그를 만난 건 아마도 15번이 채 되지 않는다. 그러나 편지는 서로 15번 넘게 주고받았다.

메일 한 통 한 통이 사실 귀한 수업이었음을 뒤늦게 깨달았다. 돌이켜보면 힘들고, 외롭고, 괴로운 시절이 무수히 많았지만, 잘 이겨냈던 가장 큰 이유는 언제나 내 주변에 귀한 현인들이 계셨다.

///

〈굳이 프로젝트〉 오늘의 미션

15년 전 이메일 둘러보고 그중 한 명에게 답장해 보기

Chapter 6

긍정

행동하고
나아가게
하는힘

/
남이 뭐라 해도 내 길을 간다

미국 스크랜턴대학 존 노크로스의 연구에 따르면 새해 계획을 6개월 이상 지속하는 사람은 40퍼센트에 불과하다. 결심만 하는 사람들이 필수로 해야 하는 일은 새로운 목표를 세우기보다 먼저 하지 말아야 할 것들을 적어 보는 일이다. 새로운 습관을 만드는 일보다 의외로 기존의 나쁜 버릇을 없애는 일이 더 수월한 경우가 많다.

내 경우 날카로운 인상을 고치는 일이 참 힘들었다. 아니 지금도 쉽지 않다. 눈이 찢어지고, 대체로 얼굴이 각이 지다 보니 인상이 날카롭다는 말을 어릴 때부터 자주 들었다. 심지어 모든 상황을 삐뚤게 보는 반항기가 있어 불만족스러운 표정이 매사 맴돌았다. 그러다 보니 늘 오해를 사는 경우가 많았고, 절대적인 시간이 지나야 사람들이 내 면모를 바라봐줄 때가 많았다.

스무 살 때 억지로 자주 웃기로 결심했다. 그러더니 학교 선배들이 말했다.

"웃으니까 뭔가 해맑은 양아치 같은데?"

속으로 생각했다.

'그래. 그냥 양아치보단 낫잖아.'

인상은 그 사람의 성격을 증명한다.

하루가 26시간으로 늘어나는 방법

대학교 옆에서 자취할 때 이사를 하면서 텔레비전을 버린 경험이 있다. 그때 처음 깨달았다. 텔레비전을 버리니 하루가 26시간으로 늘어났다. 그동안 무의식적으로 하루 2시간씩 텔레비전을 틀고 시간을 허비한 것이었다. 텔레비전을 안 보니 점차 아주 작은 소음에도 민감해지기 시작했다. 그러자 놀라운 일이 벌어졌다.

앞집 아주머니의 고성, 저녁마다 들리는 아랫집 압력밥솥 소리, 새벽녘 새소리 모두 텔레비전을 버리니 들리기 시작했던 일상의 소리였다. 주변에 무슨 일이 일어나는지 자연스레 알게 되는 점은 단순히 청각적 호기심을 넘어 내 죽어 있던 신경 세포를 깨우는 일이라 여겨졌다.

하루 2시간이 생기니 이제껏 하려고 마음만 먹고 행동하지 못했던 일들을 하나씩 하기 시작했다. 공모전이라는 것을 알아보기 시작했다. 당시 대학생이라면 공모전 하나쯤은 경험해야 했던 분위기였지만, 내게는 다른 우선순위에 늘 밀려 있었다. 팀을 만들고, 조사를 시작하고, 대기업에서 진행하는 큰 공모전에 도전했다. 결과는 탈락이었지만, 스스로 그 과정 자체로 즐거움을 매일 느꼈다. '성실한 대학생들은 이렇게 사는구나!'를 곁눈질로 보며 깨달으니 더 큰 세상이 눈에 보이기 시작한 셈이다.

어제보다 그저 1퍼센트 성장하면 된다

당시 나는 재즈 힙합에 빠져 있었다. 그래서 집에 돌아왔을 때 어둡고 차가운 방구석을 느끼고 싶지 않아서 제일 먼저 하는 일이 음악 틀기였다. 텔레비전이 아닌 음악을 24시간 내내 틀어놓으니 마치 허름한 자취방이 제네바의 한 카페 같은 느낌이 들었다. 제네바를 가보지도 않았으면서 누군지도 모르는 연주곡을 내내 듣고 있노라면, '세상이 뭐 별건가' 하는 생각들을 조금씩 키우기 시작한 것이다. 그리고 그 이듬해 나는 실제로 스위스 로잔으로 교환학생을 가게 되었다.

우리의 뇌는 효율적으로 움직이지만 매우 게으르다. 나이가 들수록 익숙하고 편안한 것만 추구하려고만 한다. 자연스레 잘하는 일만 하려 하고, 기존의 틀을 바꾸려 하지 않게 된다. 인간은 모두 완벽하지 않기에 누구나 단점이 존재하지만, 스스로 알려고 노력하지 않으면 평생 그것을 제거하는 기회를 얻지 못할 수도 있다.

버리고 싶은 내 모습을 찾아 제거하자.

〈굳이 프로젝트〉 오늘의 미션

1. 나만의 '2024 NOT TO DO LIST' 작성하기
2. 하나만이라도 오늘 꼭 실행해 보기

모든 것은 '감사합니다'에서 시작됐다

　어릴 때 프랑스에 있는 지인 집에서 1년 동안 머문 경험이 있다. 학교 등록, 대중교통 타기, 주말여행 등 사춘기 소년의 24시간을 먹여주고, 재워주고, 물심양면 챙겨주신 제2의 부모님의 도움 덕분에 낯선 환경에서도 잘 적응했다. 당시에는 그게 얼마나 대단한 일인지 상상조차 못 했다. 시간이 흘러 가정을 이루고, 아이를 키우다 보니 내 아이와 다른 아이를 한 공간에서 함께 양육한다는 일이 얼마나 어려운 일인지 깨닫게 되었다.

　태권도 사범으로 아프리카 가봉에 진출해 대통령 경호실장까지 지낸 박상철 전 가봉 한인회장님 가족이 바로 당시 나를 집에 받아주시고, 아들처럼 키워주신 분이다. 그로부터 20년이 흘러 은퇴하시고 한국에 오셨다는 말을 듣고 첫 책 『부시파일럿, 나는 길이 없는 곳으로 간다』를 들고 감사의 인사를 드리러 직접 찾아갔다. 오랜만에 얼굴을 봐서 그런지, 너무나 반가우셨는지 연신 "우리 현호 예쁘게 잘 컸네"라며 뿌듯해하셨다. 얼마나 좋으셨는지 찾아뵙고 이제 그만 나가려는데 아버님이 현관에 있는 코끼리 상아 장식품을 들더니 말하셨다.

"현호 줄 게 없네. 이거라도 가져가라."

　그때 그 모습을 본 어머님은 깜짝 놀라셨는지 "아니, 무슨 이런 걸. 으이구" 하며 두 손으로 말리셨다. 아마도 가격대가 있는 물건이었을 지 모르지만, 시간이 지나도 그 순간이 참 기억에 남는다.

　아마도 너무 반가운 나머지 뭐라도 손에 쥐어주고 싶은데 딱히 준비된 것이 없으니 당장 눈앞에 있는 그 무거운 장식품을 들고 건네주려는 모습이 꼭 명절 때 할아버지, 할머니가 예쁜 손자들에게 뭐라도 더 주고 싶은 모습과 같았다. 이날의 반가움과 감동이 얼마나 진했는지 하루 종일 그 따스한 기운이 가시질 않았다.

감사는 선택이 아닌 습관이다

　우리는 종종 바쁜 일상 속 소중한 이들에게 감사의 말을 전하거나 표현하는 것을 간과하는 경우가 많다. 사실 감사 인사는 타인이 아닌 나를 위한 행위에 가깝다. 감사함을 느끼는 행위 자체가 현재의 풍부한 삶을 의미하며, 만족감의 표시이기 때문이다. 많이 가진 이들이 감사 표현을 더 잘하는 이유이기도 하다.

　때로 감사는 절망의 순간에 희망을, 아픈 마음에 치유를, 역경에 대처하는 데 힘을 준다. 힘든 순간에 위기를 벗어날 수 있는 효과를 발휘한다. 감사는 타지에서 생존하기 위한 필수 덕목이다. 실제 늘 다양한 국가에서 살아온 내가 환경이 바뀔 때마다 적응하기 위해 가장 먼저 한 일이 감사 표현이다. 국가, 언어, 배경 상관없이 감사 표현은 채

2초도 안 걸리며, 어려운 일이 아니기 때문이다. 그러나 이 짧은 2초의 순간으로 나는 언제 어디서 누구와 함께 있더라도 그들의 마음을 열 기회를 얻곤 했다.

스물두 살 아무것도 없이 호주에 가서 청소부로 일하던 내게 스쿠버 다이빙 무급 인턴의 기회를 주었던 스쿠버 다이빙 강사 존이라는 분이 있다. 당시 나는 매일 말끝마다 'Thank you for your support'를 빼먹지 않고 그에게 말했다.

아버지뻘이었던 존은 한국이라는 먼 나라에서 온 청년의 용기와 열정이 그저 자식처럼 느껴졌기에 본인이 나서서 리조트에 대신 제안도 해주고, 내게 수많은 기회를 안겨준 것이다. 저 말 한마디를 하는데 1초도 채 안 걸린다. 그 1초로 나는 돈으로 살 수 없는 경험을 얻었다. 경험보다 값진 사람의 마음을 살 수 있었다. 이 모든 것은 다 '감사합니다' 한 마디에서 시작됐다.

"올해도 내 옆에 있어 줘서 고맙습니다."

가장 축복받는 사람이 되고자 한다면 가장 감사하는 사람이 되자.

매일 칭찬을 하게 되면 겪게 되는 놀라운 일

칭찬도 마찬가지이다. 만나는 모두에게 칭찬을 해보면 알게 된다. 그 찰나의 순간으로 나는 이미 인간관계를 수월히 풀어갈 무기를 하나 지니게 된다는 것을. 상대가 나를 보고 미소를 짓는 것은 즉, 나에 대한 선입견을 하나 제거하는 행위다. 칭찬을 매일 하게 되면 그 스킬

이 생긴다. '이왕이면 상대에게 어떤 칭찬이 더 어울릴까?'라고 고심하며 그가 한 번도 들어보지 못했을 칭찬을 하는 것이다.

평소 나는 듣는 사람이 거북하지 않게 칭찬을 하려고, 수많은 대화 속에 자연스럽게 칭찬을 섞기도 한다.

"신발이 예뻐요."

"뒷모습이 꼭 산 정상에 우뚝 솟은 소나무 같네요."

"근데 대표님은 사실 굉장히 밝고, 남들보다 긍정적인 면이 훨씬 많은 분이시잖아요."

별것 아닌 이런 한마디에도 순간 눈물이 고이는 분들도 종종 봤다. 누군가에게 인정받는 순간 우리는 모두 감동한다.

피자 배달 오토바이를 타던 10대의 나는 스무 살에 해병대에 입대해서야 인생 처음으로 칭찬을 들었다. 멋있는 남자가 되는 막연한 로망을 꿈꾸고 입대했는데, 마침 해병대가 적성에 딱 맞았다. 선임에게 칭찬을 한 번 들으니, 또 듣고 싶어서 칭찬들을 일을 굳이 나서서 하게 되는 기적이 일어났다. 무기력했던 나도 칭찬을 들으니 자신감이 생겼고, 자신감이 생기니 무엇이든 쉽게 도전하기 시작했다.

시간이 흘러 선임이 되고 칭찬을 하게 되는 입장이 되니 놀라운 일을 발견한다. 미운 사람일수록 일부로 칭찬을 더 해보기 시작했다. 그러자 그가 미운 행동을 덜 하기 시작하는 기적이 일어난 것이다. 원망에서 관심으로, 관심에서 사랑으로 이어지는 데 긴 시간이 필요하지 않았다. 이게 바로 주변의 적군을 아군으로 바꾸는 가장 쉬운 방법임을 깨달았다.

칭찬은 누군가의 열정에 기름을 부어주는 윤활유다. 내가 누군가에게 찰나의 순간 기름을 부어주는 존재가 되는 것을 상상하자.

가치 있는 것은 모두 돈이 들지 않는다

칭찬하기, 웃음 짓기, 배려하기. 인정해주기 등이 그렇다. 눈에 보이는 화려한 것을 쫓지 말자. 진짜 가치 있는 모든 것들은 눈에 보이지 않는다. 작은 칭찬이라도 좋다.

많은 학생에게 멘토링을 해주며 깨달은 점은 딱 하나다. 슬럼프를 겪고 있거나, 끝없는 무기력이 앞을 가로막고 있거나, 아무것도 하기 싫어질 때가 누구나 올 수 있다. 그럴 때 필요한 것은 정성이 담긴 칭찬이다. 칭찬 한마디에 자신감을 얻기도 하고, 새로운 것을 해보겠다는 의지도 생기고, 웃을 수 있는 여유마저 생기곤 한다.

그럼에도 우리는 이 좋은 것을 마다하고 자꾸 누군가에게 충고하려는 아주 불필요한 행동을 할 때가 많다. 칭찬은 최고의 타임머신이다. 순수한 어린 시절로 돌아가게끔 하는 마법 같은 일들을 만든다.

〈굳이 프로젝트〉 오늘의 미션

1. "내 옆에 있어 줘서 고마워"라고 평소 고마운 이에게 문자 보내기
2. 오늘 만나는 모든 이에게 굳이 칭찬하기 (이왕이면 상대가 한 번도 들어보지 못할만한)

/
하늘은 매일 다르다

항공기 조종사는 업무상 매일 하늘을 보게 된다. 그냥 보는 것이 아니라 하루에 몇 시간씩을 쭉 하늘만 볼 수밖에 없는 환경에 놓인다. 때로는 하늘을 내려다보기도 한다. 구름이 잔뜩 낀 어두컴컴한 흐린 날도 구름을 뚫고 위로 올라가면 쨍한 하늘이 마법처럼 펼쳐진다. 해는 항상 그 자리에서 변함없이 빛을 내고 있다.

우리가 늘 구름 아래 있기에 하늘을 흐리게 볼 뿐이다. 구름 위는 언제나 맑고 눈부시도록 화창하다. 일상이 흐리고, 어두운 시기가 오더라도 구름은 이내 곧 흘러가기 마련이다. 햇살은 언제 그랬냐는 듯이 내게 다가온다.

조종사가 되기 전에는 뭉게구름이 참 예뻤는데 알고 보니 비행에 가장 위험한 녀석이 바로 뭉게구름이다. 터뷸런스를 만나 항공기가 급격하게 흔들리는 경우가 대체로 이 뭉게구름 속으로 들어간 경우다. 이제는 뭉게구름을 요리조리 피해 가는 재미를 서서히 느끼곤 한다.

겉으로는 뭉실뭉실 귀여워 보이지만, 뭉게구름 속은 번개도 치고, 비도 내리고 우당탕 그 자체이다. 그러다 보니 항공기가 그 안에 들어가면 터뷸런스가 있을 수밖에 없다.

아름다운 것을 보는 행위는 거룩하다

2006년 호주에 처음 갔을 때 가장 놀랐던 점은 하늘의 다채로운 색이었다. 하늘에 이런 선명한 파란색도 있다는 사실을 처음 알았고, 하늘이 마치 찢어질 듯 불타는 노을도 처음 보게 되었다.

당시 나는 에어즈 락이라는 세상에서 가장 큰 바위가 있는 사막의 호텔에서 청소부로 일을 했다. 그곳은 호주 중부에 위치한 거대한 사막에 호텔 세 개와 수백 명의 직원들이 사는 마을만 있는 고립된 지역이었다. 사막이다 보니 아침에 일어나서 하늘을 보는 재미가 있었다. 해질녘이면 에어즈 락의 그림자가 해의 위치에 따라 변하는 시시각각의 모습이 너무나 신기했다.

'아 그저 매일 똑같은 하루의 연속인 줄 알았는데 하늘은 매일 다르구나.'

별것 아닌 이 행위들이 습관이 되어 당시 늘 평온한 상태를 유지하게끔 도와주었다. 가끔은 정말 아무 생각 없이 하늘 위 구름이 되어 훌훌 날고 싶단 생각을 했다.

시야의 거리가 곧 생각의 거리다

휴대폰을 보고, 모니터를 보고, 보고서를 보고 있노라면 시야의 거리가 곧 생각의 거리가 된다. 삼성전자에서 일할 때 하루 종일 모니터 앞에 씨름하고 있으니 입사하고 1년이 채 되지 않아 눈이 너무 피로하고, 점점 고통의 강도가 심해졌다. 병원을 여러 군데 다녀도 보고, 약도 먹어봤지만, 차도가 없었다. 주말이면 조금 나아졌다가 평일이면 심해지고, 장기간 휴가를 보내고 나면 말끔해졌다가 회사 복귀하면 다시 심해졌다. 그때 결심했다. 모니터만 보는 일은 다시는 하지 않겠노라고. 덕분에 모니터는 안 보고 하늘만 보는 일을 하게 되었다.

하늘을 자주 보게 되면 어느새 날씨를 읽게 된다. 구름의 크기와 두께를 보고 강수 가능성을 파악하기도 하고, 구름의 움직이는 속도를 보며 바람의 방향과 세기뿐만 아니라 비의 이동 경로를 가늠한다. 구름의 모양을 보며 천둥 번개 가능성을 예측하기도 한다. 하늘을 계속 보면 언젠가 내 두 눈이 일기 예보보다 더 정확해지는 날이 온다.

〈굳이 프로젝트〉 오늘의 미션

1. 하늘 3번 보기
2. 하늘 사진도 찍어 보기

/
추억의 장소에 가면 설레는 이유

2003년 교동도 서한리에 위치한 해병대 2사단 서한리 소대에서 반
년 정도 근무했다. 이병에서 일병 시절이었으니 군 생활 중 가장 힘들
었던 시기 중 하나일 것이다. 다행히 인품이 훌륭한 선임들이 많아서
의외로 좋은 추억들이 참 많았다. 사람 하나 보기 힘든 우리나라 최북
단 지역 중 하나다 보니 한 달 내내 동료들 스무 명을 보는 게 유일한
인간의 모습일 때도 있었다.

외진 곳에 있는 독립된 공간이다 보니 누군가의 검열이나 감시를 받
지 않기에 색다른 추억을 쌓을 일이 많았다. 눈이 오면 다 같이 하얀
내복 차림으로 온갖 괴상한 분장을 하고 추억 사진을 찍기도 하고, 여
자 친구에게 보낼 인간 'LOVE' 글자를 만들어 한 명씩 기념사진을 남
기기도 했다.

주말이면 소대별 축구 시합을 하는 경우가 종종 있었다. 교동도라
는 한 섬에 머물며, 여섯 개의 숙영지로 나뉘어 서로 얼굴을 못 보는
사이긴 하지만 1년 6개월이 지나면 다시 강화도로 돌아가서 함께 훈
련받는 중대원들이다.

내가 비속어를 끊게 된 이유

이병 때 일이다. 중대 본부 선임들과 축구 시합이 있었다. 이병의 임무는 미친 말처럼 쉴 틈 없이 달려야 한다. 힘들어서 걷는다거나, 아파서 주저앉아 있다거나 하는 행위는 나약한 놈의 상징인 곳이다. 그러다 보니 경기 중 과열되는 경우가 많고, 부상자가 나올 정도로 전투 축구에 가까운 무시무시한 운동이 된다.

승부에 너무 몰입한 이병 오현호는 순간 격렬한 태클을 한 하늘같은 상대편 병장 선임에게 "아이 씨발!"이라는 믿기지 않는 욕을 하고 말았다. 순간 그게 내 입에서 나온 줄도 몰랐다. 너무 어이가 없어서 순간 모든 것이 멈출 정도로 다들 황당해하고 있었다. 그 병장 선임도 자신에게 욕을 한 것이 맞나 싶을 정도로 의심이 들어 바로 내게 뭐라 하거나 욕을 하진 않았다.

2초 정도가 지났을까, 순간 내가 무슨 행동을 한 지 다시 감각이 돌아오기 시작했다.

"필승!" 해병대에서는 '죄송합니다'라는 말을 쓰지 못하게 하고, 대신 경례를 하며 '필승'이라 외친다. 그제야 그 병장 선임은 내 얼굴을 한 대 치려다 그냥 욕 한마디하고 돌아섰다. 이 사건은 교동도 전역에 순식간에 퍼지게 된다.

그곳을 20년이 흘러 이제 한 가정의 가장이 되어 가족들을 데리고 다시 가봤다. 교동도는 강화 창후리 선착장에서 배를 타고 입도가 가능했는데 이제는 다리가 지어져서 누구나 자유롭게 드나들 수 있는 섬이 되었다. 주말에 가보니 관광객으로 가득 찬 어엿한 관광지의 모습이었다. 세월이 흘러 활기찬 섬이 된 모습을 보니 뿌듯하기도 하고, 예전의 그 시골 풋풋함이 사라진 듯싶어 또 기분이 묘했다.

군사 시설이라 네비게이션이 더 이상 길을 알려주지 않아 기억을 더듬어 산 정상에 초소를 따라갔다. 초소로 언덕을 올라가는데 철문이 잠겨 있었다. 20년 전만 해도 아무도 오지 않아 철문은 늘 열어두고 생활했는데 이제는 문을 닫아 놓은 것이었다.

후임들에게 맛있는 간식이라도 투척하고 싶었는데 혹시나 했던 걱정은 역시였다. 잠시나마 철문 사이로 보이던 막사와 작은 창문을 통해 그 사이 사이에서 벌어졌던 수많은 일들이 파노라마처럼 흘러갔다.

이병 시절 식사 후에는 늘 주방 청소를 도맡아 했는데 선임들이 없던 틈을 타서 엠씨더맥스의 〈사랑의 시〉라는 곡을 빗자루와 마대를 들고 노래 부르던 날이 갑자기 떠올랐다. 그 시절에는 그 신곡이 그렇게 듣고 싶었는데 이병들은 함부로 음악 감상도 안 되기 때문에 멜로디가 잠깐 멀리 텔레비전에서 들려오던 찰나의 순간이 얼마나 귀했는지 모른다. 선임들이 없는 청소 시간, 잠깐이나마 동기와 후임들과 노래 부르던 그런 순간들로 힘든 일도 모두 잊고 버텨냈던 것 같다.

시간이 지나면 모두 행복한 기억만 남는다

전역하고 어느 날 기수 차이가 크게 나던 후임에게 연락을 받았다. 우연히 텔레비전에서 내 강연을 보고 어떻게 나를 찾았나 보다. 군 생활하며 나눈 대화보다 더 많은 목소리를 텔레비전에서 본 것 같다며 반가웠다는 후임의 인사가 참 감사했다. 누군가에게 무섭거나 악독한 모습이 아니라 사회에 나가서 한 번쯤 보고 싶었던 사람으로 기억이 된다는 것은 영광스러운 일이다.

"필승! 977K 고영길입니다. 기억하시는지요? 타 소대라 많은 대화를 나누진 못했지만 동생처럼 한 번씩 챙겨주셨던 기억이 있어, 군대에서 맺은 인연 중에 한 번쯤은 만나보고 싶었던, 소식이 궁금했던 오현호 해병님. 오늘 아침 자동차 카센터에 들렀다가 틀어진 방송 〈화통〉 프로그램에서 멘토 강연하시는 것 보고 깜짝 놀라서 한 시간 동안 선배님 목소리 듣다 왔습니다. 군대에서 들었던 목소리보다 훨씬 더 긴 시간이었던 것 같네요. 전역하시고 호주가신 것까진 싸이월드 통해서 본 것 같은데 벌써 14년이 흘렀네요."

때로 별것 아닌 자잘한 순간이 마음속에 크게 남겨지곤 한다. 순간은 추억이 되고, 추억은 영원한 보석이 된다. 정말 이상하게도 힘들수록 추억은 더 깊다.

〈굳이 프로젝트〉 오늘의 미션

지칠 때 추억이 깃든 장소 찾아가 보기

/
누구나 페르소나가 있다, 부캐 만들기

'부캐'란 본래 온라인 게임 문화에서 사용된 언어로 본캐(본캐릭터) 외에 새롭게 만든 부캐릭터의 줄임말이다. 해당 용어가 일상생활에 크게 확산이 된 시점은 방송 프로그램 〈쇼미더머니 777〉에서의 '마미손'의 등장이었다. 마미손이란 이름의 래퍼가 처음 방송에 나왔는데 그는 분홍색 복면을 쓰고 나타났다. 하지만 목소리가 유명 래퍼 매드클라운이었고, 결국 모두가 알지만, 자신만 부정하는 묘한 상황을 연출했다. 첫 등장부터 엄청난 화제를 일으키다 실수 탓에 굉장히 빨리 탈락했으나 사실상 〈쇼미더머니 777〉의 화제성은 마미손이 거의 다 가져갔다.

당시 쇼미더머니를 검색하면 절반은 마미손으로 채워졌으며, 결국 파이널 생방송 결승전에서 마미손 데뷔 특별 무대를 가졌는데 네이버 텔레비전 기준 가장 높은 조회 수를 기록한다. 마미손 캐릭터의 대성공 이후 그의 인터뷰가 인상적이었다.

"그(매드클라운) 사람은 좀 재미가 없다. 뭔가 뻔하고, 위트도 없고, 개인적으로 난 그 사람이 그렇게 안 살면 좋겠다. 뭔가 더 드러내고, 밖으로 꺼내며 살면 좋겠다."

자아의 유동성

최근 많은 젊은 직장인들 중심으로 직장 상사로부터 보이지 않는 '부캐 만들기 문화'가 생겼다. 회사 안에서의 나와 회사 밖에서의 나를 만들기 위해 시작된 이 문화는 회사를 넘어 새로운 본인의 모습을 탄생시키는 과정이 되기도 한다. 이는 즉 진짜 내가 좋아하는 세계를 만들며, 부가적인 수입까지도 얼마든지 만들 기회가 된다. 그 순간 SNS는 하나의 포트폴리오가 되며, 내 취향과 장점을 세상에 널리 알릴 수 있는 홍보 수단이 된다.

누군가의 이력서가 중구난방 적혀 있다면, 내 포트폴리오는 일관된 내용으로 내 취향이 얼마나 매력적인지 보여준다면 그때부터 내가 원하는 일을 하며 보내는 시간이 늘어날 수 있다. 즉 내 속에 내가 얼마나 많은지 알 수 있는 기회, 즉 자아의 '유동성'이 커지고 있음을 보여준다. 만년 회사원인 줄 알았던 내가 알고 보니 매일 시를 쓰는 '시인'의 모습이 있었고, 평범한 줄 알았던 내가 컨셉을 만들어보니 '유아 교육 전문가'가 되어 있을 것이다. 나는 앞으로도 100명의 오현호를 만날 예정이다.

나의 경우 현재 항공사 파일럿, 동기부여 강연가, 작가이면서 다양한 비즈니스를 기획 중이다. 굳이 다양한 직업을 수행하려는 가장 큰 이유는 경제적 안정을 넘어 창의성을 꾸준히 증진시키는 일이며, 무엇보다 자아 계발에 큰 도움을 준다. 여러 분야에서 경험을 쌓고, 다양한 역할을 수행하면서 미처 몰랐던 잠재력을 발견하는 기회를 창출하게 된다. 이는 곧 삶의 풍요로움과 성취감을 이끌어내는 놀라운 효과를 맞이할 수 있게 된다.

오늘날 이러한 시도가 가능한 이유는 기술이 발전하며 산업의 다양성이 증가한 요인을 꼽을 수 있다. 새로운 직업이 계속 출현하면서 발빠르게 준비하고, 적응하는 이들이 빠른 시장 선점 효과를 누릴 수도 있게 된다. 가장 큰 예로 지식 판매 및 교육 분야를 꼽는다.

크몽, 숨고, 클래스유, 와디즈 같은 매체를 시간 내어 둘러보면 미처 몰랐던 수많은 지식 판매 세계를 발견하게 된다. 누구나 자신의 지식과 경력을 바탕으로 한 가지 분야를 쉽게 사고팔게끔 되어 있다. 일본 여행 계획 컨설팅, 도배, 연애 고민, 심리 검사, 에어컨 청소, 대치동 초등 영어 학원 인터뷰 과외, 유럽 구매 대행, 인스타그램 좋아요 관리, KAC KPC 코칭 자격증 추천서, 청소년 학업 상담, 타로 상담, 명함 디자인, 맘카페 홍보 글 써주기, 제품 사진 촬영, 학폭 심층 상담, 공모전 준비 등 셀 수 없이 다양하다.

우리가 다양한 직업을 가져야 하는 또 다른 이유는 새로운 분야의 사람들을 만나고 소통할 기회가 늘어난다. 한 가지 분야에만 오래 몰두하다 보면 틀을 벗어나는 사고를 하기가 힘들어지고, 번뜩이는 아이디어를 구하기가 어려워지는 시점이 언젠가 오기 마련이다.

직업이 아니라 일의 의미를 찾아야 한다

나태주 시인은 43년간 교직에 몸담고 교장으로 정년퇴임했지만, 우리는 그를 시인으로 기억한다. 정재민 작가는 2010년 현직 판사로서 상금 1억 원 문학상에 당선되어, 2014년에는 소설 『보헤미안 랩소디』로 세계 문학상을 수상했다.

하고 싶었던 일을 포기하고 다른 직업을 가지며 살아가는 이가 왜 많을까? 그렇다면 언제까지 그렇게 살 수 있을까? 그렇다면 나는 언제쯤 내가 좋아하는 것만 하며 살 수 있을까?

〈굳이 프로젝트〉 오늘의 미션

나만의 페르소나 이름 정하기

/
나는 따스한 햇살이다

    오늘날 우리가 마음 편히 눕고 잘 살 수 있는 것은, 다른 누군가가 오래전에 많은 희생과 헌신을 바쳤기에 가능한 일이다. 파일럿으로서 비행할 때도 항공사에서는 칵핏에 앉는 그 순간부터의 모든 순간을 모두 매뉴얼화 해놓는다. 자리에 앉기 전 확인해야 할 품목들, 시동 거는 순서, 이륙하는 순간 어떤 단어로 무슨 말을 해야 하고, 대답의 문장은 어떻게 하고, 스위치 조작의 순서는 어떻게 되며, 모든 순간순간이 다 정해진 각본처럼 움직인다. 그 이유는 수많은 사고와 실수를 경험하며 어떻게 하면 가장 안전하게 항공기 운항이 가능할지를 연구해가며 오랜 시간 매뉴얼화했기 때문이다. 그야말로 선배 파일럿들의 피로 얼룩진 항공 사고들과 그 교훈이 있기에 오늘날 우리가 안전하게 비행기를 탈 수 있게 된 것이다.

    '노블레스 오블리주'라는 말이 있다. 옛 유럽 귀족들은 본인이 지니고 누린 만큼 사회에 환원할 줄 알아야 한다는 뜻으로 나온 말인데 나는 이 말에 크게 공감하진 않는다. 다분히 귀족만이 의무가 있는 것이 아니라 신분에 상관없이 우리는 삶을 살아가는 개체로서 사회에 이바지할 수 있는 무언가 하나씩은 반드시 행해야 하기 때문이다. 각자가 할 수 있는 만큼 누군가를 작게나마 돕는 세상을 꿈꾼다.

타인과 함께 하는 도전을 하기 시작했다

2014년 즈음 영화 〈아저씨〉를 보는데 배우 원빈이 화장실에서 웃통을 벗은 채로 자기 머리를 스스로 자르는 장면에 큰 감명을 받았다. 그 순간 바로 이발기를 구매했다. 원빈처럼 웃통을 벗고 거울 앞에 서서 머리를 잘라봤는데 아차 싶었다. 앞머리, 옆머리는 자르기 쉬운데 뒷머리는 도저히 사람이 할 수 없는 영역이었다. 나는 원빈이 아님을 뒤늦게 깨달았다. 한 시간을 고군분투하다 외출하니 동료들이 한마디 했다.

"이건 레고냐?"

부끄럽기도 하고, 미용실을 가야 하나 고민하다 이발기 2만 5,000원이 아까워서 집에 가서 다시 잘라보았다. 결국 그 뒤로 3년을 미용실을 안 가고 혼자 스스로 머리를 잘랐다. 3년을 미용실을 안 간 돈으로 백혈병을 이겨내고 대학에 입학한 『부시파일럿, 나는 길이 없는 곳으로 간다』 독자였던 어느 학생에게 장학금을 만들어 주었다.

내가 부자도, 대단한 사람도 아니지만 그에게 처음 장학금을 전달한 날을 잊을 수 없다. 이제껏 느꼈던 행복감과는 차원이 다른 행복을 말이다. 그때부터 나는 더 이상 나 혼자만을 위한 도전을 하지 않는다. 다른 누군가와 함께하는 도전을 시작한 시기가 바로 그때다.

어린이 병동에 가면 작은 아이들이 헤진 병원복을 입고 휠체어를 타고 엄마 손에 이끌리는 모습을 종종 본다. 한참 예쁜 걸 좋아하는 아이들이 병원 특유의 냄새가 밴 사이즈도 안 맞는 똑같이 생긴 병원복이 얼마나 입기 싫을까. 고민 끝에 몇 년 전 국립암센터 양성자 치료를 받는 아이들에게 직접 입고 싶은 병원복을 디자인하는 프로젝트를 시행했다.

디자이너를 섭외해 아이들만의 병원복을 제작해 선물해 주었다. 병원에 오는 일이 죽는 것만큼 싫은 아이들이겠지만, 적어도 그 환자복을 입는 순간만큼은 작은 미소를 띨 수 있기를 바랐다.

2년 전에는 캐리비안 베이 깊은 파도 풀에서 수영하는데 우연히 물에 빠진 패닉 커플을 발견했다. 라이프 가드는 흐린 날에도 굳이 선글라스를 착용하고 아무리 소리쳐도 먼 산만 바라보고 있다. 마침 그들과 멀리 있지 않았던 내가 뛰어들어 무사히 다리가 닿는 곳까지 구조할 수 있었다. 물을 많이 먹은 그 커플은 감사의 인사도 제대로 하지 못할 정도로 정신이 반쯤 나가 있었다. 어찌 됐든 누군가에게 내가 작은 도움이 될 수 있다면 그보다 기쁜 일은 없다.

새로 이사를 하고 아랫집에 작은 선물을 드렸다. 혹시나 아기가 뛰어서 시끄러울까 싶어 뭐라도 드린 것이었는데 다음 날 편지가 왔다.

'아기 있는지도 몰랐습니다, 선물도 맛있게 잘 먹었습니다. 감사합니다.'

내가 먼저 손을 내밀면 그들은 더 많은 환대로 내게 다가온다. 그 이후 늘 나눌 게 있을 때마다 옆집, 아랫집, 윗집 등 주변인들에게 작게나마 과일, 야채, 떡 등 나눌 것들이 있으면 편하게 나누곤 한다. 사실 주는 입장에서는 별것 아닌데 요즘 시대엔 다들 이렇게 안 하니 도리어 크게 고마워하는 모습이 신기할 따름이다. 내가 누군가에게 얼마나 손을 뻗었느냐에 따라 신은 내게 손을 뻗을 것이다.

바로 우리 손이 두 개인 이유다. 하나는 나를 위해, 다른 하나는 남을 위해.

〈굳이 프로젝트〉 오늘의 미션

'나는 따스한 햇살이다'라는 주제로 글쓰기

/
누군가를 무시하면
나도 언젠가 무시당한다

대구 범어도서관에서 개최한 국제 리더 초청 강연회 무대에 서게 되었고, 강연 중 갑자기 어떤 60대 남성분이 손을 들었다.

"저 질문 있습니다!"

보통 강연 중간에 흐름을 끊으며 갑자기 질문하는 경우는 없지만 어찌 됐든 그분의 의견을 존중하고자 했다.

"저 학생 때 노랑머리는 왜 하셨습니까? 그리고 지금은 왜 저런 머리를 하지 않는 겁니까?"

갑자기 강연을 끊어야 할 만큼 무언가 중요한 사안을 질문하는 줄 알았는데 뒤통수를 맞은 것 같았다.

"혹시 어떤 점 때문에 이게 갑자기 궁금하실까요?"

"아니요, 그냥 저 때는 왜 저랬고, 지금은 왜 안 하는지가 궁금합니다!"

"저 당시는 저게 멋있어서 했습니다. 지금은 저런 모습이 더 이상 멋있지 않아서 하지 않습니다."

최대한 공손하게 웃는 얼굴로 친절히 대답을 해드렸다. 갑자기 그가 더 큰 목소리로 말했다.

"저는 그렇게 생각하지 않습니다. 자신만의 색깔을 잃어버린 건 아닙니까?"

"어릴 때는 노란 머리를 해서 저를 더 드러내고 싶었던 것 같습니다. 나이가 들고 보니 지금은 꼭 겉으로 드러나는 모습 아니어도 저 자신을 가꾸는 일이 많은 것을 알게 되었습니다. 특히나 재물로 자신을 증명하는 일만큼 미련한 일은 없다고 생각합니다. '내 자동차 브랜드가 무엇이고, 내 연봉이 얼마고, 나 어디 아파트 사는 사람이야'라는 것은 결국 내면의 힘이 부족하니 외부의 다른 힘을 빗대어 표현한 것이라 생각합니다. 인간의 욕심은 끝이 없어서 오늘 소고기를 먹으면 내일은 투뿔 한우를 먹고 싶어집니다. 그 끝은 허망하지요. 중요한 건 오늘 닭고기를 먹든 시금치를 먹든 주어진 환경에서 행복을 느끼는 것이라 생각합니다."

"저는 그렇게 생각하지 않습니다! …(무슨 말씀하셨는데 잘 들리지 않았다)"

"좋은 말씀 감사합니다. 모두의 생각이 같을 수가 없기 때문에 말씀 잘 새겨듣겠습니다."

나는 무엇이든 새로운 경험이 좋다

많은 분이 인상을 찌푸렸던 저 질문도 사실 감사할 따름이다. 갑작스러운 상황에서의 대처 능력을 키울 수 있었고, 지금의 내 그릇을 평가할 수 있었다. 다양한 국가에서 많은 사람들과 팀을 이루어 일을 하면서 느낀 것은 독특한 사람은 기를 살려줘야 한다. 인간은 누구나 개성이 있기에 그 잠재력과 힘이 언제 발현될 줄 모르기 때문이다.

세계적인 심리학자 웨인 다이어 박사는 저서 『우리는 모두 죽는다는 것을 기억하라』에서 이렇게 말한다.

> 무엇도 판단하지 마라. 비교하지 않고 판단하지 않는 것, 이것이 바로 영원한 '도道'와 조화를 이루는 유일한 길이다. 당신은 그 어떤 것의 판단 기준이 아니다. 그런 기준 따위로는 설명될 수 없는 존재다. 당신보다 더 나은 존재, 더 못한 존재는 영원히 존재하지 않는다.

우리는 살다 보면 평탄한 길만 나오지 않는다. 막다른 길에 다 닿았을 때 수없이 많은 고난을 겪은 자만이 돌아가지 않고, 벽을 넘어갈 방법을 찾는다.

강연 후 사인을 해드리는데 그분이 오셨다.
"작가님 오늘 강연 정말 감사합니다."

순간 '아, 내가 하마터면 착각할 뻔했구나. 이렇게 예의 바르시고 매너 있으신 어른이신데'라는 생각이 들었다.

"잘 들어주셔서 감사합니다."

"작가님 인생은 기브 앤 테이크입니다. 아시죠? 책 한 권만 주시죠!"

"제가 지금 책이 없어서요."

"책 한 권만 주시면 제가 100만 원 기부하겠습니다!"

"저한테 기부 안 하셔도 괜찮습니다. 책은 온라인에서 주문하면 하루 만에 도착합니다."

"아, 100만 원 필요 없어요?"

역시, 사람은 끝까지 봐야 한다.

〈굳이 프로젝트〉 오늘의 미션

1. 오늘 하루 내 주변에 조금은 독특한 사람을 찾아보기.
2. 그리고 조심히 대화를 걸어보기. 그곳에 보석이 있을지 모른다.

/
뺑소니 사고를 당한다면
용서할 수 있을까?

한가하고 여유로운 토요일 저녁, 식사를 위해 우리 가족은 드라이브 중이었다. 신호대기 정차 중 라디오의 잔잔한 음악과 함께 뒷자리에서는 아이가 여느 때처럼 지저귀고 있었다.

그러던 중 우측 후방에서 무언가 부딪힘과 함께 '쿵' 소리에 함께 아이가 놀란다. 뒤를 쳐다니 배달 오토바이 한 대가 빠르게 지나갔다. 당연히 우리에게 사과할 줄 알았더니 차 사이를 요리조리 피해 가더니 쏜살같이 줄행랑치는 것이 아닌가. 창문을 열어 "야!" 소리쳤더니 더 빠르게 줄 서 있는 차 사이를 비집어 도망가기 시작했다.

'설마 도망가겠어?' 하고 문을 열어 쫓아가려니 불법, 난폭운전을 하며 차 사이사이를 요리조리 피해 갔다. 그러다 2차 피해자가 생길까봐 걱정이 되었다.

차를 멈추고 비상 깜빡이를 켜고, 그를 잡기 위해 미친 듯이 뛰기 시작했다. 그때부터 오토바이와 나의 8차선 도로 위 추격전이 시작되었다. 차를 세우고, 직접 뺑소니 가해자를 추격하기 시작했다.

스트레스는 과연 누가 유발한 것일까

30미터 정도 뛰어가니 대기 중이던 차들에 막혀 기어가는 오토바이가 보였다. 다시 소리치며 전속력으로 뛰었다. 그놈이 5미터 정도 코앞에 있다. '빨간 옷, 번호판 069x, barogo 배달통'이 눈에 들어왔다. 드디어 손을 조금만 더 뻗으면 잡을 수 있는 거리에서 "야!" 소리를 쳤더니 사거리에서 빨간불을 무시하고 풀악셀을 밟으며 도주했다. 그렇게 코앞에서 뺑소니범을 놓쳤다.

다음 날 경찰서에 신고접수를 했다. 서울에 069* 오토바이는 약 20대나 된단다.

"라이더들이 요새 협조를 잘 안 해줘요. 경찰 말도 잘 안 들어서요, 만약 협조를 안 해주면 못 잡을 수도 있겠는데요."

어쩌면 이렇게 가만히 있다가 영영 못 잡을 수도 있겠다 싶었다. 집으로 돌아와 블랙박스 영상을 수십 번 돌려봤다. 배달통에 barogo(?)라는 글자가 희미하게 보인다. '바로고'는 우리나라 대표 라이더 업체 중 하나라는 사실을 처음 알았다. 본사 인사팀에 사고 문의 메일을 바로 보냈다. 해당 업체 강서 지점에 본 오토바이가 있는 것을 내가 알고 있으니 즉시 내부 조사 후 결과를 알려달라고 강한 어투로 물었다.

놀랍게도 바로 답장이 왔다.

"해당 번호 조회해본 결과 등촌 허브 이○○ 라이더로 확인되었습니다. 아래 해당 라이더님 연락처 전달 드립니다. 다만, 문제 계도를 위해 허브장(배달대행사업자)님에게 연락하고자 했지만, 금일부로 허브장님

께서 바로고 프로그램이 아닌 타 플랫폼을 사용하신다고 합니다.“

그렇게 경찰보다 빨리 범인의 신상을 알아냈고, 위 내용을 경찰서에 전달했다.

“아니 본사에 뭐라고 이야기했길래 바로 잡아낸 거예요? 저한테는 공문부터 보내 달라 하던데.”

정보력에 경찰분이 깜짝 놀라셨다. 그 뒤로 담당 경찰관이 라이더에게 직접 연락했더니 하는 말이 가관이다.

“전 그런 적 없는데요? 지금 일 그만두고 시골 내려가는 길이니 경찰서 참석 못 합니다.”

그리고 다시 연락 두절이 되었다고 한다. 범인은 퇴사하고 시골 내려갔고, 심지어 사업자는 하루아침에 바로고 프로그램을 해지했단다. 타인에게 피해를 주고도 이렇게 경찰에 비협조적이면 대체 사고는 누가 어떻게 해결하나 싶다.

용서는 사실 나 자신을 위한 행위

그를 잡는다 한들 더 이상 내 마음이 편할 것 같지 않았다. 이렇게까지 하는 것이 나의 최선이었기에 '그만하면 됐다'라는 생각이 드니 더 이상 그가 원망스럽지 않았다. 내 마음의 원망도 결국 그의 죄의 크기보다는 내가 미궁의 문제를 해결할 수 있는지에 대한 답답함에서 비롯된 것일지도 모른다.

나는 아직도 일상에서 용서가 어렵다. '가해자들에게 나마저 용서를 하게 되면 어딘가에서 또 선량한 누군가에게 피해를 끼치지 않을까?' 하는 쓸데없는 걱정이 앞선다.

〈굳이 프로젝트〉 오늘의 미션

최근 내가 용서하지 못한 사건 하나를 복기해 보기

/
덕이 있는 사람은 외롭지 않다

필리핀 보홀에는 가족같이 지내는 현지인 두 명이 있다. 한 명은 늘 나를 보스라 부르는 가이드 레오, 다른 한 명은 바로 우리 아이들을 부모보다 더 예뻐해주는 베이비시터 마샤다. 마샤는 지난여름에 처음 만났는데 아이들이 늘 마샤가 제일 좋았다고 이야기할 정도로 엄마처럼 세심하게 아이들을 잘 대했던 기억이 있다.

이번 일정 중에도 절반을 마샤가 우리 아이들을 맡아 돌봐주었다. 문득 마샤도 우리 아이 또래의 아들이 있는데 이렇게 귀한 날 함께하지 못해 얼마나 마음이 아플지 생각이 들었다.

"마샤, 혹시 아들 주말에 뭐 해요? 주말에 엄마랑 같이 오고 싶어 하지 않아요?"

"안 그래도 가끔씩 엄마랑 같이 가고 싶다고 했었는데 아무래도 그렇게 하기가 쉽지 않으니까요."

"그럼 렌(아들) 주말에 학교 안 갈 때 데리고 와요. 여기 와서 우리 애들이랑 수영도 같이 하고, 동물원도 같이 가고 하게요."

마샤의 아들 렌은 일곱 살로 수줍으면서도 통통한 볼살이 너무나 귀엽게 생긴 아이였다. 영어도 예쁘게 말해서 의사소통에 전혀 문제가 없었다. 그날 렌은 처음으로 동물원도 가보고, 말도 타보고, 새 모이도 주고, 수영하며 우리 아이들과 함께 하루를 온전히 보냈다. 마샤는 수많은 한국인 관광객의 자녀들을 돌보면서 보홀의 수많은 곳을 다녔을 텐데 아들 생각을 얼마나 많이 했을까? 관광객들이 아무렇지 않게 가는 동물원, 리조트, 각종 투어를 보며 본인도 아들에게 그 경험을 주고 싶었을 텐데 말이다.

"일하면서 아들 데리고 오기는 처음이에요. 렌이 집에 가는 길에 너무 재밌었다고 계속 자랑해요."

마샤는 보홀에서 베이비시터로 일하면서 처음으로 아들을 일터에 데리고 왔다고 한다. 괜스레 그 말에 울컥했다. 이곳에 오는 대부분의 한국인이 짧게 머물고, 베이비시터의 스케줄도 있기에 대부분 며칠 오래 같이 안 있다 보니 아무래도 아들과 같이 오라고 제안하는 관광객은 드물 것이다. 그렇게 오래 일하면서 처음 있는 일이라니 무슨 마음인지 잘 모르겠지만, 미안한 감정과 동시에 울컥하게 되었다.

양보하지 마

농장에서 놀던 날, 렌과 우리 첫째 아이가 열차 모형에 올라타서 조종하듯이 놀고 있었다. 그 순간 둘째 아이가 지켜보다가 "나도 타고 싶어" 하니 렌이 아무 말 없이 자기 자리를 양보했다.

일반적으로 일곱 살 아이들은 양보나 타협보다 본인을 우선시하는 태도를 보이는데 놀라지 않을 수 없었다.

'아이는 엄마에게 오늘 동생들에게 양보해야 한다고 미리 교육을 받았을까? 엄마의 고객이니 그래야 한다고 스스로 생각했을까?'

나는 이러한 경험들이 몇 번 있어서 그런지 내 주변에 누군가가 마음 상하는 일을 보면 너무나 괴롭다. 꼭 어릴 때 내 모습 같기도 하고 또는 지금 이 순간에도 우리 가족이 겪는 일 중 하나같다. 그래서 무리 속에 있으면 늘 구석에 있거나, 말이 없는 사람들을 유심히 보려 한다.

대체로 단체에 들어가면 목소리가 크거나, 권력이 있는 이들이 이끌기 때문에 상대적 약자이거나 내향적인 이들은 의견을 내밀기가 쉽지 않기 때문이다. 스물세 살에 호주에서 일하며 가장 놀란 점은 청소부든, 식당 서버든, 그분들은 고객을 무조건 높이 대하는 것이 아니라 고객과 친구처럼 평등하게 똑같이 서로를 대하는 점이었다.

친절을 제공하지만 그렇다고 해서 굳이 더 배려하고, 더 애쓰지 않는다. 그들도 누군가의 엄마이자, 아들이기 때문이다. 이 당연한 이치를 이해하는데 오랜 시간이 걸렸다. 모두가 똑같은 기회를 얻을 수 없다면 내 주변부터 바꿔 보자.

불확실 세계를 탐험하듯 푯대를 향해 전진하는 삶

보홀에서 머물던 중 이곳 바다 한가운데에 난파된 비행기가 있다는 해외 글을 보게 되었다. 사우스 팜 리조트 앞 바닷가에서 약 1킬로미터 떨어진 곳에 자리 잡고 있는데 실제 찾기가 쉽지 않다고 한다. 그러다 보니 현지 가이드가 있지 않으면 혼자서는 가기 어려운 곳이다.

해당 글을 보는 순간 갑자기 가슴이 뛰었다. 대략적인 좌표를 찍어 보고, 바닷가에서 핀수영으로 가보면 어쩌면 인근에 난파 비행기를 보기 위한 다이버들이 분명히 있을 것 같고, 그러려면 큰 배가 수면 위에 있을 테고, 그쪽으로 가면 찾을 수 있지 않을까 하는 생각이 앞섰다. 문제는 힘들게 1킬로미터를 수영해서 갔는데 배가 없을 수도 있고, 배가 난파 비행기를 보기 위해 온 배가 아닐 수도 있고, 변수가 너무 많은 것이다. "그냥 투어 예약해서 가자"라고 아내가 말했다. 나는 "해변가 가서 대충 오리발 들고 있는 현지인 찾아서 같이 버디 해서 가는 걸 제안해 볼까?"라고 말했다.

생각해 보니 그 해변가에서 오리발 들고 있는 현지인을 찾을 리도 난무했다. 바로 레오에게 연락했다. 레오가 빠르게 배와 가이드를 구해 주었다. 알로나 비치로 배를 타러 가는데 눈앞에 펼쳐진 험난한 여정이 왜 그렇게 설레었는지 모르겠다. 어쩌면 다리 수술을 하고 아무런 운동을 하지 못하고, 바쁘게 지내왔던 일상에서 잃어왔던 내 속의 '탐험가 오현호'를 만나는 느낌이었다. 문제는 레오를 만나니 프리 다이빙에 필요한 롱핀이 뭔지 모르고, 롱핀을 구할 수 없다는 것이었다. 어쩔 수 없이 일반 핀을 빌려 배를 타고 출발했다.

출발하고도 망망대해 속에서 가이드가 난파 비행기 지점이 어딘지 몰라 한참을 헤맸다. 한참 후에 겨우 찾아서 바다에 들어가니 가이드가 구명조끼를 입고 있었다. "너 같이 안 들어가?" 하고 물으니 고개를 도리도리 저었다. 망했다. 가이드는 오리발도 없고, 구명조끼 입고 수면 위에서만 같이 있겠다고 했다.

바닷속 비행기라니 이 자체로 낭만이다. 이럴 줄 알았으면 조종사 제복까지 가져오는 건데 하는 허무맹랑한 생각들이 들었다. 그렇게 조우한 바닷속 비행기는 정말 아름다웠다. 3미터, 2미터, 1미터 가까이 갈수록 숨이 차오르는데 낡고 녹슨 기체는 선명해졌고, 그 순간만큼은 마치 영화 속 주인공이 된 기분이었다.

오늘 흘린 땀이 내일의 기적이 된다

다리가 아파서 달릴 수 없다면 수영하면 된다. 수영을 할 수 있다면 프리 다이빙을 도전할 수 있다. 오늘 내가 컨디션이 안 좋고, 내일 중요한 일이 있고, 날씨가 안 좋아서 등 우리가 운동하지 못하는 수많은 이유가 늘 주변에 득실거린다. 그럴 때마다 스스로 질문한다.

"다리 부러진 할아버지도 목발 짚고 헬스장에 운동하러 오는데 나는 뭐 하는 것인가?"

오늘의 땀은 내일의 기적이 된다.

//

〈굳이 프로젝트〉 오늘의 미션

1. 서비스직에서 일하는 이들에게 되레 먼저 배려해 보기
2. 운동으로 얼굴에 땀 흘리기

/
다정한 말투는 그 어떤 논리보다
설득력이 있다

그 어떤 논리정연 한 기술이나 똑 부러지는 말투보다 사람들의 마음을 사는 방법이 있다. 바로 다정함이다. 다정함으로 무장한 말투는 때로 그 어떤 말보다 더 설득력이 있다. 쉽게 말해 그냥 마음에 들면 무엇이든 들어준다는 것이다.

부당한 일을 겪었다고 치자. "이게 왜 부당하고, 나는 그로 인해 어떤 배상을 받아야 합니다"라며 논리로 백날 준비해봤자 옆에서 정우성같은 매너 있는 분이 "혹시 이렇게 해주시면 안 될까요?"라고 상냥하게 물어보는 편이 더 효과적일 때가 있다.

결국 사람의 마음을 살 수만 있다면 그 어떤 근거나 논리보다 더 강력한 순간이 있다. 타인의 마음을 살 수 있는 방법 중 언제 어디서든 가장 쉽고 빠르게 적용할 수 있는 방법이 바로 '다정하게 말 하기'이다.

우리 부모님은 다정함과는 거리가 조금 있다. 형제가 형 한 명뿐인

나는 그런 무뚝뚝한 말투의 집안에서 자라다 보니 모든 대화에 상냥함이라고는 찾아볼 수 없었다. 성인이 되고 다양한 사람들을 만나고 나서야 여자 형제가 많은 집이나 집안 대화가 따스한 가족 등을 만나며 내 말투에 문제가 많았음을 깨달았다. 지나고 보니 대부분 감정 상하게끔 하는 이들의 공통점이 '말투'였다. 누군가의 고민 없는 말투는 나의 온종일을 망쳐놓은 때가 많았다.

다정한 한마디의 힘

지난해에 어머니가 췌장암 판정을 받았다. 국내 최고 의료진이 있다는 모 병원에서 수술을 마쳤는데 한 편으로 너무 바쁜 곳이다 보니 의료진이 수술로 심신이 지친 어머니께 불친절하게 대하거나 설명을 대충 하는 일이 있을까 걱정이 앞섰다. 그런데 수술 전날부터 일주일간 어머니 곁에서 같이 머물면서 가장 놀란 점은 이곳 의료진의 친절과 다정한 말투였다. 모두가 그렇진 않았지만 아무래도 하루를 가장 많이 함께하는 병동 간호사분들에게 하루에도 몇 번씩 감동받았다. 결국 마지막 날 굳이 병원 홈페이지를 검색해서 가장 친절했던 간호사분 성함을 기억했다가 '칭송 레터'를 정성스레 적었다.

삶이 그렇다. 상처받는 일도 생기고, 유독 지치는 날도 있고, 혼자 있고 싶은 날도 자주 있다. 그럴 때마다 결국 문제를 해결해주는 최고의 방법은 결국 '누군가의 다정한 한마디'였다. 제아무리 잘나도 혼자서 모든 문제를 해결할 수 없고, 혼자 해결한다 해도 절대적인 시간을 필요로 하기에 오래 걸린다.

최근 아내에게 '다정하게 말하기 챌린지'를 시작했다. 연애 초반에 구구절절 다정하게 답장하던 모습과는 상반되게 요새 나의 카톡 말투는 너무나 딱딱한 단답형이라는 것이다. 메시지뿐만 아니라 실제 대화에서도 가끔 나오는 나의 무뚝뚝한 말투는 함께 사는 가족들에게도 상처를 주곤 해서 어떻게 고칠 수 있을까 연구하기 시작했다.

사실 평소 새로운 이들을 자주 만나기에 늘 말투에 상당히 신경을 쓰는 편이다. 다만 집에서, 혹은 아주 가까운 이들에게는 꾸며지지 않은, 본래의 무뚝뚝한 말투가 종종 튀어나와서 주변인들에게 상처를 주곤 한다. 그럴 때마다 '나는 영업사원이다', '나는 노홍철이다'라며 스스로 되뇌이며, 주문을 외운다.

『다정한 말이 똑똑한 말을 이깁니다』 저자 이재은 아나운서는 다정한 말에 대해 이렇게 말했다.

아무리 말재주가 뛰어나고 언변이 화려한 사람이어도 시간이 흐르면 금세 잊히더군요.

반면 유독 오랫동안 기억에 남는 사람들이 있습니다.

'그 사람은 꼭 한번 다시 만나고 싶어'

그렇게 기억에 남았던 사람은 누구일까요? 인터뷰할 때 눈을 맞추고 제 말을 경청해주었던 사람, 식상한 질문에도 진심으로 답해주었던 사람, 수려하고 똑똑하게 말했던 사람보다 다정하고 따뜻하게 말했던 사람입니다. 그 순간 깨달았습니다. '다정한 말투'가 결국 관계를 이어주는

최고의 무기인 것을요.

다정한 말투도 용기가 필요하다.

많은 이들은 인사를 한 마디로 끝내려 한다

L 그룹 신입사원 과정 특강에서 마지막 순간에 누군가가 질문했다. "가진 걸 내려놓고 새로 시작하라는 말이 현실에서는 조금 어렵습니다. 이럴 때 어떻게 해야 하나요?"

스물두 살에 나는 지금의 GFC(강남 파이낸스 센터) 건물의 보안요원으로 일을 했다. 당시 한 달 기본급 135만 원. 그곳에는 무도학과 출신, 경호원 출신 등이 보통 일을 하고 있었고, 각 팀별 팀장, 부팀장 정도의 직급이 있었다. 물론 나는 모든 직원 중 막내였다.

어느 날 신입이 들어왔는데 육군 대위 출신에 키는 190센티미터, 덩치는 산만 한데 말할 때는 또 친절한 미소를 머금고 있는 그런 훤칠한 사람이 들어왔다. 늘 생긋 웃고 있어서 '저러다 곧 나가겠지' 했는데 몇 달을 그렇게 예의 바른 자세로 친절하게 웃으며, 일을 했다. 그리고 몇 달이 지나 팀장직 제의까지 받았다.

어린 시절 그의 모습이 너무나 인상 깊었다. 누가 봐도 나은 이력, 압도적인 체형, 사람을 녹이는 친절과 웃음, 배려까지 지닌 그는 심지어 나보다 열 살 가까이 많음에도 늘 낮은 자세로 본인의 자리를 묵묵히 수행했다.

진짜 가진 자들은 자리를 탐내지 않고, 나이를 묻지 않는다. 다른 이와 비교를 하지 않는다. 그 자체로도 가치가 있다는 것을 알기에.

무언가 많은 것을 이루거나 지닌 이들의 경우 그것을 내려놓기가 쉽지 않다. 얼마나 큰 노력을 했는데 쉽게 놓을 수 있겠는가. 이럴 때 빛이 나는 것은 다시 낮은 자세로 살아가기다.

내려놓기 기술에는 수많은 것들이 있지만 그중에 나는 인사를 먼저 꼽는다. 이왕이면 '90도 인사'가 좋다. 요새는 90도 인사를 아무도 하지 않는다. 고개만 까딱하거나 아니면 눈인사가 일반적이다. 그중에서 누군가가 갑자기 두 손을 모으고 내게 90도 인사를 하게 되면 이 사람을 다시 보게 된다. '이분은 왜 이렇게 인사하지? 내가 뭘 해줘야 하나?'라는 생각이 들다가도 그냥 그의 습관이라는 것을 알게 될 때 자연스레 그를 신뢰하기 시작한다. 처음만 어렵다. 낯설기 때문에. 낯설다는 감정은 곧 배움이다.

'나는 인턴이다'라는 생각으로 하루를 보내자. 그럼 이 세상에 어려운 일은 없다. 말 한마디에도 기분이 쉽게 바뀌는 것이 사람이지 않은가. 나의 인사로 인해 누군가가 행복하다면 그 자체로 좋을 수밖에 없다.

23살에 호주에서의 첫 직장은 에어즈 락 리조트였다. 그곳은 사막으로서 직원들만 수백 명 사는 마을이 존재한다. 정말 놀란 점은 출퇴근 길 서로 모르는 사이인데도 "Good day, mate!" 하고 모두가 인사를 하고 다니는 점이었다. 처음엔 어색했지만, 무표정으로 삭막하게 다니는 것보다 훨씬 멋진 문화라는 걸 곧 깨달았다.

많은 사람은 인사를 그저 '안녕하세요'라고만 생각한다. 분위기 좋은 카페에 들어가면 직원에게 "사장님, 여기 원래 있던 곳인가요? 너무 좋은데요" 하고 자연스레 인사할 수 있다. 엘리베이터에 어린이가 타면 "안녕! 학교 갔다 오는 길이야?"라고 말을 걸면 어느새 친구가 되기도 한다.

인사를 안 하는 이들에게 묻는다.

"당신에게 만약 자녀가 있다면 엘리베이터에서 이웃에게 인사를 잘해야 한다고 교육할 것인가요? 그렇다면 당신은 그렇게 살고 있습니까?"

우리는 코로나 사태를 겪으며 누군가와 웃으며 인사하는 일이 얼마나 귀한지 다들 안다. 머리 좋은 사람은 마음 깊은 사람을 이길 수 없다. 깊은 마음 더 이상 아끼지 말자.

///

〈굳이 프로젝트〉 오늘의 미션

1. 굳이 두 손을 모으고 90도 인사 한 번 해 보기
2. 식당, 헬스장, 엘레베이터 모든 곳에서 먼저 인사하기 (이왕이면 웃으며)
3. 유독 따뜻하게 말하는 내 주변의 롤모델 찾기
4. 다정한 말투로 가족, 동료들에게 말하기

외출했다가 집으로 돌아가는 길에 사당역에서 4호선을 갈아타기 위해 승강장에서 지하철을 기다리고 있던 중이었다.

여느 때와 다름없이 인파 속 승강장에서 열차를 기다리는데 옆에서 웅성거리는 소리가 들렸다. 뭔가 심상찮은 표정들과 사람들의 웅성거림 속에 누군가 선로에 떨어져 있었다. 다음 열차가 언제 들어올지 모르는 위험한 순간이기에 선뜻 선로로 뛰어들 수 없는 상황이었다. 사람들은 승강장에서 애타게 쳐다보고 있었다.

순간 내 머릿속도 영화의 한 장면처럼 '선로에 떨어진 사람을 구해야 하는데'라는 생각이 들었다. 동시에 지하철이 경적을 울리며 승강장 안으로 들어오는 모습이 떠오르면서 생각이 충돌했다. 하지만 어느새 내 몸은 선로를 향해 뛰어 내려 떨어져 있는 남자를 부축했다. 승강장 위로 올리려고 혼자 쩔쩔매는데 어떤 남자가 선로로 뛰어 내려 나를 도왔다. 우리는 선로 위에 떨어진 남자를 부축해 가까스로 승강장 위로 그 남자를 올렸다.

그리고 지하철이 지나가고 우리는 무사했다. 영화 속 한 장면 같았다. 조금 뒤 119구급대원이 도착했다. 그렇게 한숨을 돌리고 보니 신발이 온통 검은색 석탄 물로 뒤집어쓴 듯 축축했다. 뛰어 내렸던 선로 아래에 검은색 구정물이 가득해 그곳에 빠졌던 것이다. 지하철 화장실에 가서 신발을 벗어 물로 씻어내고, 물이 뚝뚝 떨어지는 신발을 신고 집으로 돌아가 신발을 빨고 잠이 들었다.

다음날 뉴스에서 어제 사당역에서 있었던 일이 보도되면서 그 남자가 무사하다는 것을 알게 되었다.

그 짧은 순간 여러 생각이 머리를 스쳤지만, 지하철이 언제 들어올지 모를 선로를 향해 어떻게 뛰어내렸는지 나도 모르겠다. 평소에 가졌던 생각들이 그 찰나의 시간에 나를 움직이게 했던 것이 아닌가 싶다.

나도 누군가의 도움이 되었으면 좋겠다. 그래야 내 가족들이 위험에 처했을 때 누군가 도와줄 것 같기에.

당시 기사 : 선로에 떨어진 시각장애인, 시민이 구해

라면 1개를 들고 처음 가는 식당에 찾아갔다.
"사장님~ 라면이 너무 먹고 싶습니다. 끓여 주세요."

사장님께서 흔쾌히 승낙하셨다. (어? 이게 아닌데? 거절 당해야 하는데?)
주변에 계셨던 손님들이 일제히 나를 바라보니 얼굴이 달아올랐다. 푸짐한 밑반찬까지 주셨다. 음식을 다 먹은 뒤에 과제 수행이었다며 계산을 하려고 했으나 거절 아닌 거절을 당했다. 대신 가게를 홍보해 드린다고 약속했다!

오늘부터 굴삭기 학원을 다니게 되었는데 학원에서 인근 식당을 안내받았다. 마침 오늘 라면 먹은 식당이 리스트에 보이지 않았다. 바로 담당자 분께 아까 갔던 '골목 식당'을 검토 부탁드렸다. 거절일지 승낙일지는 나중에 알 수 있겠다.
평소에 느껴보지 못했던 상황과 감정을 느끼면서 새로운 세상이 있음을 알아차린 것 같다. '돈이 없어도 대신 할 수 있는 것들도 있구나'를 느꼈다. 사람의 따뜻함을 느낀 것이 가장 큰 것 같다. 귀한 경험을 하게 해 준 오현호 작가님 감사합니다.

굳이 프로젝트 후기 _ 박지수 님 이야기

미션을 하면서 깨닫게 된 것 두 가지가 있다. 첫 번째, 나한테 제안하기, 두 번째 타인에게 제안하기. 9시 줌 미팅 때 오현호 작가님이 제안하기 미션을 했냐고 물었다. 나는 못했다고 대답했다. 그러고서 좀 지나 '한 것 같은데?'라는 생각이 들었다. 오늘 낮에 나한테 '대전 생활 접고 다시 서울로 올라가서 재무 설계사 분이 제안한 일을 시작하는 건 어때?'라고 혼자 생각했기 때문이다. 바로 셀프 제안!

제안하기가 왜 중요한지도 알게 되었다. '제안'은 수동성이 아니라 능동성을 요구한다. 타인의 제안과 결정 속에서만 살 것이 아니라, 내가 먼저 제안할 줄 알아야 한다는 사실을 배웠다. 하다못해 일상 속 작은 제안이라도 그 자체가 능동성이다. "오늘 점심 늘 먹던 백반 질리는데 짜장면은 어때?"부터 더 큰 제안까지 제안은 좋은 것이다!

'타인의 시선으로부터 자유로워지기'라는 뉴스레터 제목도 이해가 가는 순간이었다. 제안을 할 땐 어쨌든 무언가 내어놓기 때문에 '내어놓은 것이 반응이 별로면 어쩌나~', '거절당하거나 이상하게 생각하면 어쩌나~' 이런 쓸데없는 근심 걱정이 조금은 든다. 하지만 이상해도 내어놓을 순 있지 않을까. 왜냐면 상대도 구미에 안 당기거나 입맛에 안 맞으면 알아서 안 가져갈 거니까. 강요도 아니고 '어때~?'라고 그냥 제안하는 것인데 뭐가 문젠가! 내어놓고 민망하면 허허 웃고 말면 그만이다.

'제안하기'를 통해 이런 생각을 갖게 되다니 재미있다! 상대도 내 제안 그냥 가볍게 들어볼 수 있는데 너무 무섭게 생각하지 말고 산뜻하게 제안해보자! 제안을 너무 어렵게 생각할 필요가 없다.

굳이 프로젝트 후기 _ 김혜미 님 이야기

나의 행복에 본인 일처럼 진심으로 기뻐해 줄수 있는 사람이 있는가? 그렇다면 그는 진정한 친구다. 힘겹고, 슬플 때 함께 울어줄 수 있는 사람은 의외로 많을 수 있다. 단, 상대방이 기쁠 때 온 맘 다해 웃어줄 사람은 몇 없다. 보통은 칭찬과 동시에 배 아파한다. 그리고 자책한다.

'부럽다. 난 왜 저 친구처럼 되지 못하는 걸까?'

나에겐 친구가 있다. 멀리 떨어져 있으나 날 위하는 마음이 고스란히 느껴지는 그런 친구. 그 친구는 항상 옳은 길로 향한다. 그래서 그 녀석이 권하는 것은 그냥 한다. 그럼 나도 그 방향으로 더디지만 조금씩 걸어가게 된다.

그 친구가 어느 날 문득 말했다.

"나 너랑 하고 싶은 게 있어. 세바시 오현호 부시파일럿을 봐. 부시파일럿 책을 읽고 굳이 프로젝트 신청해."

영상을 보고, 책을 찾아 읽고, 굳이 프로젝트를 신청하기까지 이틀이면 충분했다. 그런 나를 보고 친구는 말한다.

"넌 무슨 스펀지야? 함께 할 수 있는 동지가 있어서 너무 행복하구나."

그렇게 시작되었다. 굳이 왜 하냐고 묻고 싶었지만 묻지 않았다. 프로젝트의 이름이 '굳이'인 건 이유가 있어서겠지. 또 의문이 들었다. 고작 몇 차례의 미션으로 내 삶이 바뀔 수 있을까? 그건 도둑놈 심보 아닐까? 언제나 그랬듯 하루 이틀 하다가 또 흐지부지되겠지. 그렇게 매일 내 자신을 의심하며 매일 쓰기를 반복한 지금, 벌써 14회차가 되었다.

난 변화했는가? 아니다. 고작 14회 미션을 수행하고 있다 해서 쉽사리 변화하지 않는다. 그럼 변화의 시작점에 서 있는가? 그렇다. 나만 알아챌 수 있을 정도로 아주 미세하게 하루하루가 변하고 있다. 가령, 나만의 새벽 시간을 확보하기 위해 일찍 잠드는 노력을 하기 시작했고 형편없는 글이지만 무언가를 매일 끄적이고, 나만의 인사법을 정착시키지 못했지만 먼저 다가가 인사하는 사람이 되려 하고, 언제 닥칠지 모를 위급상황을 위해 응급처치 교육을 신청했다. 내 가족과 내가 가르치는 학생들에게 하루 한 번 칭찬하기를 실행 중이며, 매주 일요일 아침 가족과 함께 새로운 공간을 찾아 나서기 시작했고, 24시간을 알차게 쓰기 위해 분 단위로 쪼개 바쁘게 몸을 움직이고, 하루 1퍼센트 성장을 실천하기 위해 운동량을 조금씩 늘리고 있다. 이런 소소한 나의 행동들이 목적지는 미정이나 올바른 길로 향하는 초입에 나를 세웠다.

그래서 난 지금 행복한가? 매일 설렘으로 충만한가? 그렇지 않다. 동거인 1호의 회사는 날이 갈수록 힘들어져 월급이 30퍼센트나 삭감되었고 동거인 2호는 사춘기님이 오시려 하여 소심한 반항이 시작되었으며 나 또한 엄마로서, 아내로서, 사회인으로서 1인 3역을 해내느라 몸이 축나고 있다.

하지만 굳이 달라진 점이 있다면 투정 부리지 않고 받아들이는 자세가 되었고 안 되는 방법을 늘어놓는 대신 되는 방법을 찾기 시작했으며 '이 또한 지나가리'라는 자세로 범사에 감사함을 가지려 부단히도 노력하고 있기 때문에 이렇게 힘든 나날들이 지속되는 와중에도 난 웃을 수 있다.

군이 프로젝트는 나에게 추운 겨울을 이겨내게 해주는 봄날의 희망이 아닐까? 따스한 햇살과 향기로운 꽃내음에 봄이 온 줄 알았는데 나에게 행복과 감사가 온 것이었다. 내 겨울의 끝은 언제일지 모른다. 하지만 봄 오리라는 희망 덕분에 오늘을 살아낼 수 있다.

나에게 군이 프로젝트를 함께하자고 말한 영혼의 단짝 내 친구. 힘든 나날을 함께 이겨내고 있는 동거인 1, 2호 모든 것이 감사하다.

도전의
가장 큰 적은
경험하지 않은 자들의
조언이다—

행동력 수업

1판 1쇄 발행 2024년 7월 10일
1판 9쇄 발행 2024년 11월 12일

지은이 오현호
발행인 오현호
발행처 Skymind

책임편집 박지혜
기획 이혜진
디자인 CEO SUPPORTERS DESIGN, 김진희
캘리 그래피 오현호, 김상훈
사진 유성은
마케팅 홍이진, 이의렬, 이호정

출판 등록 2024년 4월 23일 제 2024-000053호
원고 투고 및 독자 문의 skymindpress@gmail.com
인스타그램 @skymindpress

ISBN 979-11-987936-0-7 (03190)